JN040830

司法書士試験

松本の新教科書 5ヶ月合格法

リアリスティック⑧

民事訴訟法・民事執行法・民事保全法

第2版

辰已専任講師

松本雅典
Masanori Matsumoto

辰已法律研究所

初版はしがき

　民事訴訟法・民事執行法・民事保全法は、苦手な受験生の方が多いです。その原因は、主に以下の２つです。

①イメージが湧かない
　民事訴訟の経験がある方は、ほとんどいません。また、テレビドラマなどでも、刑事訴訟はよく出てくるのですが、民事訴訟はあまり出てきません。
②体系がわからない
　処分権主義、弁論主義といわれても、それがどのような位置づけなのかがわからず理解が進まないという方が多いです。

　このテキストでは、これらを克服するための工夫をしました。
　①についてですが、試験には出ない民事訴訟の小話や実際の訴訟ではどうしているかなどのエピソードを多く入れました。
　②についてですが、民事訴訟法については、「民事訴訟の４段階構造」というピラミッド型で民事訴訟を理解していく手法を採りました（P4参照）。また、手続法は手続の流れが大事なので、民事訴訟法・民事執行法・民事保全法の全般で、手続のチャート図を多く入れました。

　『司法書士試験 リアリスティック 民法Ⅰ［総則］』『司法書士試験 リアリスティック 不動産登記法』『司法書士試験 リアリスティック 会社法・商法・商業登記法』のはしがきにも記載しましたが、私が辰已法律研究所で担当しているリアリスティック一発合格松本基礎講座を受講していただいたすべての方に改めて感謝の意を表したいと思います。受講生の方が本気で人生をかけて合格を目指し闘っている姿を見せてくださるおかげで、私はこれまで講師を続けることができましたし、このテキストが完成しました。

令和２年10月
辰已法律研究所　専任講師
松本　雅典

第2版はしがき

令和3年12月、『リアリスティック憲法』の発刊をもって、『リアリスティックテキスト』シリーズが全科目完成しました。本シリーズをお読みいただいた読者の方に、この場で改めて御礼を申し上げます。

全科目完成したこともあり、本書をお使いいただいた方からのご感想や合格報告を頂くことが増えました。書籍の執筆は、正直筆が進まない日もありますが、上記のようなお声や頂く合格報告が筆を進める何よりの原動力になります。今後も、頂いたお声や合格報告を原動力にして、さらにわかりやすく、そして、使いやすくなるよう、改訂を進めて参りたいと思います。

第2版では、最新の改正法ベースの記載に変更したうえで、初版出版以降の過去問知識の追加、説明方法や表現の修正を行いました。

本シリーズが、今後も合格のお役に立つことを祈念しております。

令和5年2月
辰巳法律研究所 専任講師
松本 雅典

目　次

本テキストご利用にあたっての注意

1．略称

・民訴法	→	民事訴訟法
・民訴規	→	民事訴訟規則
・民執法	→	民事執行法
・民執規	→	民事執行規則
・民保法	→	民事保全法
・民保規	→	民事保全規則
・不登令	→	不動産登記令
・司書法	→	司法書士法
・区分所有法	→	建物の区分所有等に関する法律
・最判平 20.6.10	→	最高裁判所判決平成 20 年 6 月 10 日

2．民法、不動産登記法、会社法・商法・商業登記法、供託法・司法書士法、刑法、憲法のテキストの参照箇所

　「── 民法Ⅰのテキスト第2編第2章第1節 2 ②」などと、他の科目のテキストの参照箇所を示している場合があります。これらは、以下のテキストです。

- 『司法書士試験リアリスティック1　民法Ⅰ［総則］』（辰已法律研究所）
- 『司法書士試験リアリスティック2　民法Ⅱ［物権］』（辰已法律研究所）
- 『司法書士試験リアリスティック3　民法Ⅲ［債権・親族・相続］』（辰已法律研究所）
- 『司法書士試験リアリスティック4　不動産登記法Ⅰ』（辰已法律研究所）
- 『司法書士試験リアリスティック5　不動産登記法Ⅱ』（辰已法律研究所）
- 『司法書士試験リアリスティック6　会社法・商法・商業登記法Ⅰ』（辰已法律研究所）
- 『司法書士試験リアリスティック7　会社法・商法・商業登記法Ⅱ』（辰已法律研究所）
- 『司法書士試験リアリスティック9　供託法・司法書士法』（辰已法律研究所）
- 『司法書士試験リアリスティック10　刑法』（辰已法律研究所）
- 『司法書士試験リアリスティック11　憲法』（辰已法律研究所）

3．説明順序
（1）法令
実際の裁判手続では、通常は以下の順序で手続が進みます。

「民事保全手続」→「民事訴訟手続」→「民事執行手続」

しかし、このテキストでは、「民事訴訟法」→「民事執行法」→「民事保全法」の順序で説明しています。民事保全手続は、「保全命令」と「保全執行」の2段階に分かれるのですが、保全命令は民事訴訟手続のミニバージョン、保全執行は民事執行手続のミニバージョンといえるものだからです。まずは、民事訴訟手続と民事執行手続を学び、それらのミニバージョンである民事保全手続を学習する流れが最適であるとの考えによります。

（2）民事訴訟法
第1編の民事訴訟法では、民事訴訟法の条文順ではなく、基本的に第1審（地方裁判所）の手続順で説明をしています（第1編第2章〜第10章）。手続法は、流れを把握することが理解に不可欠なので、実際の手続順で学習していくことが最適であるとの考えによります。

4．表
このテキストのシリーズで一貫した方針ですが、表は、「当たる」「認められる」などその事項に該当するもの（積極事項）は表の左に、「当たらない」「認められない」などその事項に該当しないもの（消極事項）は表の右に配置する方針で作成しています。これは、試験で理由付けから知識を思い出せなかったとしても、「この知識はテキストの表の左に書いてあったな。だから、『当たる』だ。」といったことをできるようにするためです。

5．参照ページ
このテキストでは、できる限り参照ページをつけています。これは、「記載されているページを必ず参照してください」という意味ではありません。すべてを参照していると、読むペースが遅くなってしまいます。わかっているページは、参照する必要はありません。内容を確認したい場合のみ参照してください。その便宜のために、参照ページを多めにつけています。

また、ページの余白に表示している参照ページの記号の意味は、以下のとおりです。

P50 ＝ ： 内容が同じ

P50 ≒ ： 内容が似ている

P50 ┌ P50 ┐ ： 内容が異なる
└ P50 ┘ P50

― 第 1 編 ―

民事訴訟法
Code of
Civil Procedure

民事訴訟の世界

　民事訴訟の1つ1つの手続に入る前に、この第1章で民事訴訟とは何なのかを概観しましょう。

1　民事訴訟とは？

　「民事」訴訟というくらいですから、民事事件に関する訴訟が民事訴訟です。殺人を犯したため死刑を言い渡す、といったハナシではありません。それは、刑事訴訟です。

　具体的な事例で考えるほうがイメージが湧くので、民事訴訟の具体例をみてみましょう。このテキストでは、以下の例を基本事例とします。

基本事例

　令和5年4月1日、XはYに、弁済期を令和6年3月31日として100万円を貸し付けました。しかし、Yは、令和6年3月31日を過ぎても100万円を返済しませんでした。

＊民事訴訟法の書籍では、通常は原告を「X」、被告を「Y」とします。よって、このテキストでも基本的に、原告となる者をX、被告となる者をYとしています。

　この基本事例において、Xは何ができるでしょうか。XがYの家に入っていって強制的に100万円を取り上げたりすることはできません。自力救済は禁止されているからです。—— 民法Ⅱのテキスト第3編第2章第5節 1 　そこで出てくるのが、民事訴訟です。

　Xは、Yを相手方として民事訴訟を裁判所に提起し、「100万円を支払え」という判決を得ることができます。裁判所という公の機関の判断を得ると、これまた裁判所を通してですが、Yの不動産を差し押さえて強制的に売っぱらったり、Yの預貯金債権を差し押さえたりして強制的に100万円を回収できるようになります。

　このように、民法などの実体法で規定された権利義務を公の機関である裁判所で認定してもらうための手続を定めたのが、民事訴訟法です。

　実際の民事訴訟で出てくる実体法は、消費者契約法、割賦販売法など様々なものがあります。しかし、試験的には、基本的には実体法は民法であり、たまに会社法や借地借家法などが出てくる程度です。

2 民事訴訟法の理念

民事訴訟法の理念は、以下の4つです。

①適正
②公平

民事訴訟の手続は、「適正」なものであり、原告・被告の双方に「公平」なものである必要があります。そうあるべきですよね。

③迅速
④訴訟経済

民事訴訟の手続は、「迅速」に進め、訴訟に関わる人の労力や費用をできる限り少なくすべき（「訴訟経済」）です。簡単にいうと、ムダをなくして早く終わらせようということです。民事訴訟法は何度も改正されてきたのですが、大きなテーマとしてあったのがこれです。民事訴訟は時間がかかることが、ずっと問題となっていました。判決まで数年かかることもありました。そうすると、利用しづらいですよね。また、訴訟が長引けば、それだけ税金もかかります。裁判官や裁判所書記官の給与は税金です。これは民事訴訟の大きなテーマなので、以下のテクニックを導き出せます。

テクニック

「遅滞させることになるが、○○できる」という肢は、基本的に誤りです。

3 民事訴訟のイメージツール

民事訴訟の経験がない方がほとんどだと思います。自分と遠い存在のものは、イメージツールがあると理解しやすくなります。

このテキストでは、テニスをイメージツールにします。テニスの主な登場人物は、「サーバー」「レシーバー」「審判」です。これを民事訴訟に当てはめると、「サーバー＝原告」「レシーバー＝被告」「審判＝裁判官」となります。サーバー（原告）とレシーバー（被告）がコート（裁判所）でボールを打ち合い（主張や立証など）、それを審判（裁判官）が判断します。

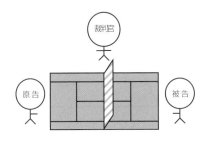

4　民事訴訟の4段階構造

　民事訴訟は、4つのレベルに分けることができます。レベルごとに考え方が異なります。それがわかっていると、「このレベルの考え方は○○だから、結論はこうなる」といったことができるようになります。この4段階構造を理解すると、みなさんの頭の中に民事訴訟の軸ができ、民事訴訟の知識を入れやすくなります。**大きな武器**になりますので、このテキストを通して使いこなせるようになりましょう。

＊以下の図に何回も戻ってきていただきたいので、このページに付せんを貼っておいてください。

＊以下の図では、このテキストでこの後に出てくる用語も記載しています。用語の意味は、登場する箇所で説明しますので、現時点で「『権利自白』って何？」などとは考えないで進みましょう。

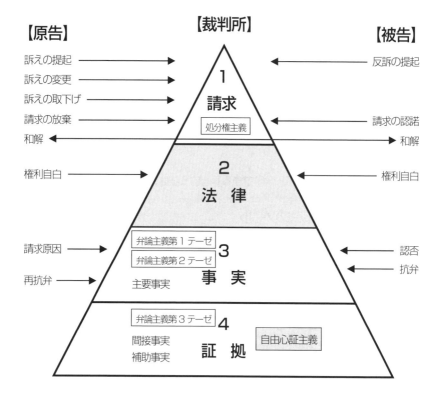

　4つのレベルを、「XはYに100万円を貸し付けたが、Yが弁済期を過ぎても100万円を返済しなかったため、XがYを相手方として100万円の返還を請求する訴訟を提起した」という例で説明していきます。

1．請求レベル

Xの望みは、「100万円を支払え」という判決を得ることです。この「100万円を支払え」と請求できる権利（貸金返還請求権）が、請求レベルの「請求」です。この「請求」があるかどうか白黒つけるのが、民事訴訟です。

なお、この請求は、民法Ⅰのテキスト第2編第4章[2]の「効果」に当たります。

2．法律レベル

日本は法治国家です。なんの根拠もなしに「100万円を支払え」と請求できる権利を認めるわけにはいきません。請求を認めるには、法律上の根拠が必要です。貸金返還請求権の法律上の根拠は、消費貸借契約です。これが、法律レベルです。

3．事実レベル

法律上の根拠があり貸金返還請求権が発生するには、一定の「事実」が必要です。XがYとの間で返還約束をし、金銭授受がされた（書面または電磁的記録によらない消費貸借の場合。民法587条）などの事実です。この事実は、基本的には条文に書かれている事実です。民法587条には、「返還をすることを約して」「金銭その他の物を受け取ることによって」とあります。これが、事実レベルです。

なお、この事実は、民法Ⅰのテキスト第2編第4章[2]の「要件」に当たります。

4．証拠レベル

一定の事実が揃えば、法律上の根拠があり貸金返還請求権が発生します。しかし、その事実を裁判官は見ていません。そこで、「証拠」が必要となります。契約書や証人の証言などによって、一定の事実があったことを証明します。これが、証拠レベルです。

「請求→法律→事実→証拠」と見てきましたが、裁判所の認定は逆の順序になります。「証拠」によって「事実」が認定され、一定の事実が揃ったことによって「法律」上の根拠があることになり「請求」が認定されます。

各レベルの詳しい考え方はこの後説明していきますので、まずは上記の大枠を把握していただければ大丈夫です。

5　民事訴訟の手続の流れ

　民事訴訟法の学習は、上記 4 の4つのレベルに分けて思考することに加え、手続の
どの段階なのかを意識してください。手続法は、手続の流れを把握することも重要で
す。手続の流れを把握するには、以下のようなチャート図が最適です。民事訴訟の手
続は、通常は以下の流れで進みます。

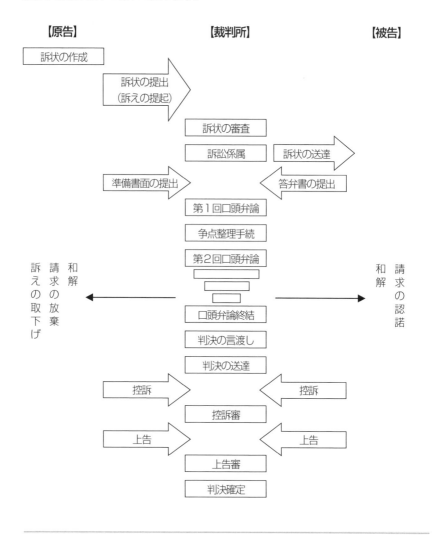

第2章

訴えの提起

第1節　訴えの種類

1　3つの訴え

民事訴訟の訴えには、以下の3つの種類があります。

①給付の訴え

給付の訴え：原告が被告に対する特定の給付請求権を主張して、被告に対する給付判決を求める訴え

簡単にいうと、「～しろ。」または「～するな。」という判決を求める訴えです。

ex1.　「100万円を支払え。」という判決を求める訴え

ex2.　「○○デシベル以上の音を出すな。」という判決を求める訴え

なお、「請求権」とは、実現をするのに相手の協力が必要な権利のことです。

②確認の訴え

確認の訴え：原告が被告との間の権利・法律関係の存否を主張して、その確認を求める訴え

ex1.　「○○の建物は原告の所有に属することを確認する。」という判決を求める訴え

ex2.　「○○の債務が存在しないことを確認する。」という判決を求める訴え

確認の訴えは、原告と被告との間の権利・法律関係を確定することで、現在の紛争を解決することや将来の紛争を予防するためにします。たとえば、所有権を有することの確認判決を得れば被告との間の所有権の争いに決着がつきますし、債務が存在しないことの確認判決を得れば被告から請求されなくなります。

③形成の訴え

形成の訴え：形成要件の存在を主張して、法律関係の変動を求める訴え

わかりにくいかもしれませんので、具体例で確認しましょう。

ex1.　「原告と被告とを離婚する。」という判決を求める訴え

ex2.　「○○株式会社の設立を無効とする。」という判決を求める訴え

上記①の給付の訴えとの違いがわかりにくいですね。給付の訴えは、判決確定後に何らかの行為（100万円の支払など）が予定されています。それに対して、形成判決は、判決確定で原告が望んだ結果（離婚の成立など）を得ることができます。形成判決は、「判決確定で終わり」なわけです。

2 訴えごとの判決の効力

　判決には、以下の表のようないくつかの効力があり、訴えによって判決の効力が少し異なります。各用語の意味は、以下のとおりです。

　　「認容」：原告の請求を理由ありと認めること
　　「棄却」：原告の請求を理由なしと退けること

・自己拘束力：判決をした裁判所が判決の撤回や変更をすることができなくなる効力
　　判決をした後で、「やっぱ被告の勝ち」などと変えられないということです。それは、そうですよね。
・既判力：判決が確定すると、原告も被告も裁判所も判決と矛盾する主張や判断をすることができなくなる効力
　　「判決が確定した後は、原告も被告も裁判所も蒸し返すな！」ということです。後で蒸し返せるのなら、民事訴訟が紛争解決の手段となりません。
・執行力：判決の内容を強制執行（競売など）で実現できる効力
・形成力：判決内容どおりに法律関係を変動させる効力

	給付の訴え		確認の訴え		形成の訴え	
	認容判決	棄却判決	認容判決	棄却判決	認容判決	棄却判決
自己拘束力	○	○	○	○	○	○
既判力	○	○	○	○	○	○
	自己拘束力と既判力は、訴えの種類にかかわらず、認容判決でも棄却判決でも生じます。判決をした後で裁判所が判決を変えられないことと、原告も被告も裁判所も蒸し返せせなくなるのは、いずれであっても認めるべきですよね（※）。					
執行力	○	×	×	×	×	×
形成力	×	×	×	×	○	×
	執行力は、給付の訴えの認容判決のみに生じます。判決後に執行する必要があるのは、給付の訴えのみだからです。形成の訴えは、法律関係が変動している（ex. 離婚が成立している）ので、執行の必要はありません。形成力は、形成の訴えの認容判決のみに生じます。					

※却下判決

　「却下」は、棄却と同じく、原告の負けです。しかし、その理由が異なります。棄却は、原告の請求に理由があるかを判断したうえで、理由なしとされることです。それに対して、却下は、そもそも民事訴訟をする要件（「訴訟要件」といいます）を充たしていないとされることです。テニスにたとえると、棄却はボールを打ち合ったうえでサーバーの負けとされることであるのに対して、却下はたとえばラケットのサイズが規定よりも大きくて失格になってしまうことです。

　却下判決は、原告の請求について既判力は生じません。原告の請求に理由があるかないかについて、裁判所が判断をしていないからです。よって、訴訟要件を充たせば、原告は同じ訴えを提起できます。なお、既判力が生じないのは「請求について」であり、却下の理由となった「訴訟要件について」は既判力が生じます（最判平22.7.16）。訴訟要件については裁判所が判断しているからです。

3　形式的形成訴訟
*形式的形成訴訟は、通常の訴訟にはない特徴のあるちょっと変わった訴訟ですので、P232 までお読みになった後にお読みください。

1．意義

　　形式的形成訴訟：形成の訴えのうち、形成要件が法定されておらず、裁判所の裁量
　　　　　　　　　　的判断で法律関係を形成する訴訟

　形成の訴え（P7③）の一種なのですが、民法などの実体法にどのような要件を充たせばどのような法律関係が形成されるかが規定されていない訴えがあります。典型例が、以下の3つの訴えです。

ex1. 共有物分割の訴え（民法258条1項）── 民法Ⅱのテキスト第3編第3章第4節 4 2.

ex2. 父を定める訴え（民法773条）── 民法Ⅲのテキスト第9編第4章第1節 1 3.（3）（b）

ex3. 境界確定訴訟（最判昭43.2.22）。「境界確定訴訟」とは、隣接している土地の所
　　　有者の間で土地の境界を確定する訴訟です。

　これらの訴えは、要件が民法などに規定されていないので、裁判所の裁量的判断で分割方法、父、境界などを定めます。

2．特徴

　形式的形成訴訟には、通常の訴訟にはない特徴があります。通常の形成訴訟と比較しながらみていきましょう。

	通常の形成訴訟	形式的形成訴訟
目的	法律関係の変動	
形成要件	法定されている	法定されていない
処分権主義 （P11[1]）	適用される	判決事項の拘束（民訴法246条。P26）は適用されない ex. XとYとの間の境界確定訴訟において、XとYがそれぞれ以下の図のように境界を主張していても、裁判所は以下の図のような判断をすることができます。 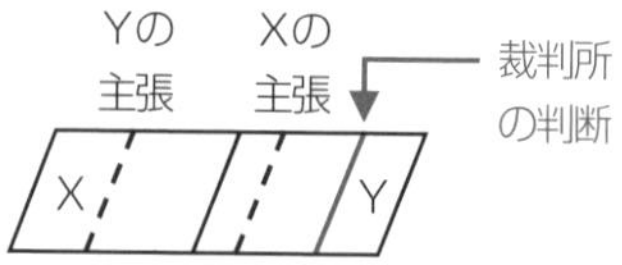
弁論主義	適用される	第2テーゼ（自白の拘束力。P119）は適用されない
請求棄却	あり	なし 当事者適格（P77[1]）が肯定されれば、裁判所は必ず何らかの形成処分をしなければなりません。
不利益変更禁止の原則 （P225（1））	適用される	適用されない （最判昭38.10.15）

第2節　訴えの提起の手続

1　処分権主義

　XはYに100万円を貸し付けたが、Yが弁済期を過ぎても100万円を返済しなかった場合、Xが何も行動を起こさずに訴訟が始まることはありません。Xが裁判所に訴えを提起して初めて訴訟が始まります。民事訴訟に「処分権主義」という基本原理があるからです。処分権主義とは、「権」利を「処分」（行使など）するのは当事者の自由であるということです。具体的には、以下の①～③のとおりです。

①訴訟の開始 ── 訴えを提起するかはXの自由

　訴訟をするかは、Xの自由です。裁判所から、「訴えたほうがいいですよ」と言ってくることはありません。

②訴訟物の特定 ── 何について訴えるかはXの自由

　訴訟物は、詳しくはP26 1 で説明しますが、原告が裁判所の判断を求める請求のことです。サーバー（原告）がコート（裁判所）に打ち込むボールです。

　100万円を返してもらっていない場合に、請求するのが70万円でも構いません。

③訴訟の終了 ── 訴訟をどう終わらせるかはXの自由

　訴えを提起しても、判決が出る前に、訴えを取り下げたり、Yと和解したりすることもできます。裁判所の許可などは不要です。しかし、訴えの取下げにYの同意が必要となることがありますし、和解にはYとの合意が必要です。

　このように、請求レベル（P4～5）は、裁判所ではなくXやYが主導権を握ります。それは、民事訴訟の前提となる民法などの実体法に、私的自治の原則があるからです。私的自治の原則は、ざっくり言うと「自分のことは自分で決められる」ということです。── 民法Ⅰのテキスト第1編第3章 2 1.

2 訴状の提出

1. 訴えの提起の方法

> **民事訴訟法134条（訴え提起の方式）**
> 1　訴えの提起は、訴状を裁判所に提出してしなければならない。

　上記１のとおり、民事訴訟には処分権主義という基本原理があるため、訴えを提起するには、Xが訴状を作成して裁判所に提出してする必要があるのが原則です（民訴法134条1項）。訴状は、裁判所に持参してもOKですし、郵送してもOKです。

2. 訴状の記載事項

　訴状は、記載すべき事項が法定されています。まずは、訴状の見本をみてみましょう。

実際の書面を見てみよう1 ── 訴状

　　　　　　　　　　　　　　訴　　　状

　　　　　　　　　　　　　　　　　　　　　　令和6年7月1日

東京地方裁判所民事部　御中

　　　　　　　原告訴訟代理人弁護士　　　法　務　太　郎　㊞

〒○○○─○○○○　東京都新宿区新宿一丁目1番1号
　　　　　　原　　　　告　　　　X……①
〒○○○─○○○○　東京都千代田区霞ヶ関一丁目1番1号
　　　　　　リアリスティック法律事務所（送達場所）
　　　　　　上記訴訟代理人弁護士　　　法　務　太　郎
　　　　　　電　話　03─○○○○─○○○○
　　　　　　FAX　03─○○○○─○○○○
〒○○○─○○○○　東京都新宿区大久保一丁目1番1号
　　　　　　被　　　　告　　　　Y……①

貸金請求事件

　　訴訟物の価格　　　100万円

　　ちょう用印紙額　　　1万円

第1　請求の趣旨……③

　1　被告は、原告に対し、100万円及びこれに対する令和6年4月1日から支払済みまで年3分の割合による金員を支払え。

　2　訴訟費用は、被告の負担とする。

　との判決並びに仮執行の宣言を求める。

第2　請求の原因……④

　1　原告は、被告に対し、令和5年4月1日、弁済期を令和6年3月31日として、100万円を貸し付けた。

　2　よって、原告は、被告に対し、上記消費貸借契約に基づき、貸金100万円及びこれに対する令和6年4月1日から支払済みまで民法所定の年3分の割合による遅延損害金の支払を求める。

第3　本件に関連する事情

　1　上記消費貸借契約の締結は、被告が原告の知人であったことから、金銭に窮していた被告が原告に対して特に懇願してきたために行われたものである。

　2　しかし、被告が、令和6年3月31日になっても上記貸金を返還しないため、原告が被告宅に数回電話するも、まったく応答がなかった。そこで、原告は、本件に関し同年5月1日到達の内容証明郵便をもって、到達日の翌日から1か月以内に支払うよう催告したが、それでも被告からは何ら支払も連絡もない。

証　拠　方　法

甲1号証　　　　　　催告書（内容証明郵便）

甲2号証　　　　　　郵便物配達証明書

附　属　書　類

1　訴状副本　　　1通

2　甲号各証写し　各1通

3　訴訟委任状　　1通

（1）必要的記載事項

　訴状の記載事項は、上記のとおり多数あります。ただ、すべてを記憶する必要はありませんので、ご安心ください。以下の①～④の必要的記載事項を記憶してください。「必要的記載事項」とは、記載していないと訴状が却下され得るものです（民訴法137条2項）。

①当事者：原告、被告（民訴法134条2項1号）

　「当事者」とは、基本的には原告と被告のことです。原告と被告は、訴訟の主役ですので、当然、訴状に記載する必要があります。

②法定代理人（民訴法134条2項1号）

　当事者が成年被後見人または未成年者である場合には、法定代理人を記載します。法人、権利能力なき社団・財団などの団体の場合には、代表者を記載します（民訴法37条）。実際に訴訟手続を行うのは、法定代理人や代表者だからです。

③請求の趣旨（民訴法134条2項2号）

　「請求の趣旨」とは、原告が「判決の主文にこう書いてくれ～」と望んでいる内容です。貸金返還請求訴訟では、原告は貸金返還請求権を認めてもらいたいので、「被告は、原告に対し、100万円……を支払え」などと記載します。

　この請求の趣旨は、請求レベル（P4～5）に当たります（厳密には、以下の④の請求の原因と合わさって請求が特定されます）。

④請求の原因（民訴法134条2項2号）

　「請求の原因」とは、請求を特定する事実です。

　この請求の原因は、事実レベル（P4～5）に当たります。事実レベルの事実は基本的に条文の要件が当たりますが、条文の要件を充たしていることを具体的な事実をもって記載します。「貸し付けた」という記載で、返還約束と金銭授受があったこと（民法587条）を表しています。

（2）その他の記載事項

　上記（1）の必要的記載事項以外にも、記載事項はあります（民訴規2条1項、53条）。しかし、上記（1）の必要的記載事項を記憶していただければ大丈夫です。

— Realistic 1　用語の意味を丁寧に記憶する —

　民事訴訟法の学習で重要なことの1つに、「用語を丁寧に記憶する」があります。法律の書籍は日本語で書かれています。しかし、日常では使用しない用語や日常用語とは意味の違う用語があります。日本語なのですが、いわば英単語のようなものなのです。上記（1）①で出てきた「当事者」も意味を正確に記憶してください。なんとなく「訴訟をしている人かな～」くらいではダメです。「原告、被告」と明確にしてください。この後、「当事者能力」や「当事者適格」といった用語が出てきますが、そのときに生きてきます。

---

③ 訴状審査

1. 裁判長の審査

　Xから裁判所に訴状が提出されると、裁判長が以下の2点を審査します（訴状審査）。

①訴状の必要的記載事項が記載されているか（民訴法137条1項前段）
②訴えの提起の手数料を納付しているか（収入印紙を貼っているか。民訴法137条1項後段）

　訴えの提起には、手数料がかかります……。手数料の額は訴額に応じて変わるのですが、訴額が100万円であれば手数料は1万円です（民事訴訟費用等に関する法律別表第1.1（1））。この手数料は、訴状に収入印紙を貼って納めます。

　上記①②に不備があれば、裁判長は相当の期間内に不備を補正することを命じます（民訴法137条1項）。原告が不備を補正しないと、裁判長は命令で訴状を却下します（訴状却下。民訴法137条2項）。

☞「判決」「決定」「命令」とは？

　民事訴訟法では、「裁判」とは裁判所または裁判長が判決、決定または命令で判断を示すことをいいます。「判決」「決定」「命令」の違いは、以下の表のとおりです。

＊以下の表の③はP91～92 ② で、④はP161～163の1.で説明しますので、今は読み飛ばしてください。

対象の重さ　重 ——————————————————————→ 軽

	判決	決定	命令
①対象	**重要な事項** ex. 原告の主張する請求 （ex. 貸金返還請求権）が存在するかしないかの判断	**訴訟の進行に関する事項、訴訟の派生的事項など**	
		ex1. 移送の判断 ex2. 文書の提出を命じる判断	ex. 訴状の却下
②主体	裁判所		裁判長 （または受命裁判官・受託裁判官）
③審理形式	必要的口頭弁論 （民訴法87条1項本文）	任意的口頭弁論 （民訴法87条1項ただし書）	
④告知方法	判決書原本による言渡し （民訴法252条）	相当と認める方法（ex. 普通郵便）での告知 （民訴法119条）	
⑤上訴方法	控訴・上告	抗告・再抗告 決定と命令は訴訟の本案（貸金返還請求権など）についての判断ではないので、簡易な上訴方法とされています。	

　訴状の却下は、訴状の形式的要件の不備（必要的記載事項を記載していない、または、手数料を納付していない）によるものなので、上記3つの中では最も簡易な裁判長が行える命令によってするんです。

※訴訟上の救助

　民事訴訟は訴えの提起の手数料など訴訟費用がかかります。しかし、経済的事情から、支払が難しい人もいます。そこで、以下の①②の双方の要件を充たす場合には、書面での申立てを受けて（民訴規30条1項）、裁判所が訴訟費用の支払を猶予してくれるという制度があります（民訴法82条1項、83条1項）。これを「訴訟上の救助」といいます。猶予された訴訟費用の支払は、原則として敗訴したほうがします（民訴法61条）。よって、救助を受けた者は、勝訴すれば支払わずに済むわけです。

①訴訟の準備および追行に必要な費用を支払う資力がない、または、その支払により生活に著しい支障を生じる
②勝訴の見込みがないとはいえない

　この②の要件は、訴訟費用などの支払が猶予されることを利用して訴えを濫発する者が現れるのを防ぐためにあります。

　訴訟上の救助がされた後、上記①の要件を欠くことが判明したまたは欠くに至った場合、裁判所は、利害関係人の申立てによりまたは職権で、いつでも訴訟上の救助の決定を取り消し、猶予した費用の支払を命じることができます（民訴法84条）。

2．不服申立て
　裁判長の訴状却下の命令に対しては、原告は即時抗告というものをすることができます（民訴法137条3項）。

☞「即時抗告」とは？

　「控訴」や「上告」は、聞いたことがあると思います。これらは、「判決」に対して上級裁判所に不服申立てをすることです。

　しかし、「決定」「命令」に対しての上級裁判所への不服申立ては、「抗告」「再抗告」という方法によります。決定や命令の対象は訴訟の派生的事項などですので、控訴や上告よりも簡易な不服申立てが認められ、スピーディーに結論が出るようになっているんです。

　抗告は、「通常抗告」と「即時抗告」に分かれます。これらの違いは、以下の表のとおりです。

	通常抗告	即時抗告
執行停止の効力	なし	**あり** （民訴法334条1項） 決定・命令の効力を停止する効力があります。 ex. 訴状却下の命令に対して即時抗告がされると、却下の効力がいったん停止します。
期間制限	なし （決定・命令を取り消す利益があればいつでも可）	**告知を受けた日から1週間の不変期間内** （民訴法332条） 上記のように決定・命令の効力を停止する強力な効力があるため、1週間という短い期間制限があります。

☞ 「不変期間」とは？

　不変期間：法定期間のうち、原則として裁判所の職権による伸縮が許されないもの
　　　　　　（民訴法96条1項ただし書）

　「原則として」とありますとおり、絶対に変更が許されないわけではありません。裁判所は、遠隔の地に住んでいる者のために付加期間を定めることができます（民訴法96条2項）。また、当事者がその責めに帰することができない事由により不変期間を遵守することができなかった場合には、その事由が消滅した後原則として1週間以内に限り、不変期間内にすべき訴訟行為の追完をすることができます（民訴法97条1項）。

即時抗告ができる場合

　即時抗告は、法で特別にできるとされている場合のみできます。重大問題であるため、執行停止の効力まである強力な不服申立てが特別にできるとされている事項があるわけです。この後、「即時抗告ができる」とあったら、それは重大問題であるということです。この視点を持ってください。
　訴状却下の命令は、訴えを受け付けないという重大問題なので、即時抗告ができるとされているわけです。

4　訴状の送達

　訴状に問題がなければ（問題があっても補正すれば）、訴状の副本がYに送達されます（民訴法138条1項、民訴規58条1項）。「副本」とは、原告が用意した被告に送達するための訴状です。原告は、訴状を正本1通（裁判所の保管用）以外に、副本○通（被告の数）提出するんです。なお、「送達」とは、正式に送ることです。実際に書類を届けるのは郵便局員ですが、厳格に手渡しでします。

　訴状の副本がYに送達されることによって、訴訟係属が生じます。「訴訟係属」とは、ある事件が特定の当事者間で特定の裁判所において判決手続により審判されている状態のことです。簡単にいうと、「裁判中」ということです。訴訟係属が生じる時点が訴状の副本が被告に送達された時であるのは、この時点で訴訟の主な登場人物である原告・被告・裁判所がすべて出揃うからです。

― Realistic 2　「訴状が届いていないのでコメントを差し控えます」 ―

ニュースなどで、「訴えられた○○会社は『訴状が届いていないのでコメントを差し控えます』と述べるに留めました」といったフレーズを聞いたことがないでしょうか。あれは、まだ被告である○○会社に訴状の副本が送達されていないんです。

ここで、どこまでハナシが進んだかを確認したいので、P6のチャート図をご覧ください。被告に「訴状の送達」がされると、「訴訟係属」が生じますが、その前に原告が行う「訴状の提出」がされると、ニュースになってしまうんです。

5 訴訟係属の効果

訴訟係属が生じた場合の効果はいくつかあるのですが、下記1.と2.の効果が大事です。

1．時効の完成猶予 ―― 実体上の効果

民事訴訟法 147 条（裁判上の請求による時効の完成猶予等）
　　訴えが提起されたとき、又は第 143 条第2項（第 144 条第3項及び第 145 条第4項において準用する場合を含む。）の書面が裁判所に提出されたときは、その時に時効の完成猶予又は法律上の期間の遵守のために必要な裁判上の請求があったものとする。

（1）意義

訴えの提起は、時効の完成猶予事由です（民法 147 条1項1号）。―― 民法Ⅰのテキスト第2編第 10 章第1節⑦3.（1）（a）① この民法の規定を受けた規定が、上記の民事訴訟法 147 条です。時効の完成猶予の効力が生じるのは、原則として原告が裁判所に訴状を提出した時です（民訴法 147 条）。

時効の完成が猶予されるワケ

時効の完成が猶予されるのは、権利者が権利行使の意思を明らかにしたからです。―― 民法Ⅰのテキスト第2編第 10 章第1節⑦2.「完成猶予事由と更新事由の整理の仕方①」　つまり、権利者が「権利の上に眠っていないよ！」という意思を示せば時効の完成が猶予されます。時効の完成猶予の効力が生じるのが訴状を提出した時であるのも、訴状を提出した時に「権利の上に眠っていないよ！」という意思を示したといえるからです。

（2）権利主張の方法

　XがYを相手方として100万円の貸金返還請求訴訟（給付の訴え）を提起した場合に、100万円の貸金返還請求権の時効の完成が猶予されるのはもちろんです。しかし、以下の①や②のような場合にも、時効の完成が猶予されます。

①確認の訴え（大判昭5.6.27参照）

ex. ある土地の所有権の確認訴訟を提起した場合、その土地についての被告の取得時効の完成が猶予されます。

　所有権の存在を主張しているため、「権利の上に眠っていないよ！」という意思を示したといえるからです（上記の「時効の完成が猶予されるワケ」）。

②攻撃防御方法

　「攻撃防御方法」とは、請求（貸金返還請求権）を認めてもらったり崩したりするための主張や立証などのことです。P4の4段階構造でいうと、請求を認めてもらったり崩したりするための事実レベルの主張や証拠レベルの立証です。原告がするのが「攻撃」方法であり、被告がするのが「防御」方法です。

ex. 債務者が債務不存在を理由に提起した根抵当権設定登記抹消請求訴訟において、債権者が被担保債権の存在を主張した場合、被担保債権の消滅時効の完成が猶予されます（最判昭44.11.27参照）。時効の完成猶予の効力が生じるのは、原告が裁判所に訴状を提出した時ではなく、被告が被担保債権の存在を主張した時（答弁書〔被告が最初に裁判所に出す書面。P98の1.〕を提出した時）です（大連判昭14.3.22参照）。

　攻撃防御方法ではありますが、「権利の上に眠っていないよ！」という意思を示したことに変わりはないからです（上記の「時効の完成が猶予されるワケ」）。

　このように、「権利の上に眠っていないよ！」という意思を示せばよいので、時効の完成猶予の効力はかなり広く認められます。

2．二重起訴の禁止（重複起訴の禁止）―― 訴訟上の効果

民事訴訟法142条（重複する訴えの提起の禁止）
　裁判所に係属する事件については、当事者は、更に訴えを提起することができない。

（1）意義

　二重起訴の禁止：訴訟係属が生じた事件について、当事者がさらに訴えを提起することができなくなること（民訴法142条）

ex.　XがYを相手方として100万円の貸金返還請求訴訟を東京地方裁判所に提起して訴訟係属が生じた場合、同じ事件についてXがYを相手方とする貸金返還請求訴訟を横浜地方裁判所にも提起することはできません。

（2）趣旨

　二重起訴が禁止されるのは、以下の3つの理由によります。

①裁判の矛盾防止
　東京地方裁判所ではXの貸金返還請求権が認められたのに、横浜地方裁判所では認められなかったといったことになるとマズイです。
②被告の二重応訴の防止
　Yが、東京地方裁判所にも横浜地方裁判所にも訴訟の期日ごとに行って、裁判所ごとに別々の裁判官を納得させないといけないとなると大変ですよね。
③訴訟経済（P3④）
　同じ事件について2か所以上で訴訟を行うと、訴訟に関わる人の労力や費用が無駄にかかってしまいます。

　なお、これら3つは、民事訴訟法全体の趣旨でもあります。

（3）要件

　二重起訴に当たるかどうかは、上記（2）①の裁判の矛盾防止から考えます。XのYに対する100万円の貸金返還請求権についての判断が、東京地方裁判所と横浜地方裁判所で矛盾するとマズイわけです。よって、以下の①と②の両方を充たす場合が同一の事件といえ、二重起訴として禁止されます。

①当事者の同一（下記（a））
②訴訟物の同一（下記（b））

　これらの同一性は、少し広く解釈されます。つまり、ちょっと違っても、実質的に同一であれば同一性があると判断されることがあります。
　それでは、この①②について、それぞれを詳しくみていきましょう。

（a）当事者の同一性
ⅰ　意義
　当事者が異なれば、原則として二重起訴に当たりません。

ex. Xがある建物について、Y_1を相手方として所有権確認訴訟を提起している場合に、Y_2に対しても所有権確認訴訟を提起することができます。どちらの訴訟も同じ建物の所有権確認訴訟ですから、審判対象は同一です。しかし、被告がY_1とY_2で異なりますので、当事者の同一性はありません。

ⅱ　拡張
　しかし、当事者が異なっても、以下の①②のように既判力（P8）が及ぶ者だと当事者の同一性が認められ、二重起訴に当たると解されています。

①選定当事者と選定者
　当事者が多数にのぼる場合などには、当事者のうち特定の者を原告または被告とし、原告または被告とならなかった者が訴訟から脱退する形で訴訟を進めることができます（民訴法30条1項、2項）。原告または被告とされた者を「選定当事者」といい、選定当事者を選定した原告または被告とならなかった者を「選定者」といいます（民訴法30条4項かっこ書）。

ex. ある企業の工場が流す廃液で健康被害を受けた村の住民がその企業を相手方として訴えを提起する場合、村長さんを原告（選定当事者）とし、他の住民（選定者）は訴訟から脱退できます。「村長さんに任せた！」ということです。
　この場合、他の住民（選定者）がその企業を相手方として訴えを提起しようとしても、二重起訴に当たります。選定者は選定当事者に「任せた」ので、選定者には選定当事者が行った訴訟の既判力が及ぶからです（民訴法115条1項2号）。

②債権者代位訴訟の債権者と債務者

　債権者が債務者の代わりに債権者代位訴訟を提起している場合、債務者が同じ債権について訴えを提起することは二重起訴に当たります（大判昭 14.5.16）。債務者には、債権者が提起した債権者代位訴訟の既判力が及ぶからです（民訴法 115 条 1 項 2 号）。

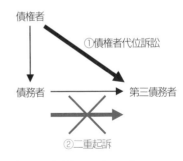

債権者

①債権者代位訴訟

債務者　　　　　　　　　第三債務者

②二重起訴

　なお、平成 29 年の民法改正で、債権者が被代位権利を行使した場合であっても、債務者は自ら取立てその他の処分をすることができるとされました（民法 423 条の 5）。── 民法Ⅲのテキスト第5編第3章第3節 $\boxed{1}$ 3. (3) ※　しかし、債務者も訴えを提起することを認めると、同じ債権についての訴訟なのに 2 つの訴訟の結論が異なる事態が生じ得ます。よって、平成 29 年の民法改正後も、依然として二重起訴には当たると解されています。

　債務者は、訴えを提起することはできませんが、自分の債権ですので、訴訟に参加することはできると解されます。しかし、どのような方法で訴訟に参加するかは、平成 29 年の民法改正によっては明記されなかったので、今後の解釈によります。

（b）訴訟物の同一性

ⅰ　意義

　当事者だけでなく、原告が裁判所の判断を求める請求（訴訟物）も同一であると二重起訴に当たります。

ex.　XがYを相手方として 100 万円の貸金返還請求訴訟を提起している場合に、同じ契約に基づく貸金返還請求訴訟を提起することはできません。

ⅱ　拡張

　しかし、この訴訟物の同一性も、まったく同一である場合に限られるわけではなく、少し広げて考えられています。

ex1.　Xがある建物についてYを相手方として所有権確認訴訟を提起している場合に、Yが同じ建物についてXを相手方として所有権確認訴訟を提起することはできません。訴訟物は、「Xの建物の所有権」と「Yの建物の所有権」で異なります。しかし、「建物がXの所有に属することを確認する」と「建物がYの所有に属することを確認する」という判決は矛盾します。

①所有権確認訴訟

X　　　　　　Y

②所有権確認訴訟
（二重起訴）

ex2. XがYを相手方として債務不存在確認訴訟を提起している場合に、Yが同じ債務についてXを相手方として貸金返還請求訴訟を提起することはできません。訴訟物は、「債務の不存在」と「貸金返還請求権」で異なります。しかし、「XのYに対する債務が存在しないことを確認する」と「XはYに対し○○円支払え」という判決は矛盾します。

「P73」

①債務不存在確認訴訟

②貸金返還請求訴訟
（二重起訴）

iii　相殺の抗弁

＊相殺は考え方が特殊です。よって、このiiiは、P178までお読みになった後にお読みください。

　相殺は、抗弁として主張した場合でも、例外的に既判力が生じます（民訴法114条2項。P175〜176のii）。よって、裁判の矛盾防止という二重起訴の禁止の趣旨は当てはまります。

ダメなこと

　以下、4つの事例をみていきますが、要は、**相殺で主張する債権が二重に認められる可能性があるとダメ**ということです。

①抗弁後行型

　これは、別訴において訴訟物となっている債権（①）を自働債権として相殺の抗弁を主張すること（②）です。これはできるでしょうか。

　できません（最判平3.12.17）。

　相殺の抗弁として主張した債権が、別訴と二重に認められる可能性があるからです（上記の「ダメなこと」）。

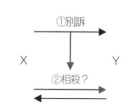

①別訴

②相殺？

②抗弁先行型

　これは、相殺の抗弁を主張している債権について別訴を提起して請求することです。これについては、判例はありません。試験でも出せないでしょう。

③時効消滅を前提とした反訴における相殺の抗弁

　本訴において訴訟物となっている債権が時効により消滅したと判断されることを条件として、反訴においてその債権のうち時効により消滅した部分を自働債権として相殺の抗弁を主張することはできるでしょうか。

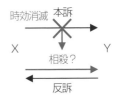

　できます（最判平 27.12.14）。

　まず、時効により消滅した債権も、時効消滅以前に相殺適状にあったのであれば、これを自働債権として相殺できましたね（民法508条）。── **民法Ⅲのテキスト第5編第6章第2節3** 1.（1）（a）　そして、反訴は本訴と同一の訴訟手続で審理されます。よって、本訴において時効により消滅したと判断されることを条件とするのならば、二重に認められる可能性がないため（上記の「ダメなこと」）、認められるんです。

④反訴請求債権を自働債権・本訴請求債権を受働債権とする相殺の抗弁

　被告が、反訴請求債権を自働債権とし、本訴請求債権を受働債権として相殺の抗弁を主張することは、できるでしょうか。

　できます（最判平 18.4.14）。

　この主張は、相殺が認められれば、反訴請求債権を反訴請求としない趣旨の予備的反訴に変更するものと解されるので（上記の「ダメなこと」）、できるんです。反訴は本訴と同一の訴訟手続で審理されるので、こういった柔軟な扱いができるわけです。

　③④は反訴なので、上記のような柔軟な扱いができます。それに対して、①は別訴なので、そのような柔軟な扱いができないわけです。

第3節　訴訟物

1 訴訟物とは？

1．意義

訴訟物：原告が裁判所の判断を求める請求

サーバー（原告）がコート（裁判所）に打ち込むボールのことです。

ex. 消費貸借契約に基づく貸金返還請求権

　訴訟物についての明文規定はありませんが、法的根拠1つ1つの請求権が訴訟物であると解されています（旧訴訟物理論・判例）。「法的根拠1つ1つの請求権」とは、たとえば、建物の賃貸人が賃借人に賃貸借契約の終了後に建物の明渡請求をする場合、「所有権に基づく建物明渡請求権」と「賃貸借契約の終了に基づく建物明渡請求権」とでは異なる訴訟物であるということです。

＊「所有権に基づく建物明渡請求権」と「賃貸借契約の終了に基づく建物明渡請求権」を異なる訴訟物と考えず、「建物明渡請求権」が訴訟物であると考える考え方もあります（新訴訟物理論）。

2．訴訟物の特定

　訴訟物は、訴状（P12〜14）の以下の①〜③の内容によって原告が特定します。

①当事者

②請求の趣旨

③請求の原因

ex. XがYに対して（①）、○年○月○日の消費貸借契約に基づいて（③）、100万円の返還を請求する（②）という訴状の記載により、訴訟物（XのYに対する消費貸借契約に基づく貸金返還請求権）が特定されます。

2 裁判所が判決をすることができる事項 —— 処分権主義

民事訴訟法246条（判決事項）

　裁判所は、当事者が申し立てていない事項について、判決をすることができない。

　サーバー（原告）がコート（裁判所）にどのようなボール（請求）を打ち込むかはサーバーの自由であるというのが、処分権主義でした（P11 1 ）。請求レベルの主導権は当事者にあります。よって、裁判所は、当事者が申し立てていない事項については

判決をすることができません（民訴法246条）。具体的には、裁判所は以下の1.～3.の点から拘束を受けます。

1. 訴訟物

　裁判所は、原告が訴状で特定した訴訟物についてしか判決をすることができません。

ex1. 土地の賃借人が賃借権に基づいて土地上の工作物の撤去を求める訴訟を提起している場合、裁判所は占有権に基づいて土地上の工作物の撤去を被告に命じる判決を出すことはできません。

ex2. 売買契約の買主が債務不履行を理由として法定解除による前渡代金返還請求（民法545条）の訴訟を提起している場合、裁判所は合意解除による前渡代金返還請求（民法703条）として被告に前渡代金の返還を命じる判決を出すことはできません（最判昭32.12.24）。

　訴訟物は、法的根拠ごとに異なります。「賃借権」に基づく請求と「占有権」に基づく請求（ex1.）、「法定解除」による請求と「合意解除」による請求（ex2.）では、訴訟物が異なるんです。よって、「占有権」に基づく請求（ex1.）、「合意解除」による請求（ex2.）は、サーバー（原告）がコート（裁判所）に入れていないので、審判（裁判官）が判断をすることはできないんです。

2. 審判形式

　裁判所は、原告が提起した「給付の訴え」「確認の訴え」「形成の訴え」の審判形式に拘束されます。

ex. 原告が売買代金支払請求訴訟を提起した場合、裁判所は売買代金支払請求権を確認する判決をすることはできません（大判大8.2.6）。

　給付の訴え・確認の訴え・形成の訴えでは判決の効力が異なりますので（P8～9 ②）、裁判所は原告が望んだ形式での審判をする必要があるからです。

3. 請求の範囲

　裁判所は、原告が求めた請求の範囲を超えて判決をすることはできません。

ex. Xが100万円の貸金返還請求訴訟を提起した場合、裁判所は審理の結果150万円の貸金返還請求権があるとの心証を得たときでも、100万円を超えて請求を認容する判決をすることはできません。

　サーバー（原告）がコート（裁判所）に打ち込むボールの大きさは、サーバーが決めることができるんです。

　「原告が求めた請求の範囲」とは何なのか、下記（1）～（3）のような事案で問題となります。

> **判断基準**
>
> 　原告の主張と被告の主張の間であれば、請求の範囲内といえ、裁判所が判決をすることができます。問題を解くときは、下のような図を描いて原告の主張と被告の主張の間であるかを考えながら解いてください。原告にとっても被告にとっても不意打ちとなるような判決とはならないよう、原告の主張と被告の主張の間である判決が許されるんです。

　原告の主張と被告の主張の間であれば構わないので、裁判所は、原告の請求の一部を認容する判決（一部認容判決）をすることはできます。原告は全部の認容を望んでいますが、一部であっても認めて欲しいと考えていると思われます。また、サーバー（原告）がコート（裁判所）に打ち込んだボールの範囲内です。そのため、レシーバー（被告）からしても、一部認容判決は不意打ちではありません。

（1）金銭支払請求

ex1. Xが100万円の貸金返
　　 還請求訴訟を提起し、
　　 Yが請求棄却を求めた
　　 場合、裁判所は50万円
　　 の請求を認容する判決
　　 をすることができます。

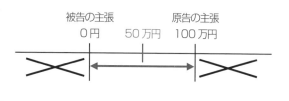

ex2. XがYを相手方として100万円の損害賠償請求訴訟を提起してYが損害は20万
　　 円であると主張して争った場合、裁判所は100万円～20万円の範囲で判決をす
　　 ることができます。Yは、20万円の損害を与えたことは認めているので、100
　　 万円～20万円が原告
　　 の主張と被告の主張
　　 の間となります。

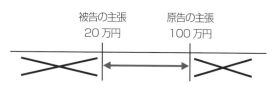

（2）債務不存在確認請求

ex. Xの200万円の金銭消費貸借契約の債務が、弁済によって現在は100万円を超えては存在しない債務不存在確認訴訟をYを相手方として提起した場合、裁判所は100万円〜200万円の範囲で判決をすることができます（最判昭40.9.17）。Xは現在100万円の債務が存在することは認めているため、裁判所は「債務の額が50万円である」といった判決をすることはできません。

　なお、このような債務不存在確認訴訟において、裁判所が100万円を超えて債務が存在すると判断した場合には、Xの請求を全部棄却するのではなく、実際の残債務額を明らかにする必要があります（最判昭40.9.17）。つまり、裁判所が残債務額が150万円であると判断した場合には、Xの主張（残債務額100万円）どおりでないからといって全部棄却するのではなく、「XのYに対する貸金返還債務が150万円を超えては存在しないことを確認する」という判決をしてやれということです。
　民事訴訟は、紛争を解決するために行います。「残債務額は100万円ではない」という判決（全部棄却判決）よりも、「残債務額は150万円である」という判決のほうが、紛争解決に役立ちます。

　ただし、Xが債務が存在しないと主張しており、Yが貸金返還請求の反訴を提起していない場合には、裁判所は残債務額が150万円であると判断したときでも、実際の残債務額を明らかにする（「残債務額は150万円である」といった）判決をすることはできないと解されています（「できる」と考える学説もあります）。
　実際の残債務額を明らかにしたほうが、紛争解決に役立ちます。しかし、Xが債務が存在しないと主張しているだけだと、債務の有無しか判断の対象にできないんです。

☞「反訴」とは？

　反訴：原告が提起した訴訟において、被告が原告を相手方として提起する訴え（民訴法146条1項柱書本文）

通常は、サーバー（原告）が打ったボールで試合をします（これが「本訴」です）。しかし、レシーバー（被告）もサーブを打つことが認められています（これが「反訴」です）。レシーバーがサーブを打つと、ボールが2つになります。

ex.　XがYを相手方として、YがTwitterに投稿したツイートがXの名誉を毀損しているとして損害賠償請求訴訟を提起している場合に、その訴訟において、YがXを相手方として「お前のツイートのほうこそ名誉毀損だ！」と損害賠償請求をする反訴を提起することがあります。

（3）引換給付判決

XがYを相手方として不動産の明渡請求訴訟を提起している場合に、Yが留置権、同時履行の抗弁権または建物買取請求権を主張したときに、裁判所は引換給付判決をすることはできます（最判昭33.3.13〔留置権〕、大判明44.12.11〔同時履行の抗弁権〕、大判昭9.6.15、最判昭33.6.6〔建物買取請求権〕）。

Xは無条件の判決を望んでいますが、Yは留置権、同時履行の抗弁権または建物買取請求権を主張しており、引換給付判決はYの主張を認めることですので、原告の主張と被告の主張の間といえるからです。

なお、賃貸人であるXが賃借人であるYを相手方として提起した借家の明渡請求訴訟において、裁判所はXが明示している申立額を超える立退料の支払と引換えにYに明渡しを命じることはできます（最判昭46.11.25）。

借地契約・借家契約は更新されるのが基本なのですが、所有者が「これだけ払うんで更新はなしでお願いします」と払うのが「立退料」です（借地借家法6条、28条）。Xが「立退料として100万円支払います」と言っている場合に、裁判所は「Yは、Xが150万円を支払うのと引換えに、○○の建物を明け渡せ」といった判決をすることができるのです。Xが100万円を支払うと言っているので、立退料なしに明渡しを命じることはできませんが、100万円を超える額であればできます。

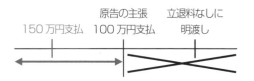

3 一部請求

1. 意義

　一部請求：数量的に可分な債権（ex. 金銭支払請求権）の一部のみを請求すること
ex. XはYに100万円を貸し付けたが、Yが弁済期を過ぎても100万円を返済しなか
　　った場合、Xは70万円を請求する訴えを提起することもできます。
　この 3 では、この ex.を基に考えていきます。
　一部請求が認められることは、争いがありません。処分権主義から、訴訟物の特定
（何について訴えるか）はXの自由だからです（P11②）。

2. 訴訟物（既判力の及ぶ範囲）

　問題となるのは、一部請求の場合の訴訟物です。判例は、以下の表のように考えま
す。「明示説」といいます。

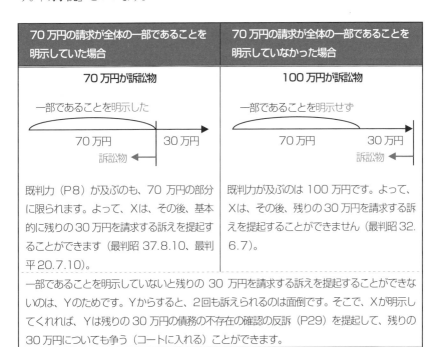

70万円の請求が全体の一部であることを明示していた場合	70万円の請求が全体の一部であることを明示していなかった場合
70万円が訴訟物	**100万円が訴訟物**
一部であることを明示した 70万円　30万円 訴訟物	一部であることを明示せず 70万円　30万円 訴訟物
既判力（P8）が及ぶのも、70万円の部分に限られます。よって、Xは、その後、基本的に残りの30万円を請求する訴えを提起することができます（最判昭37.8.10、最判平20.7.10）。	既判力が及ぶのは100万円です。よって、Xは、その後、残りの30万円を請求する訴えを提起することができません（最判昭32.6.7）。
一部であることを明示していないと残りの30万円を請求する訴えを提起することができないのは、Yのためです。Yからすると、2回も訴えられるのは面倒です。そこで、Xが明示してくれれば、Yは残りの30万円の債務の不存在の確認の反訴（P29）を提起して、残りの30万円についても争う（コートに入れる）ことができます。	

※一部請求であることを明示していても残部請求ができなくなる場合

XがYを相手方として提起した訴えにおいて、70万円の請求が全体の一部であることを明示していても、その訴えが全部棄却または一部棄却された場合には、残りの30万円を請求する訴えを提起することは信義則に反して許されません（最判平10.6.12）。

裁判所は、一部請求訴訟でも、1つの債権ですから100万円すべてについて審理判断することが必要になります。その結果、Xの一部請求が全部棄却（0/70万円）または一部棄却（ex. 20/70万円認容）されたということは、残りの30万円の債権も存在しないと考えられるからです。

3. 時効の完成猶予の範囲

訴えを提起すると、時効の完成が猶予されます（P19（1））。一部請求の場合に時効の完成が猶予される範囲も、上記2.の一部であることを明示していたかどうか（明示説）を基準に考えます。訴えの提起により時効の完成が猶予される範囲は、以下の表のとおりです。

70万円の請求が全体の一部であることを明示していた場合	70万円の請求が全体の一部であることを明示していなかった場合
70万円（最判昭34.2.20） 訴訟物は、70万円のみだからです。	**100万円**（最判昭45.7.24） 100万円が訴訟物だからです。

※一部であることを明示していた場合の残部（30万円）

一部であることを明示していた場合、残部の30万円についても別の事由で時効の完成が猶予されます。それは、裁判上の催告（民法150条 ── 民法Iのテキスト第2編第10章第1節⑦3.（4））です（最判平25.6.6）。70万円の請求権も30万円の請求権も、同じ契約に基づくものなので、請求原因は基本的に同じだからです。また、一部であることを明示していても、残部の30万円を将来請求しない意思があるとは通常は考えられません。

これ、「一部であることを明示していても残部の30万円の時効の完成が猶予されるから、明示していなかった場合と結局同じじゃん！」と思われたと思います。平成29年の民法改正前は、訴えの提起は時効の更新（旧中断）事由でした（裁判上の催告は改正前から時効の完成猶予〔旧停止〕事由です）。民法改正前は、「70万円は更新、30万円は完成猶予」と違いがあったので、訴えの提起による時効の更新の効果がどこまで及ぶのかに意味があったんです。しかし、今は訴えの提起も時効の完成猶予事由なので、上記の表の区別はあまり意味がありません。

4. 一部請求と相殺

*やはり相殺は考え方が特殊です。よって、この4.も、P178までお読みになった後にお読みください。

（1）別訴において原告が残部で相殺する旨の抗弁の可否

たとえば、Xが、Yを相手方として、100万円の貸金返還請求権の一部であることを明示して70万円の支払を求める訴えを提起しました。この場合において、YがXに対して請負代金30万円の支払を求める別訴を提起したときは、Xはこの別訴において貸金返還請求権の残部である30万円を自働債権として相殺の抗弁を主張することができるでしょうか。

70/100万円

X　　　　　　　　　　Y

30万円

30/100万円

できます（最判平10.6.30）。

Xは一部であることを明示しているため、70万円しかコートに入っていません。よって、残部の30万円を別訴で相殺の抗弁としてコートに入れられるんです。

（2）一部請求に対する被告の相殺の抗弁が認められた際の認容額の計算方法

これはかなり複雑なハナシになるので、集中してお読みください。

たとえば、Xが、Yを相手方として、100万円の貸金返還請求権の一部であることを明示して70万円の支払を求める訴えを提起しました。それに対して、Yが15万円の売買代金債権を自働債権として相殺の抗弁を主張しました。裁判所が、審理の結果、XのYに対する貸金返還請求権は90万円の限度で残存しており、かつ、Yの相殺の抗弁に理由があると認めたときは、何万円の支払を命じる判決をすることになるでしょうか。

70/100万円

X　　　　　　　　　　Y

15万円

70万円の支払を命じる判決をします（最判平6.11.22。外側説）。

「一部請求において、請求が全体の一部であることを明示していた場合の訴訟物は一部（70万円）なので、70万円−15万円＝55万円の支払を命じる判決をすべきでは？」と考えた方もいると思います。そういった考え方もあります（内側説）。しかし、判例は、Xは「相殺されても70万円の請求は認められるだろう」と考えて一部請求をしたのだろうと考えました。よって、以下のように判断すべきだとしたんです（最判平6.11.22）。

①Xの債権の総額（90万円）を確定する

⇩

②上記①の額（90万円）からYの自働債権の額（15万円）を控除した残存額（75万円）を算定する

⇧　　　　　　　　　　　　　　　　　　　⇧

Xが請求している一部請求の額（上記の例の70万円）が残存額（75万円）の範囲内であるとき

Xが請求している一部請求の額（仮に80万円だった場合）が残存額（75万円）を超えるとき

⇩　　　　　　　　　　　　　　　　　　　⇩

③そのまま認容する（70万円）

③残存額の限度で認容する（75万円）

第3章　裁判所

　民事訴訟は、前章でみた訴えの提起を裁判所に対してすることによって始まります。本章では、民事訴訟が行われる「裁判所」についてみていきます。

第1節　管轄

1　意義

　全国には何百もの裁判所があります。「管轄」とは、原告がどこの裁判所に訴えを提起すべきかという問題です。

― Realistic 3　管轄は実務で非常に重要 ―

　管轄は、実際の訴訟で非常に重要です。たとえば、北海道に住んでいる人が沖縄の裁判所まで行かないといけなくなると、期日の度に飛行機代や宿泊代がかかります。自身の居住地の弁護士や認定司法書士に依頼すれば、さらに高額の日当や交通費を請求されます。そのため、請求額が少額である訴訟であれば、原告であれば泣き寝入りしたほうが得、被告であれば相手の主張を認めてしまったほうが得かもしれません。こういった事情から、当事者は、自身の居住地の裁判所で訴訟をしたいと思います。

2　管轄の種類

　管轄は、右の図のように分類することができます。

　民事訴訟法で「この裁判所に提起できる」と規定されている裁判

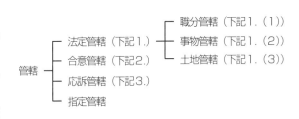

所が管轄権を有するのが、原則です。それが「法定管轄」です。しかし、それ以外にも「合意管轄」「応訴管轄」「指定管轄」もあります。

＊「指定管轄」は出題される確率が低いので、以下では指定管轄以外の管轄を説明していきます。

1．法定管轄

　法定管轄：法律の規定により発生する管轄

　法定管轄には、以下の（1）～（3）の3種類があります。

（1）職分管轄

職分管轄：裁判所の組織の分担のための管轄

これは、以下のような裁判所の組織体制のための管轄です。

ex. 簡易裁判所が第1審裁判所であれば控訴裁判所は地方裁判所・上告裁判所は高等裁判所であり、地方裁判所が第1審裁判所であれば控訴裁判所は高等裁判所・上告裁判所は最高裁判所です（民訴法281条1項本文、311条1項）。

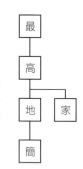

（2）事物管轄

（a）意義

事物管轄：第1審が簡易裁判所と地方裁判所のどちらになるかの管轄

事物管轄は、訴額を基準に以下のように決まります。

地方裁判所	簡易裁判所
・訴額140万円超えの訴訟（裁判所法24条1号） ・不動産に関する訴訟（裁判所法24条1号）	・訴額140万円以下の訴訟 （裁判所法33条1項1号）
「140万円」が、基本的な基準です。ただし、不動産に関する訴訟は簡易な訴訟とはならないことが多いので、訴額140万円以下でも地方裁判所も管轄権を有します。訴額140万円以下の不動産に関する訴訟は、地方裁判所にも簡易裁判所にも提起できるということです。	

（b）訴額

訴額がいくらになるかは、司法書士にとっては大きな問題です。認定司法書士は、簡易裁判所の訴額140万円以下の民事訴訟について訴訟代理権を有しています（司書法3条1項6号イ）。認定司法書士にとっては、訴訟代理業務ができるかどうかの問題なのです。

「訴額」とは、訴訟の目的の価額です。

ex. 100万円の貸金返還請求訴訟であれば、訴額は100万円となります。

利息や損害金を合わせて請求している場合でも、利息や損害金は加えません（民訴法9条2項）。

1つの訴えで数個の請求をする場合は、請求の価額を合算したものが訴額となります（民訴法9条1項本文）。

ex. XがYを相手方として、100万円の貸金返還請求と50万円の売買代金支払請求を併合して提起する場合（P191の1.）、訴額は150万円となります。

　ただし、訴えで主張する利益が各請求について共通である場合は、合算しません（民訴法9条1項ただし書）。

ex. XがYを相手方として、100万円の自動車の引渡請求と自動車の引渡しが執行不能の場合の履行に代わる100万円の損害賠償請求を併合して提起するときは、訴額は100万円となります。自動車が壊れてしまっていた場合などに備えて、損害賠償請求も併合して提起しているわけです。このような請求を「代償請求」といいます。これは、「100万円の自動車の引渡しに加えて100万円を支払え」と主張しているわけではないため、合算しないのです。

　他の例を挙げると、P192③で説明する選択的併合も、「訴えで主張する利益が各請求について共通である場合」に当たります。

（3）土地管轄

（a）意義

　土地管轄：どの地域の裁判所が担当するかの管轄

　東京地方裁判所が管轄権を有するのか、横浜地方裁判所が管轄権を有するのか、といった問題です。

　土地管轄は、普通裁判籍（下記（b））と特別裁判籍（下記（c））から決まります。

（b）普通裁判籍

ⅰ　意義

　普通裁判籍：基本的にすべての事件に認められる裁判籍

　訴えは、被告の普通裁判籍の所在地を管轄する裁判所の管轄に属します（民訴法4条1項）。少し雑な言い方ですが、原告は被告の家の近くの裁判所に訴えを提起するのが原則であるということです。

　原告ではなく被告の家の近くの裁判所とされたのは、いきなり訴えを提起される被告のことを考えてのことです。原告は、時間をかけて訴訟の準備をします。それに対して、被告はいきなり訴えを提起されることも多いです。訴訟は、被告からすると、いきなりサーバー（原告）からサーブを打ち込まれてゲームが始まってしまうんです。

ⅱ　人の普通裁判籍

　人の普通裁判籍は、以下のように定まります（民訴法4条2項）。いきなり訴えを提起される被告のことを考慮して、できる限り被告の生活している地に管轄権を発生させようという考えによります。

①住所

　↓

②日本国内に住所がないとき、または、住所が知れないとき　→　居所

　「居所」とは、住所には至らないが多少の時間継続して居住する場所のことです。
ex. 学生の在学中における下宿、会社員の単身赴任地

　↓

③日本国内に居所がないとき、または、居所が知れないとき　→　最後の住所

（c）特別裁判籍
ⅰ　意義
特別裁判籍：特定の事件に認められる裁判籍

（ⅰ）独立裁判籍
事件の内容によって、たとえば、以下の地に裁判籍が認められます。

	特別裁判籍
①財産権上の訴え	**義務履行地**（民訴法5条1号） ex. 貸金返還請求訴訟は、原則として原告である債権者の住所地にも管轄が発生します。特定物の引渡し以外の債務の履行地は、特約がない限りは債権者の現在の住所だからです（民法484条1項）。── 民法Ⅲのテキスト第5編第6章第1節②3.（2） 債務者は義務履行地に赴く必要があったので、義務履行地にも管轄権が発生するんです。
②手形または小切手による金銭の支払の請求を目的とする訴え	**手形または小切手の支払地**（民訴法5条2号） 「手形または小切手の支払地」とは、銀行などのことです。振出地（振出人の住所地）ではありませんので、ご注意ください。このひっかけがよく出題されます。 特に手形ですが、手形上の債務の履行がされずに訴えを提起するということは、振出人である企業が倒産寸前と考えられます。半年以内に2回手形の不渡り（期日に振出人である企業の当座預金に残高がなく手形上の債務の履行ができないこと）を起こすと、銀行との取引が停止され、通常は倒産するからです。このような状況なので、債権者が訴えを提起しやすくするため、手形または小切手の支払地にも管轄権が発生するとされているんです。

③日本国内に住所ががない者または住所が知れない者に対する財産上の訴え	請求もしくはその担保の目的または差し押さえることができる被告の財産の所在地（民訴法5条4号） 「請求……の所在地」とは、たとえば、不動産の明渡請求訴訟であれば、不動産の所在地が当たります。 日本に生活の本拠を有しないまたはわからない者に対しても権利の行使をしやすくするために、財産の所在地にも管轄権が発生します。
④事務所または営業所を有する者に対する訴えでその事務所等における業務に関するもの	その事務所または営業所の所在地（民訴法5条5号） 「事務所または営業所を有する者」とは、法人や個人事業主です。法人や個人事業主にとって事務所や営業所は、そこの業務については生活の中心であり住所に類するといえるため、その事務所または営業所の所在地にも管轄権が発生します。
⑤不法行為に関する訴え	不法行為地（民訴法5条9号） ex. 交通事故による不法行為に基づく損害賠償請求訴訟は、交通事故現場の所在地にも管轄権が発生します。 不法行為地は証拠の収集や証拠調べなどをしやすいと考えられるため、不法行為地にも管轄権が発生します。
⑥不動産に関する訴え	不動産の所在地（民訴法5条12号） 不動産の図面や閉鎖登記記録など、不動産の所在地は証拠調べを行いやすく、利害関係人も多いと考えられるため、不動産の所在地にも管轄権が発生します。
⑦登記または登録（ex. 自動車）に関する訴え	登記または登録をすべき地（民訴法5条13号） 登記・登録の公簿を備えた官庁がある地は証拠調べを行いやすいと考えられるため、登記または登録をすべき地にも管轄権が発生します。
⑧相続権、遺留分、遺贈などに関する訴え	相続開始の時における被相続人の普通裁判籍の所在地 （民訴法5条14号） 相続財産や関係書類の大部分は、被相続人の死亡時の住所地にあることが多く、また、相続人などの関係者もこの地に住所を有することが多いため、相続開始の時における被相続人の普通裁判籍の所在地にも管轄権が発生します。

　この（ i ）の独立裁判籍は、普通裁判籍と両立します。原告が普通裁判籍と独立裁判籍の中から裁判所を選んで訴えを提起できます。

― Realistic 4　実際はほとんどが原告の住所地の裁判所 ―

　ほとんどの訴訟で独立裁判籍が認められます。たとえば、貸金返還請求訴訟は、上記の表の①の財産権上の訴えであり、義務履行地は原則として原告である債権者の住所地ですので、原告は自分の住所地の裁判所に訴えを提起できます。このように、独立裁判籍がカバーする範囲が広すぎるので、普通裁判籍によって被告のことを保護した意味があまりなくなってしまっているのではないかという問題点があります。

（ii）特許権等に関する訴え

普通裁判籍（上記（b））または独立裁判籍（上記（i））がある場所	
大阪・広島・福岡・高松の各高等裁判所の管轄区域内にある地方裁判所	東京・名古屋・仙台・札幌の各高等裁判所の管轄区域内にある地方裁判所

大阪地方裁判所
（民訴法6条1項2号）
※控訴裁判所は東京高等裁判所
（民訴法6条3項本文）

東京地方裁判所
（民訴法6条1項1号）

　「特許権」とは、登録を受けた発明を業として独占的に実施できる権利のことです。この訴えは、たとえば、ＬＥＤ訴訟が当たります。高度な専門知識が要求されるため、知財専門部のある大阪地方裁判所または東京地方裁判所でないと対応できないんです。よって、ざっくりいうと、西日本は大阪地方裁判所・東日本は東京地方裁判所の専属管轄とされています。

　ただし、簡易裁判所が管轄権を有する場合は、その簡易裁判所と上記の大阪地方裁判所または東京地方裁判所が管轄権を有する（どちらに提起しても構わない）ことになります（民訴法6条2項）。簡易裁判所の事件は訴額140万円以下と少額なので、常に大阪地方裁判所または東京地方裁判所に訴えを提起しないといけないとなると、飛行機代や宿泊代のほうが高くなってしまう可能性があるからです。

専属管轄はとにかくそこで

　「専属管轄」とは、ごく例外的な場合（民訴法13条2項）を除き、“とにかく”その裁判所以外で訴訟ができない管轄のことです。

（iii）意匠権等に関する訴え

　意匠権等に関する訴えも、上記（ii）の表の区分に従って大阪地方裁判所または東京地方裁判所に訴えを提起できます（民訴法6条の2）。

　「意匠権」とは、登録を受けた意匠（デザイン）を業として独占的に実施できる権利のことです。自動車のデザインについて争いが生じた場合の訴訟などが当たります。デザインなどは、特許ほど高度な専門知識が要求されるわけではありませんので、普通裁判籍（上記（b））または独立裁判籍（上記（i））がある裁判所に訴えを提起しても構いません。しかし、知財専門部のある裁判所で訴訟をしたかったらできるということです。つまり、専属管轄ではないわけです。

2. 合意管轄

民事訴訟法11条（管轄の合意）

1　当事者は、第1審に限り、合意により管轄裁判所を定めることができる。

（1）意義

　合意管轄：当事者の合意によって定めた第1審の管轄（民訴法11条1項）

　当事者双方の合意があれば、第1審裁判所を定めることができます。

ex. 企業が用意する契約書には、通常は管轄の合意についての条項があります。東京に本店のある企業であれば、「第○条　本契約について紛争が生じた場合には、東京地方裁判所を管轄裁判所とする」といった条項を契約書に盛り込みます。

　法定管轄について、以下の①～③のような合意ができます。

①法定管轄を変更し、特定の裁判所のみを管轄裁判所とする（専属的合意管轄）
　上記ex.は、この例です。
②法定管轄に管轄裁判所を加える（付加的合意管轄）
③事物管轄を変更する
　地方裁判所が管轄権を有する事件を簡易裁判所の管轄とする、または、簡易裁判所が管轄権を有する事件を地方裁判所の管轄とすることができます。

（2）趣旨

　専属管轄以外の法定管轄は、主に当事者間の公平や便宜を考えたものです。よって、当事者双方が望むのなら合意で変更することもできるわけです。

（3）要件

　管轄の合意をする要件は、以下の4つです。

①第1審の管轄についての合意であること（民訴法11条1項）
②一定の法律関係に基づく訴えについての合意であること（民訴法11条2項）
　これは、「当事者間に将来起こり得る一切の訴えについて東京地方裁判所を管轄裁判所とする」といった合意がダメであるということです。この合意管轄は、実際には企業が自社に都合がよいように自社の本店所在地を管轄する裁判所を管轄裁判所とすることが多いです。よって、企業と契約をするお客に著しく不利益にならないよう、限定することが要求されているんです。そのため、上記（1）のex.で挙げたような「本契約について」などの条項となります。
③書面または電磁的記録（データ）によって合意すること（民訴法11条2項、3項）
　合意したことを明確にするため、書面または電磁的記録が要求されています。
④専属管轄の定めがないこと（民訴法13条）
　専属管轄は、その裁判所以外で訴訟ができないからです（P40の「専属管轄はとにかくそこで」）。

3．応訴管轄

> **民事訴訟法12条（応訴管轄）**
> 　被告が第1審裁判所において管轄違いの抗弁を提出しないで本案について弁論をし、又は弁論準備手続において申述をしたときは、その裁判所は、管轄権を有する。

（1）意義

　応訴管轄：被告が応訴することによって本来管轄権のない裁判所に発生する管轄
　　　　　　（民訴法12条）

（2）趣旨

　管轄の第1の目的は、いきなり訴えを提起される被告に準備の機会を与えるためです（P37のⅰ）。よって、原告が管轄権のない裁判所に訴えを提起した場合に、被告が応訴したのであれば、その裁判所が管轄権を有するとして構わないのです。

（3）要件

応訴管轄が発生する要件は、以下の3つです。

①第1審の管轄であること（民訴法12条）
②被告が管轄違いの抗弁を提出せず本案について弁論（ex. 認否〔P116～117（2）〕）
　をしたまたは弁論準備手続（P103（2））において申述すること（民訴法12条）
③専属管轄の定めがないこと（民訴法13条）
　やはり専属管轄は、その裁判所以外で訴訟ができないからです（P40の「専属管轄はとにかくそこで」）。

☞「本案」とは？

　民事訴訟法の条文で、よく「本案」と出てきます。本案とは、その民事訴訟における本来の案件という意味です。本題といってもいいです。貸金返還請求訴訟であれば、貸金返還請求権があるかないかが本案です。
　よって、被告が訴えの却下の申立てをしても、上記②には当たらず、応訴管轄は発生しません。却下の申立ては、本案についての主張ではなく、民事訴訟をする要件（訴訟要件）を充たしていないという主張だからです（P9※）。

3　管轄の調査
1. 管轄の標準時

　管轄は、訴え提起の時を標準として定まります（民訴法15条）。よって、被告が訴え提起の時に東京に住所があったのであれば、その後に神奈川に引っ越したとしても、被告の普通裁判籍は東京となります。
　ただし、訴え提起の後に管轄が生じた場合は、管轄違いの瑕疵は治癒されます。
ex. 東京に住所がある被告を相手方として横浜地方裁判所（神奈川県を管轄）に訴えの提起がされました。その後、被告が神奈川に引っ越したのであれば、この訴えの提起は管轄違いとはなりません。

2. 調査の結果

　管轄権がないときは、裁判所は決定で管轄権のある裁判所に訴訟を移送します（民訴法16条1項。下記4 2.①）。
　もし管轄権のない裁判所が判決をしてしまっても、その判決は無効となるわけではありません。

4　移送

1．意義

移送：訴訟の係属している裁判所が、その訴訟を他の裁判所に係属させること

簡単にいうと、訴訟を回してくれるのが移送です。

2．移送の原因

移送の原因は、後記の表のものがあります。

簡裁は簡略化

「簡易裁判所→地方裁判所」への移送や地方裁判所が本来は簡易裁判所の管轄である事件を扱うことは多いです。それは、簡易裁判所の審理は簡略化されているからです。簡易裁判所では、「1人の裁判官が30分で10件の事件の審理をする」といったこともあります。簡易裁判所の裁判傍聴に行くとビックリすると思いますが、裁判官が「被告は欠席ですね。次回判決を言い渡します。では、次の事件です。」「これは和解したほうがいいと思いますので、別室で和解について話し合ってきてください。では次の事件は……。」と次々と事件を処理していく光景が見られます。

「申立て」も「職権」も原則 OK

移送は、当事者の申立てまたは職権によって裁判所が決定します。当事者が移送を申し立てることも裁判所が職権で移送することも、原則は OK です。よって、申立てまたは職権が認められないものを意識的に記憶してください。

なお、移送の申立ては、期日では口頭でできますが、期日でなければ書面でする必要があります（民訴規7条1項）。

	移送の原因	申立て	職権
①管轄違いに基づく移送	・管轄裁判所ではない裁判所に訴えが提起されたとき（→管轄裁判所に移送します。民訴法16条1項） 管轄違いの場合に訴えを却下すると、原告が再訴する必要が生じてしまいます。また、被告としても、管轄裁判所で訴訟をすることには文句がないはずです。 なお、地方裁判所に管轄区域内の簡易裁判所の管轄事件の訴訟が提起された場合、地方裁判所は相当と認めるときは自ら審判をすることができます（民訴法16条2項本文）。簡易裁判所の簡略化された手続では十分な審理	○	○

	移送の原因	申立て	職権
	ができない事件もあるため、地方裁判所の判断で自ら審判ができるんです（上記の「簡裁は簡略化」）。 ただし、簡易裁判所の専属管轄の事件（ex. 簡易裁判所の判決に対する再審請求）は、できません（民訴法16条2項ただし書。P40の「専属管轄はとにかくそこで」）。		
②遅滞回避・衡平確保のための移送	・訴訟の著しい遅滞を避けるため必要があると認められるとき（→他の管轄裁判所に移送することができます。民訴法17条） たとえば、事故現場で証拠調べをする必要があるが、訴えが提起された裁判所が事故現場から遠いため、事故現場を管轄する管轄裁判所に移送する場合が当たります。 ・**当事者間の衡平を図るため必要があると認められるとき（→他の管轄裁判所に移送することができます。民訴法17条）** たとえば、訴えが提起された裁判所が、経済力のかなり劣る当事者の住所地から離れている、身体的に移動が困難な当事者の住所地から離れている、といった場合が当たります。	○	○
③当事者の合意に基づく移送	・**当事者の一方の申立ておよび相手方の同意があるとき（→申立てがされた地方裁判所または簡易裁判所に移送しなければなりません。民訴法19条1項本文）** 当事者の双方とも「○○地方裁判所（または○○簡易裁判所）で訴訟をしたい」と言うのであれば、その裁判所に移送しなければならないということです。 ただし、以下のいずれかの場合には、移送できません（民訴法19条1項ただし書）。 ・移送により著しく訴訟手続を遅滞させることになる場合 　民事訴訟法の理念に訴訟経済があるからです（P3④）。 ・申立てが簡易裁判所からその所在地を管轄する地方裁判所への移送の申立て以外のものであって、被告が本案について弁論し、もしくは弁論準備手続（P103(2)）において申述した後にされたものである場合	○	× 当事者の合意に基づく移送だからです。

	移送の原因	申立て	職権
	本案（P43）について弁論したまたは弁論準備手続において申述したということは、審理が本格的に始まっています。その段階で移送すると、訴訟経済に反します。 しかし、「簡易裁判所からその所在地を管轄する地方裁判所への移送の申立て以外のもの」とありますとおり、簡易裁判所からその所在地を管轄する地方裁判所への移送なら、審理が本格的に始まった後でも移送できます。「審理を始めてみたら複雑な事件であることがわかったので、簡易裁判所での審理はふさわしくないな……」となることがあるからです。		
④裁量移送	・簡易裁判所がその管轄に属する訴訟だが相当と認めるとき（→その所在地を管轄する地方裁判所に移送することができます。民訴法18条） 簡易裁判所の審理は、簡略化されています（上記の「簡裁は簡略化」）。よって、複雑な事件である場合は、簡易裁判所の裁量で地方裁判所に移送できるとされているんです。	○	○
⑤不動産事件の移送	・簡易裁判所の管轄に属する不動産に関する訴訟について被告の申立てがあるとき（→その所在地を管轄する地方裁判所に移送しなければなりません。民訴法19条2項本文） 訴額140万円以下の不動産に関する訴訟は、地方裁判所も簡易裁判所も管轄権を有します（P36（a））。原告が簡易裁判所に訴えを提起したが、被告が地方裁判所でじっくり審理してもらいたいと考えたのであれば、それが優先されるんです。 ただし、被告が本案について弁論をした後は、被告はこの申立てができません（民訴法19条2項ただし書）。原告が簡易裁判所か地方裁判所か選択できたのは、訴えの提起の時までです。それとのバランスを図るため、被告も審理に本格的に参加した後は選択できなくなるんです。	○ 被告 のみ	× 被告に裁判所の選択権を与えた規定であるからです。

	移送の原因	申立て	職権
⑥反訴提起に基づく移送	・簡易裁判所における訴訟で被告が反訴で地方裁判所の**管轄に属する請求をした場合に原告の申立てがあるとき**（→**本訴と反訴を地方裁判所に移送しなければなりません**。民訴法274条1項） 　反訴は本訴とともに審理されるので、簡易裁判所における訴訟で反訴が提起された場合、訴額140万円超えの請求でも簡易裁判所で審理されます。しかし、原告は反訴の請求については本来は地方裁判所で審理してもらえました。よって、原告に「地方裁判所で審理してください」と言える権利が認められているんです。本訴も移送されるのは、反訴は本訴とともに審理されるからです。 簡裁　地裁 ①本訴 原告　被告 ②反訴 地裁で審理して	○ 原告のみ	× 原告に裁判所の選択権を与えた規定であるからです。
⑦特許権等に関する訴訟についての移送	・**大阪地方裁判所または東京地方裁判所**が特許権等に関する訴えにかかる訴訟において審理すべき専門技術的事項を欠くことその他の事情により著しい損害または遅滞を避けるため必要があると認めるとき（→**通常の事件について管轄権を有する地方裁判所に移送することができます。**民訴法20条の2第1項、6条1項） 　特許権等に関する訴えでも、高度な専門知識が要求されない場合などもあるため、通常の事件の管轄裁判所に移送する途（みち）も開いているんです。	○	○

3．移送の効果
（1）訴訟の係属
　移送の裁判（決定）が確定すると、訴訟は初めから移送を受けた裁判所に係属していたものとみなされます（民訴法22条3項）。よって、訴えの提起に基づく時効の完成猶予（P19〜20の1.）などの効果は、移送の裁判が確定した時ではなく、訴えの提起をした時に生じていたまま維持されます。原告は訴えの提起をした時に「権利の上に眠っていないよ！」という意思を示しているからです。

（2）移送の裁判の拘束力
　移送を受けた裁判所は、確定した移送の裁判に拘束されます（民訴法22条1項）。具体的には、移送を受けた裁判所は他の裁判所に再移送することができません（民訴法22条2項）。これは、管轄について裁判所により見解が異なることによって訴訟がたらい回しにされてしまうことを防ぐためです。
　ただ、移送を受けた裁判所が絶対に再移送することができないわけではありません。以下の①または②のような再移送はできます（東京地決昭61.1.14）。

①移送の裁判の確定後に新たに生じた事由に基づく場合
②移送の原因となった事由とは別の事由に基づく場合

4．不服申立ての可否
（1）原則
　以下のどちらの決定に対しても、即時抗告（P17〜18）をすることができます（民訴法21条）。どこの裁判所が管轄権を有するかは、訴訟の勝敗を決定しかねない重大問題だからです。

・移送の決定
・移送の申立てを却下した決定

（2）例外
　以下の移送の決定に対しては、不服を申し立てることはできません（民訴法274条2項）。以下の反訴については、被告は本来は地方裁判所で訴訟をするべきでした。よって、原告が地方裁判所での審理を望んだ場合には、被告は文句が言えないんです。

・反訴提起に基づく移送の決定（上記2.の⑥）

第2節　裁判所の機関

1 裁判官

1. 単独制と合議制

　裁判官が1人（単独制）の訴訟と複数（合議制）の訴訟があります。大まかにいうと、第1審は単独制、第2審と第3審は合議制となっています（裁判所法9条、18条、26条、31条の4、35条）。

2. 裁判長

　裁判長：合議制の場合の裁判長とされた裁判官（裁判所法9条3項、18条2項、26
　　　　　条3項、31条の4第3項）
　裁判官のうち、法廷で真ん中に座っているのが裁判長です。

3. 受命裁判官

　受命裁判官：合議制の構成員のうち一定の事項について合議体を代表して行動する
　　　　　　　裁判官
　たとえば、証人が入院中や刑務所に収容中であるため病院や刑務所で証人尋問をする場合に、「お前が代表して行ってこい」ということで病院や刑務所まで行くのが受命裁判官です（民訴法185条1項）。受命裁判官は、裁判長であることも裁判長以外の裁判官であることもあります。

4. 受託裁判官

　受託裁判官：他の裁判所から一定の事項の処理を嘱託された裁判所の裁判官
　たとえば、東京地方裁判所に係属している事件において、証人が大阪におり、大阪で証人尋問をする場合に、大阪地方裁判所に証人尋問の依頼がされ、証人尋問をしに証人のところに行くのが受託裁判官です（民訴法195条）。

5. 裁判官の排斥

　裁判官が、その訴訟を担当する裁判官から外されるまたは自ら外れる場合があります。たとえば、みなさんが訴えを提起した場合に、裁判官が被告の夫であったら公平な判断がされるとは思えないですよね。裁判に対する信頼も揺らぎます。
　そこで、「除斥」「忌避」という2つの制度があります。これらの制度の違いは、以下の表のとおりです。

	除斥	忌避
意義	裁判官が当事者の配偶者であるなど一定の事由が存在する場合に、裁判官が法律上当然に職務の執行から排除されること（民訴法23条1項）	裁判官が当事者の内縁の配偶者であるなど除斥原因以外の事由により不公平な裁判をするおそれがある場合に、裁判官が裁判によって職務の執行から排除されること（民訴法24条1項）
事由	法定されている（民訴法23条1項各号）除斥は、事由が法定されていることがポイントです。	法定されていない（民訴法24条1項）忌避は、事由が法定されていないことがポイントです。
申立て	○（民訴法23条2項）	○（民訴法24条1項）
職権	○（民訴法23条2項）事由が法定されているため、裁判所が職権で除斥の裁判をすることができます。	×（民訴法24条1項参照）事由が法定されていないため、裁判所が職権で忌避の裁判をすることができません。
効果	除斥原因がある裁判官が行った訴訟行為は、除斥決定の有無にかかわらず無効	忌避の裁判の確定までに行ったその裁判官の訴訟行為は無効とならない

除斥は事由が法定されているため、除斥事由がある裁判官は除斥決定がされる前から担当できないからです。

忌避は事由が法定されていないため、忌避の裁判が確定して初めてその裁判官が担当できなくなるからです。

　なお、除斥または忌避の原因があると考える裁判官は、監督権を有する裁判所の許可を得て自発的に担当から外れることができます（民訴規12条）。これを「回避」といいます。実務では、通常は裁判官自らが回避します。

2 裁判所書記官

　　裁判所書記官：調書の作成、訴訟記録の保管、送達などを行う裁判所の職員（裁判
　　　　　　　　　所法60条）
　法廷では、裁判官の前に座っている人です。裁判所書記官は、単に書記をするだけではなく、裁判官が代行できない固有の権限を有しています。

当事者等

第3章で裁判所についてみましたので、この第4章では当事者側をみていきましょう。「当事者」とは、基本的には原告と被告のことでした（P14①）。

第1節　当事者能力

1 意義

当事者能力：民事訴訟の当事者になることができる一般的な資格

「一般的な」とは、当事者になり得る者かということです。みなさんの多くは、現在民事訴訟の原告にも被告にもなっていないと思います。しかし、自然人（私たち人間のことです）は原告や被告になれるので、みなさんには当事者能力があります。

2 当事者能力を有する者

1．原則

民事訴訟法 28 条（原則）

当事者能力、訴訟能力及び訴訟無能力者の法定代理は、この法律に特別の定めがある場合を除き、民法（明治 29 年法律第 89 号）その他の法令に従う。訴訟行為をするのに必要な授権についても、同様とする。

「当事者能力……は、……民法……に従う」という規定があるため（民訴法 28 条前段）、民法上の権利能力者である以下の①②の者には、当事者能力が認められます。「権利能力」とは、権利を取得し義務を負担することができる資格です。── 民法Ⅰのテキスト第2編第2章第1節 1 、 2 　権利や義務を有することができない者を原告や被告にしても、権利義務についての紛争は解決しないため、基本的に権利能力者に当事者能力が認められるのです。

①自然人
②法人

しかし、民事訴訟の当事者能力を有する者の範囲は、「紛争解決に役立つか」が基準となるため、民法の権利能力よりも少し広くなります。

51

2. 民法上の権利能力者以外に当事者能力が認められるもの

　権利能力が認められなかった下記①②のものにも、当事者能力は認められます。

①法人でない社団または財団（代表者または管理人の定めがある場合。民訴法29条）

　町内会や大学の同窓会などは、法人ではありません。── 民法Ⅰのテキスト第2編第2章第1節⑤1. しかし、実際の社会では、これらの団体も取引をしたりしています。よって、民事紛争が生じることもあります。その場合に、たとえば、法人でない社団または財団のすべての構成員を探し出して被告としなければならないなどとなったら、取引相手が大変です。よって、代表者または管理人の定めがあり、法人に近い存在となっている法人でない社団または財団には当事者能力が認められるんです。

　権利能力のない社団は、権利能力が認められないため、その財産は構成員全員に総有的に帰属します。よって、不動産について、権利能力のない社団が所有権を有することの確認の請求は認められません（最判昭55.2.8）。構成員全員の総有権の確認の請求をすべきです。この確認訴訟を権利能力なき社団が提起することは認められます（最判平6.5.31）。

　不動産について、権利能力なき社団名義で登記することはできません。以下の者の名義で登記します。── 不動産登記法Ⅰのテキスト第2編第2章第2節⑦1.
・代表者
・構成員全員
・代表者でない構成員

　これらの者が所有権移転登記請求訴訟を提起することもできます（最判昭47.6.2、最判平6.5.31）。しかし、訴訟を提起するのは、権利能力なき社団でも構いません（最判平26.2.27）。ただ、権利能力なき社団名義の登記ができるわけではありません。権利能力なき社団が、これらの者に登記名義を移転するよう請求できるだけです。

②民法上の組合（代表者の定めがある場合。最判昭37.12.18）

　民法上の組合も、法人ではありません。── 民法Ⅲのテキスト第7編第9章① 民法上の組合については、当事者能力を認める条文はありません。しかし、法人でない社団または財団と同じく、実際の社会では取引をしたりしているため、民事紛争が生じることもあります。やはり取引の相手方が、すべての組合員を探し出すのは大変です。また、取引の相手方からすると、民法上の組合と法人でない社団または財団を区別するのは困難です。どちらも登記がされていないからです。

第2節　訴訟能力

1 意義

訴訟能力：単独で有効に訴訟行為をすることができる能力

保護者の同意を得ることまたは保護者による代理によることなく、自分だけで訴訟行為をすることができる能力です。民法でいうところの「行為能力」に相当する能力です。

☞ 「訴訟行為」とは？

訴訟行為：当事者や裁判所の訴訟に関して行われる行為であり、訴訟法上の効果が
　　　　　発生するもの

ex. 訴えの提起、請求の放棄・認諾

2 訴訟能力を有する者

1. 訴訟能力者

訴訟能力も「民法……に従う」ため（民訴法 28 条前段。P51）、制限のない訴訟能力を有するのは民法上の行為能力者です。このように、「自分だけでできる者」は、民法と同じです。

2. 訴訟無能力者・制限的訴訟能力者

しかし、「自分だけでできない者」が、民法と異なります。民法で自分だけでできない者は制限行為能力者でしたが、民事訴訟では自分だけでできない者がさらにできなくなります。訴訟行為の中には、自白や請求の放棄・認諾など、訴訟の勝敗を決してしまうものがあるからです。請求の放棄・認諾とは、原告・被告が「私の 100％負けです」と認めることです。原告がするのが「請求の放棄」であり、被告がするのが「請求の認諾」です。しかも、訴訟は、いったん終了すると、それで確定し、原則として後で争うことができません。よって、制限行為能力者をより保護する必要があるわけです。

（1）訴訟無能力者

（a）原則

「訴訟無能力者」とは、以下の①②の者です。

①成年被後見人
②未成年者

　これらの者については、法定代理人が代理して訴訟行為を行う必要があります（民訴法31条本文）。民法のように、未成年者が法定代理人の同意を得て訴訟行為を行うことはできません。—— 民法Ⅰのテキスト第2編第2章第3節2 2.（1）（a）　民法以上に制限されているわけです。

（b）例外
　独立して法律行為をすることができる未成年者は、訴訟能力を有します（民訴法31条ただし書）。

ex. 未成年者は、法定代理人から営業の許可を得た場合、その営業に関する訴訟については単独で有効に訴訟行為をすることができます（民法6条1項）。

（2）制限的訴訟能力者
（a）原則
　「制限的訴訟能力者」とは、以下の①②の者です。

①被保佐人
②被補助人（訴訟行為をすることについて補助人の同意を得ることを要する場合。民法17条1項、13条1項4号）
＊被補助人は、訴訟行為をすることについて補助人の同意を得ることを要するとされていなければ、訴訟能力者です。よって、この後の「被補助人」はすべて、訴訟行為をすることについて補助人の同意を得ることを要するとされている場合の被補助人であるとお考えください。

　制限行為能力者の中で間に境界線が引かれるときは、未成年者と被保佐人の間に引かれることが最も多いです。—— 民法Ⅰのテキスト第2編第2章第3節4 2.（3）「制限行為能力者の境界線」　ここでも、やはり未成年者と被保佐人の間に境界線が引かれていますね。

　被保佐人・被補助人は、自分で訴訟行為をすることができます。しかし、保佐人・補助人の同意が必要です（民訴法32条1項反対解釈、民法13条1項4号、17条1項）。被保佐人・被補助人は、訴えを提起するときには、保佐人・補助人の同意が必要です。

（b）例外
ⅰ　同意を要しない場合
　被保佐人・被補助人であっても、以下の①②の訴訟について訴訟行為をするには、保佐人・補助人の同意が要りません。

①相手方の提起した訴え（民訴法32条1項）
②相手方の提起した上訴（控訴、上告など。民訴法32条1項）

　被保佐人・被補助人に対しては、成年被後見人・未成年者と異なり、保護者である保佐人・補助人を相手方として訴えの提起をすることはできず、被保佐人・被補助人を相手方として訴えの提起をするしかありません。そのときに保佐人・補助人の同意が必要となると、保佐人・補助人が同意しなければ絶対に訴えられない無敵の存在になってしまいます。よって、上記①②については、保佐人・補助人の同意が不要とされているんです。

ii　個別的に授権が必要な行為

以下の①〜③の訴訟行為については、個別的に授権が必要です。
「個別的に授権が必要」とは、以下の意味です。
・被保佐人・被補助人が訴えの提起をする場合
　→　訴えの提起についての同意（上記（a））に加えて、以下の①〜③の訴訟行為については授権が必要
・被保佐人・被補助人が訴えまたは上訴を提起された場合
　→　その訴訟の通常の訴訟行為については同意は不要だが（上記ⅰ）、以下の①〜③の訴訟行為については授権が必要

勝ち負けまたは引き分けが決定

　以下の①〜③は、**勝ち負けまたは引き分けが決まってしまう**訴訟行為です。勝ち負けまたは引き分けが決まってしまうため、被保佐人・被補助人を特に保護する必要があるわけです。

①訴えの取下げ、和解、請求の放棄・認諾または訴訟脱退（民訴法32条2項1号）
②控訴の取下げ、上告の取下げまたは上告受理の申立ての取下げ（民訴法32条2項2号）
③手形訴訟・小切手訴訟または少額訴訟の判決に対する異議の取下げまたは異議の取下げについての同意（民訴法32条2項3号）

※外国人

　外国人は、その本国法によれば訴訟能力を有しない場合であっても、日本法によれば訴訟能力を有すべきときは、訴訟能力者とみなされます（民訴法33条）。

　たとえば、ドイツでは、権利能力なき社団は「被告」のみ訴訟能力が認められています。しかし、日本では「原告」でも認められています（民訴法29条。P52①）。この場合、ドイツの権利能力なき社団は、日本の裁判所で「原告」になることができます。

3　訴訟能力欠缺の効果

1. 訴訟行為の無効

　訴訟無能力者の行ったまたは受けた訴訟行為は、無効です（民訴法34条2項参照）。民法の制限行為能力者の行為のように、取り消されるまでは有効（民法5条2項、9条本文、13条4項、17条4項）とはなりません。「取り消されるまでは有効」という状態は、有効で確定するか無効となるか不安定です。訴訟は、ある訴訟行為を前提としてドンドン訴訟行為が積み重ねられます。取り消すかどうかは、取消権者の判断によります。積み重ねられた後で取り消されて、すべての行為の効力が失われる可能性があるのは、非常に不安定です。

　このように、民事訴訟では手続の安定が重要視されるんです。

　なお、当事者が訴訟能力を有するかどうかについては，相手方が争わない場合でも，裁判所は職権で調査をしなければなりません。当事者が訴訟能力を有し訴訟行為を行えるかは公益性のあることなので、裁判所が調べることができるのです。訴訟能力を欠く場合は、裁判所は補正を命じます（民訴法34条1項前段）。

2. 追認

　しかし、訴訟能力を有するに至った本人（ex. 成年に達した者）または法定代理人が追認することはできます。追認すると、無効である訴訟行為をした時にさかのぼって有効となります（民訴法34条2項）。

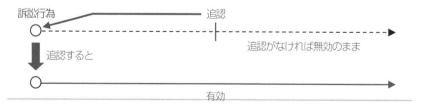

第3節　第三者による訴訟進行

　訴訟は、当事者本人が進める場合だけでなく、第三者が進める場合もあります。この第三者には、「代理人」（下記1）と「訴訟担当」（下記2）があります。

1　訴訟上の代理人

1．意義
　訴訟上の代理人が行った訴訟行為が、当事者に帰属します。
　訴訟上の代理人には、以下の種類の者がいます。

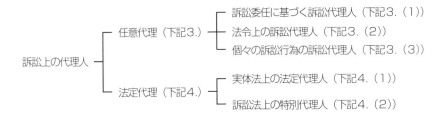

　民法の代理と同じく、当事者の意思に基づく「任意代理」と当事者の意思に基づかない「法定代理」があります。趣旨もほとんど同じです。—— 民法Ⅰのテキスト第2編第6章第1節41.
　任意代理は、訴訟能力の拡張のためにあります。民事訴訟について専門知識を有していない当事者も多いため、専門知識を有している弁護士や認定司法書士などを代理人とすることが認められています。
　法定代理は、訴訟能力の補充のためにあります。たとえば、未成年者は、原則として自分で訴訟行為を行うことができないため、親権者または未成年後見人に代わって訴訟行為を行ってもらう必要があります。

2．任意代理と法定代理の共通点
　以下の4点は、任意代理と法定代理で共通しています。「任意代理については当てはまるが、法定代理については当てはまらない」といったひっかけが出題されることがありますので、共通点であることも意識しましょう。

①双方代理の可否
　訴訟代理の双方代理は、ダメです。まさに当事者が対立する場面だからです。—— 民法Ⅰのテキスト第2編第6章第2節13.

②代理権の存否の証明

　代理権の存否は、書面で証明しなければなりません（民訴規 15 条、18 条）。実務では、たとえば、弁護士が訴訟代理人である場合には依頼者に作成してもらった委任状を、親権者が法定代理人である場合には戸籍全部事項証明書などを裁判所に提出します。

③代理権の消滅

　代理権の消滅は、相手方に通知しなければ効力を生じません（民訴法 36 条 1 項、59 条）。

　この②③は、代理権があるのかどうかを明確にして訴訟手続の安定を図るための規定です。

④代理権欠缺の効果

　代理権を欠く代理人がした訴訟行為は無効です。しかし、当事者が追認することで、無効である訴訟行為をした時にさかのぼって有効とすることができます（民訴法 34 条 2 項、59 条）。

3. 任意代理
（1）訴訟委任に基づく訴訟代理人

　フランスやドイツなど、弁護士を代理人としなければならないとされている国もあります。しかし、日本は、本人訴訟も認められており、弁護士などに依頼しない方も割と多くいます。

（a）訴訟代理人の資格
ⅰ　原則

日本は任意ですが、訴訟代理人に依頼することもできます。

　委任を受けて訴訟代理人となれるのは、原則として弁護士です（弁護士代理の原則。民訴法 54 条 1 項本文）。誰でも訴訟代理人となれるとすると、専門知識のない者が訴訟代理人となり、当事者を害することになるからです。

ⅱ　例外

　制限はつきますが、以下の①②のように弁護士以外でも訴訟代理人になれる者もいます。

①簡易裁判所の許可を得た者（簡易裁判所のみ。民訴法 54 条 1 項ただし書）

　たとえば、サラ金が貸金返還請求訴訟を提起する場合に、簡易裁判所の許可を得て

サラ金の従業員が訴訟代理人となることがあります。簡易裁判所の審理は簡略化されているため、弁護士でない者でも務まる場合があるからです（P44の「簡裁は簡略化」）。
②認定司法書士（簡易裁判所の訴額140万円以下の訴訟などに限定。司書法3条1項6号）

（b）訴訟代理権の範囲
i　代理権の範囲

訴訟代理人の訴訟代理権の範囲は、以下の表のとおり、「当然に代理権の範囲内とされる事項」と「個別的に授権が必要な事項」に分かれます。

当然に代理権の範囲内とされる事項 （民訴法55条1項）	個別的に授権が必要な事項 （民訴法55条2項）
訴訟代理人は、当事者を勝訴させるため（下記①②）・権利を実現するため（下記③～⑤）に必要な行為をすることができます。 ①反訴に対する応訴 ②参加に対する応訴 　この①②は、相手方がした反訴または参加に対する応訴のことです。応訴しないと敗訴してしまうので、当然に応訴できるとされているんです。 ③強制執行 　たとえば、強制執行に必要な執行文の付与の申立て（民執法26条1項。P278～279（1））をする権限も当然に有します。 ④仮差押え・仮処分 ⑤弁済の受領 　この⑤は訴訟代理人に実体上の権限もあることの例示であり、相殺をしたりすることもできると解されています。 　上記①～⑤の代理権は制限することができないとされています（民訴法55条3項本文）。代理権の範囲を一律にしておくことで、民事訴訟手続を安定させるためです。ただし、弁護士でない訴訟代理人の代理権は制限することができます（民訴法55条3項ただし書）。	訴え提起に準じる訴訟行為（下記①③）や勝ち負けまたは引き分けが決まってしまう訴訟行為（下記②③④）は、さすがに個別的に授権を得る必要があります。 ①反訴の提起 ②訴えの取下げ、和解、請求の放棄・認諾または訴訟脱退 ③控訴、上告もしくは上告受理の申立てまたはこれらの取下げ ④手形訴訟・小切手訴訟または少額訴訟の判決に対する異議の取下げまたは異議の取下げについての同意 ⑤復代理人の選任 　たとえば、依頼者がその分野の有名弁護士だから依頼したにもかかわらず、その有名弁護士が勝手に他の弁護士を復代理人として他の弁護士に訴訟行為を行わせることができたら、依頼者は納得できないでしょう。

ii　個別代理の原則

当事者が、数人の代理人に訴訟委任をすることは多いです。

ex1. 弁護団を形成する大規模な訴訟だと、複数の弁護士に訴訟委任をします。

ex2. 複数の弁護士がいる事務所が依頼を受けるときに、「とりあえず事務所の弁護士全員を受任者として委任状に、代理人として訴状に書いておこう」とすることがあります。たとえば、弁護士3～4人が受任者・代理人となっていることはよくあります。この場合でも、法廷に弁護士3～4人が行くことはほとんどなく、担当弁護士のみが行きます。

このように、訴訟代理人が数人いる場合でも、訴訟代理人は各自単独で当事者を代理できます（民訴法56条1項）。これと異なる定めをしても無効です（民訴法56条2項）。また、相手方も、訴訟代理人の1人に対して訴訟行為をすることができます。

毎回「弁護士3～4人全員来ないと訴訟が進められません」だと、訴訟が迅速・円滑に進みません。また、弁護士は1人で1人前です（でないと困ります）。

（c）当事者・訴訟代理人の地位

i　当事者の地位

訴訟委任をしても、当事者や法定代理人は訴訟能力を奪われるわけではありません。弁護士に依頼しても、当事者が自ら法廷に行って訴訟を進めても構わないわけです。任意代理は、訴訟能力の拡張のためにあるからです。

よって、当事者は、訴訟代理人がした事実に関する陳述を直ちに取り消すまたは更正することができます（更正権。民訴法57条）。「うちの弁護士が今こんなことを言いましたが、事実は違います！」などと言えるわけです。当事者の事件ですから、具体的な事実（ex. 金銭を渡したか）については、訴訟代理人より当事者のほうがよく知っていると考えられるからです。

これは、あくまで「事実」に関しての陳述です。法律上の陳述（ex. 賃借権を第三者に対抗できるか）については、当事者に更正権はありません。法律上の陳述は、弁護士のほうがよく知っていると考えられるからです。

☞「陳述」とは？

陳述：裁判所に対して述べること

ii　訴訟代理人の地位

訴訟代理人は、あくまで代理人であって当事者ではありません。よって、もちろん、敗訴判決でも訴訟代理人には判決の効力は及びません。また、訴訟代理人は、その訴訟において証人や鑑定人となることができます。

（d）代理権の不消滅

訴訟代理人の代理権は、以下の①～④の事由があっても消滅しません。つまり、当事者の相続人、存続会社・設立会社、新受託者などから改めて委任を受ける必要がないということです。

たとえば、①の「当事者の死亡」は、民法では代理権の消滅事由とされていました（民法 111 条 1 項 1 号 ── 民法 I のテキスト第 2 編第 6 章第 2 節 1 5.）。民事訴訟法に、その特則があるわけです。不動産登記法にも同趣旨の特則があります。── 不動産登記法 I のテキスト第 1 編第 5 章第 2 節 3 2.（1）（c）　民事訴訟は、弁護士代理の原則が採られており（民訴法 54 条 1 項本文。P58 の i ）、訴訟代理人の代理権の範囲が明確になっているため（民訴法 55 条。P59 の i ）、委任者や承継人などの信頼が裏切られることは少ないと考えられるからです。

①当事者の死亡または訴訟能力の喪失（民訴法 58 条 1 項 1 号）
②当事者である法人の合併による消滅（民訴法 58 条 1 項 2 号）
③当事者である受託者の信託に関する任務の終了（民訴法 58 条 1 項 3 号）
④法定代理人の死亡、訴訟能力の喪失または代理権の消滅もしくは変更（民訴法 58 条 1 項 4 号）

（2）法令上の訴訟代理人

弁護士などの資格がなくても、法令によって訴訟代理人となれるとされている者がいます（民訴法 54 条 1 項本文）。

ex. 支配人が典型例です。支配人は、使用人ですが、商人・会社に代わってその営業・事業に関する一切の裁判上の行為をする権限があるとされています（商法 21 条 1 項、会社法 11 条 1 項）。

（3）個々の訴訟行為の訴訟代理人

個別の訴訟行為について、代理人を定めることもできます。

ex. 当事者などは、裁判所からの送達を受ける送達受取人を裁判所に届け出ることができます（民訴法 104 条 1 項後段）。

4．法定代理
（1）実体法上の法定代理人
　実体法で法定代理人とされている者は、訴訟においても法定代理人とされます（民訴法28条前段）。
ex1. 親権者（民法824条）・未成年後見人（民法859条）
ex2. 成年後見人（民法859条）

（2）訴訟法上の特別代理人
　成年被後見人と未成年者は、訴訟無能力者であり、自分で訴訟をすることはできません（P53〜54（a））。よって、成年被後見人または未成年者を相手方とする訴えにおいては、法定代理人である成年後見人や親権者などを相手方として訴訟行為をすることになります。しかし、それができない以下の①と②の要件を充たす場合には、成年被後見人または未成年者に対し訴訟行為をしようとする者は、受訴裁判所の裁判長に特別代理人の選任を申し立てることができます（民訴法35条1項）。特別代理人には、弁護士や未成年者のおじ・おばなどが選任されることがあります。

①法定代理人がいない（ex. 親権者である父母が交通事故で死亡している）、または、法定代理人がいたとしても代理権を行うことができない（ex. 利益相反行為に当たる）
②遅滞のため損害が発生するおそれがある
ex. 代理人の選任を待っていたのでは時効が完成してしまうため、今すぐ訴えを提起して時効の完成を猶予させる必要がある場合が当たります。
　このことは疎明（P128の4.②）する必要があります。

　このようにして選任された特別代理人は、裁判所がいつでも改任する（別の者に替える）ことができます（民訴法35条2項）。

（3）法人・社団または財団の代表者
（a）民事訴訟上の位置づけ
　法人の代表者と当事者能力を有する法人でない社団または財団（P52①）の代表者については、法定代理と法定代理人に関する規定がすべて準用されます（民訴法37条、民訴規18条）。団体と代表者の関係は、当事者と法定代理人の関係に類似しているからです。

（b）表見法理

　会社法などには、表見代表取締役や表見支配人などの規定がありました。代表取締役や支配人ではないが、会社などが「社長」「支店長」などの名称を付しているといった場合に、善意無重過失の相手方を保護する制度です。—— **会社法・商法・商業登記法Ⅰのテキスト第3編第3章第6節6、Ⅱのテキスト第10編第2章5 3.（5）**

　では、訴訟にも表見法理の規定があるでしょうか。たとえば、Xは、Y株式会社の登記記録を見て、代表者がAであると過失なく信じ、Aを代表取締役としてY株式会社を相手方として訴えを提起しました。しかし、真実の代表取締役はBでした。この場合、Xは、Y株式会社を相手方として有効に訴えの提起をしたことになるのでしょうか。

　残念ながらなりません。民事訴訟法に表見法理の規定はなく、会社法などの表見法理の規定は適用（類推適用も）されません（最判昭45.12.15）。

　過失なく信じたXに落ち度はなく、Xはかわいそうなのですが、これは以下の理由によります。表見法理は取引の相手方保護・取引保護のためのものです。訴訟行為は、取引ではありません。訴訟には、手続の安定のほうが要求されます。表見法理は、相手方が善意なのか無重過失なのかによって結論が変わります。それを訴訟にも適用してしまうと、当事者の主観などで訴訟が有効かどうかが決まってしまいます。それは不安定なので、「真の代表者でない者を代表者とした場合は、一律にダメ」としておいたほうがよいという判断です。

cf. 補佐人

　この「補佐人」は、当事者ではありませんが、代理人でもありません。当事者などと一緒に期日に出頭して、当事者などの陳述を補足する者です（民訴法60条1項）。
ex1. 特許権についての訴訟であり、専門的な知識が必要とされるため、弁理士が当事者と一緒に期日に出頭して当事者の陳述を補足することがあります。
ex2. 当事者に聴覚の障がいがあるため、親族が当事者と一緒に期日に出頭して当事者の陳述を補足することがあります。

　補佐人と一緒に期日に出頭するには、裁判所の許可が必要です（民訴法60条1項）。裁判所は、この許可をいつでも取り消すことができます（民訴法60条2項）。

2　第三者の訴訟担当

1．意義

　代理人ではなく、当事者として訴訟を担当できるとされている者がいます。第三者が実質的な利益帰属主体に代わって訴訟を行い、判決の効力は実質的な利益帰属主体にも及びます（民訴法115条1項2号）。これを「第三者の訴訟担当」といいます。

　第三者の訴訟担当は、当事者の意思に基づく「任意的訴訟担当」と当事者の意思に基づかない「法定訴訟担当」に分かれます。

第三者の訴訟担当 ┌ 任意的訴訟担当（下記2.）
　　　　　　　　 └ 法定訴訟担当（下記3.）

2．任意的訴訟担当

（1）意義

　実質的利益帰属主体の意思（授権）に基づいて訴訟を担当するのが、任意的訴訟担当です。

ex1. 区分所有者の集会の決議によって選任された管理者は、規約または集会の決議により区分所有者のために原告または被告となることができます（区分所有法 25条1項、26条4項）。マンションの住人達によって選ばれた代表者が、マンションの住人達のために訴訟をするといった場合です。

ex2. 選定当事者（民訴法30条）。これは、下記（2）で項目を設けて説明します。

（2）選定当事者

> **民事訴訟法30条（選定当事者）**
> 1　共同の利益を有する多数の者で前条の規定〔当事者能力が認められる法人でない社団または財団〕に該当しないものは、その中から、全員のために原告又は被告となるべき1人又は数人を選定することができる。

（a）意義

　これは、複数の者が共同の利益を有する場合に、そのうちの1人または数人に訴訟を任せ、任せた者は訴訟の結果に服するという制度です（民訴法30条1項）。公害訴訟でイメージしてください。ある村の住民が公害で被

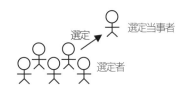

害を受けて企業を相手方として訴えを提起するとします。その際に、たとえば、村長さんに訴訟を任せることができます。この場合の村長さんを「選定当事者」、村の他の住民を「選定者」といいます。

・選定当事者：代表して当事者となり訴訟を担当する者（民訴法30条4項かっこ書）
・選定者　　：選定当事者に訴訟を任せた者（民訴法30条4項かっこ書）。選定者は、当然に訴訟から脱退します（民訴法30条2項）。

（b）趣旨

　当事者があまり多数いると、審理の足並みがそろわなくなったり、書類作成部数や送達部数や費用がかさんだりします。そこで、訴訟を担当する者を選定できるこの制度があるのです。

（c）要件

①「共同の利益を有する」（民訴法30条1項）

　複数の者の間に共同訴訟人となり得る関係があり、かつ、請求が主要な攻撃防御方法（P20②）を共通とするのであれば、共同の利益を有するといえます（大判昭15.4.9、最判昭33.4.17）。けっこう広く当たるということです。

ex1. 公害による被害者
ex2. 連帯債務者

②「多数の者」（民訴法30条1項）

　条文には「多数」とありますが、複数であれば要件を充たします。

③「その中から……選定」されること（民訴法30条1項）

　選定当事者は、共同の利益を有する複数の者の中から選定される必要があります。公害訴訟でいえば、被害に遭っていない者を選定当事者にすることはできません。

　この「選定」は、訴訟が始まった後で、当事者とはなっていないが共同の利益を有する者がすることもできます（民訴法30条3項）。これはわかりにくいと思いますので、具体例で確認しましょう。

ex. XとY株式会社との間で公害訴訟が行われている場合に、Aが「実は私も公害の被害に遭っていたんです」とこの訴訟に加わりたいと考えたとします。この場合に、Aは、Xを選定当事者として選定し、選定者となることができます。

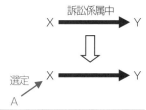

（d）選定当事者の地位

　選定当事者は、当事者であって代理人ではありません。よって、一切の訴訟行為をすることができます。訴訟代理人のような制限（民訴法 55 条。P59 の i ）はありません。選定者は、選定当事者の訴訟行為が納得できないのであれば、選定を取り消したり選定当事者を変更したりすることができるので（民訴法 30 条 4 項）、選定当事者が気に入らないのならクビにしろということです。

　選定当事者の地位は、上記のように選定者によって変更・取消しがされたり、死亡したりすると失われます。選定当事者が複数いる場合は、一部の選定当事者の資格が消滅しても、残余の選定当事者でそのまま訴訟を進めることができます（民訴法 30 条 5 項）。

3．法定訴訟担当
（1）意義

　法律上、実質的利益帰属主体の代わりに訴訟を担当できるとされているのが、法定訴訟担当です。

（2）具体例
①所有者不明土地管理人・所有者不明建物管理人（民法 264 条の 4、264 条の 8 第 5 項）

　所有者不明土地管理人・所有者不明建物管理人は、所有者不明土地・所有者不明建物などの所有者の代わりに、所有者不明土地・所有者不明建物などに関する訴訟の原告または被告となります。よって、法定訴訟担当です。

※管理不全土地管理人・管理不全建物管理人は、管理不全土地・管理不全建物などの法定訴訟担当ではありません。管理不全土地・管理不全建物などの所有者が原告または被告となります。管理不全土地管理命令・管理不全建物管理命令は、所有者が判明している場合にされることもあるからです。── 民法Ⅱのテキスト第3編第3章第6節

②代位債権者（民法 423 条）

　債権者は、債務者に代位して債務者の代わりに、第三債務者を相手方として訴えを提起することができます。この債権者代位訴訟の効果は債務者に帰属します。── 民法Ⅲのテキスト第5編第3章第3節 1 　よって、法定訴訟担当です。

　なお、債権者は、債権者代位訴訟を提起した場合、債務者に対して訴訟告知をしな

ければなりません（民法 423 条の 6）。債権者が提起した訴えの判決の効力は債務者にも及ぶため、債務者に訴訟に参加する機会を与える必要があるからです。かつては、この告知義務がなく、債務者が知らないところで訴訟が進行してしまうことがあったため、平成 29 年の民法改正でこの規定が新設されました。

③遺言執行者（民法 1012 条。最判昭 31.9.18、最判昭 43.5.31、最判平 11.12.16）

遺言執行者は基本的に、相続人の代わりに、訴えを提起することまたは提起されることができます。この訴訟の判決の効力は相続人に及びます。よって、法定訴訟担当です。遺言執行者がいる場合、相続人の権限は制限され（民法 1013 条 1 項）、遺言執行者が遺言の執行に必要な一切の行為をする権利義務を有します（民法 1012 条 1 項、2 項）。――民法Ⅲのテキスト第 10 編第 5 章第 5 節 ③ 3.　よって、遺言執行者が訴えを提起することまたは提起されることができる場合があるんです。

④破産管財人（破産法 80 条）

破産管財人は、破産財団に関する訴訟の原告または被告となります。よって、法定訴訟担当です。

⑤株主代表訴訟の株主（会社法 847 条）

株主は、株式会社の代わりに、取締役などを相手方として取締役などの責任を追及する訴えを提起することができます。この株主代表訴訟の効果は株式会社に帰属します。――会社法・商法・商業登記法Ⅱのテキスト第 6 編第 4 章 ① 1.　よって、法定訴訟担当です。

第5章　訴訟要件

　裁判所で本案（貸金返還請求権など）について審理し、判決を出してもらうために
は、その前提として訴訟要件を充たしている必要があります。この第5章で、その訴
訟要件をみていきましょう。

第1節　訴訟要件とは？

1　意義

　訴訟要件：本案について審理し、本案判決をするための要件
　訴訟要件は、訴訟のエントリー資格です。訴訟要件を充たしていない訴えは、却下
されます。テニスにたとえると、たとえば、ラケットのサイズが規定よりも大きいと、
試合をさせてもらえません。

2　趣旨

　裁判所は、訴訟要件をきちんと充たした訴えについてのみ、審理し、本案判決をす
れば構いません。これは、訴訟経済からの要請です。言い方は悪いですが、裁判所も
忙しいので、エントリー資格を充たしていないような無駄な訴えに付き合っている時
間はありません。

3　訴訟要件の種類

　訴訟要件には、以下のようなものがあります（すでに出てきているものもあります）。

①二重起訴の禁止（重複起訴の禁止）に当たらないこと（P21（1））
②訴えの提起がされた裁判所に管轄権があること（P35 1 ）
③当事者に当事者能力があること（P51 1 ）
④請求に訴えの利益があること（P70 1 ）
⑤当事者に当事者適格があること（P77 1 ）
⑥不起訴の合意が存在しないこと（P118①）
⑦既判力に抵触しないこと（P169（1））

4 訴訟要件の調査

1．調査の開始

（1）原則

　訴訟要件を充たしているかは、ほとんどが**職権調査事項**です（民訴法14条など）。当事者が指摘していなくても、裁判所が職権で調査を開始する必要があります。

　訴訟要件は、上記**2**のとおり、訴訟経済からの要請なので、公益的な要請に基づくものが多いからです。

（2）例外

　以下の①②などは、例外的に抗弁事項です。「抗弁事項」とは、被告が指摘した場合にのみ裁判所が考慮するということです。

①不起訴の合意（P118①）
②仲裁契約

　「仲裁」とは、当事者双方が仲裁人という人に判断を任せ、その仲裁人の判断に従う紛争解決手続です。非公開で行われるため、企業秘密を知られたくない企業間の紛争などで使うメリットがあります。

2．訴訟要件を充たしていない場合

　訴訟要件を充たしていれば、裁判所は本案について審理をして本案判決をします。

　しかし、提起された訴えが訴訟要件を充たしていない場合、補正が可能なときは、裁判所は補正を命じます。それに対して、補正が不能なときは、裁判所は口頭弁論を経ることなく判決で訴えを却下することができます（民訴法140条）。判決をするには、原則として口頭弁論を経る必要があります（必要的口頭弁論の原則。P91の1.）。これは、その例外です。「補正が不能なとき」とは、たとえば、犬が原告になっている（当事者能力がない）とかです。こういった訴えなら、却下判決を出すのに口頭弁論を経る必要がないですよね。=P225
P248

　訴訟要件は、このような訴えの提起の時だけでなく、随時審査対象となります。本案の審理の途中に訴訟要件を充たしていないことが判明した場合は、裁判所は本案の審理の途中でも却下判決をします。

　なお、管轄違いの場合は、却下ではなく移送されます（民訴法16条1項。P43の2.）。

第2節　訴えの利益

1 意義

訴えの利益：本案判決をすることが、紛争の解決に適するかどうかを判断する基準

民事訴訟の目的は、**紛争の解決**です。訴えの利益がなく、紛争の解決にならないと考えられる訴えは却下されます。この第2節は、「**紛争の解決に適するか**」という基準で考えてください。

下記 2 〜 4 で、訴えの種類に応じた訴えの利益をみていきます。

2 給付の訴えの利益

1．現在の給付の訴え

（1）原則

現在の給付の訴えには、原則として訴えの利益があるとされます。被告が履行を拒絶していない場合でもです。

「現在の給付の訴え」とは、たとえば、弁済期にある貸金返還請求の訴えです。弁済期にあるのなら被告は履行する必要がありますし、原告は強制執行するために確定判決を取得する必要があるからです。

（2）登記の実行ができない場合

勝訴判決を得てもすぐに登記の実行ができない場合でも、訴えの利益があります。

ex. Xが所有している不動産について、Y_1名義の所有権の保存の登記がされました。その後、Y_2への所有権の移転の登記、Y_3への所有権の移転の登記がされました。この場合において、XがY_3を相手方とする所有権移転登記抹消請求訴訟において敗訴した場合であっても、XのY_1およびY_2を相手方とする所有権の登記の抹消登記請求には訴えの利益があります（最判昭41.3.18）。

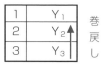

所有権の登記の抹消は、新しい登記から（登記記録では下から）する必要があります（巻戻抹消）。── **不動産登記法Ⅰのテキスト第2編第5章第2節 2 3.（3）**　よって、Y_3名義の登記を抹消できなければ、Y_2名義の登記、Y_1名義の登記は抹消できません。しかし、登記手続を求める請求は、その勝訴判決の確定により被告が意思表示をしたものとみなされて、判決の執行が完了します。そのため、その後に登記の実行ができなくても、訴えの利益がなくならないんです。

（3）執行証書を有している場合

執行証書を有している債権者でも、訴えの利益があります（大判昭18.7.6）。

☞「執行証書」とは？

執行証書とは、公証人が作成する公正証書であり、債務者が直ちに強制執行に服する旨の陳述が記載されているものです（民執法22条5号）。通常は、強制執行をするには確定判決などが必要です。しかし、金銭の支払など一定の請求に限定されますが、執行証書があると確定判決などがなくても、債務不履行があれば債権者は強制執行ができます。執行証書は、公証人が債務者の意思確認を行って作成するので、強制執行までできてしまうんです。お金を借りるときに執行証書まで作られる債務者は、多重債務者などかなりヤバイ債務者です……。

執行証書があれば、強制執行はできます。よって、通常は執行証書で十分です。しかし、裁判所が判断していないため、執行証書には既判力がありません。原告は、既判力を得る実益があるので、訴えを提起することができるんです。

2．将来の給付の訴え

（1）原則

将来の給付の訴えには、原則として訴えの利益がありません。

「将来の給付の訴え」とは、たとえば、弁済期前に提起する貸金返還請求の訴えです。被告からすると、弁済期前に訴えを提起される筋合いはありません。

（2）例外

しかし、あらかじめその請求をする必要がある場合であれば、将来の給付の訴えを提起することができます（民訴法135条）。上記（1）のとおり、被告は原則として訴えを提起される筋合いがありません。よって、将来の給付の訴えを提起するには、それを正当化できる利益が原告に必要となります。それが、この「あらかじめ請求をする必要がある場合」です。

具体的には、以下の①②が「あらかじめ請求をする必要がある場合」とされます。

①履行期の履行が強く要請される場合
ex1. 定期行為に基づく請求（民法542条1項4号）

定期行為とは、たとえば、クリスマス・ツリーの売買です。クリスマス・ツリーは、クリスマスまでに届かないと意味がありません。

ex2. 扶養料の請求、子の養育費の請求

扶養料、子の養育費などは請求しやすい方向に

　子の養育費などは、支払われないことが社会問題となっています。よって、**請求しやすい方向**になっているのが、現在の方向性です。

②将来の任意の履行が期待できない事情がある場合

ex1. 義務者が義務の存在や弁済期などについて、すでに争う態度を示している場合
　　すでに争う態度を示しているのなら、弁済期が来ても弁済しないと思われます。

ex2. 物の引渡請求訴訟において、履行不能の場合の損害賠償請求（代償請求）を併合して提起する場合の損害賠償請求

　これは、「物を引き渡せ。壊れたりしていて引き渡せないのなら、損害賠償をしろ。」という請求です。物を引き渡そうとしないのなら、履行不能の場合の損害賠償にも応じないと思われます。

３　確認の訴えの利益

１．限界付けの必要性

　確認の訴えは、限界付けをしておく必要性があります。「確認」の対象は、無限に考えられるからです。たとえば、「芸能人の◯◯が◯◯よりもカッコイイ（カワイイ）ことの確認を求める」なんて、訴えが提起されかねません……。また、確認判決には執行力も形成力もないので（P8）、紛争の解決につながらないこともあります。

　以下の２.～４.の観点から限界付けがされています。

＊試験で正解を出すだけなら、どの観点からの限界付けなのかまで押さえていなくても、結論を押さえていれば大丈夫です。

２．確認の訴えによることの適否
（１）請求権の確認

　他の類型の訴えによるほうが適切である場合には、確認の訴えに訴えの利益はありません。

ex. 100万円の貸金債権を有しているXは、100万円の貸金債権を有していることの確認を求める確認の訴えではなく、100万円の返還を請求する給付の訴えを提起すべきです。

　確認判決には執行力も形成力もありません。給付の訴えを提起できるのなら執行力のある給付判決を求める給付の訴えを、形成の訴えを提起できるのなら形成力のある形成判決を求める形成の訴えを提起すべきです。

　ただし、所有権に基づく建物の明渡請求の給付の訴えを提起できる場合でも、被告が原告の所有権を争っているのであれば、所有権の確認の訴えを提起することができます（最判昭 29.12.16）。「明渡請求権の確認」であれば、訴えの利益はありません。しかし、「明渡請求権の基になっている所有権の確認」です。また、所有権を確認すれば、そこから派生する紛争を予防することができます。

　また、債務者であると主張されている者が、債務不存在の確認の訴えを提起することはできます。債務者であると主張されている者は、給付の訴えを提起することはできませんので、提起できるのは確認の訴え以外にないからです。しかし、被告である債権者と主張する者から、支払請求の反訴を提起されると、債務不存在の確認の訴えは訴えの利益を欠くことになります（最判平 16.3.25）。支払請求の反訴は給付の訴えですので、執行力が生じるからです。債務者であると主張されている者も、この給付の訴えに勝訴すれば、債務が不存在であることに既判力を得られるので、問題ありません。なお、被告である債権者と主張する者が、別訴を提起することはできなかったことにご注意ください（P24 の ex2.）。上記は反訴ですので、認められます。P24 ＿」

　それに対して、原告が不動産の所有権の確認を求める訴えを提起している場合に、被告がその不動産が被告の所有であることを前提としてその所有権に基づきその不動産の返還を求める反訴を提起した場合であっても、所有権の確認を求める本訴は訴えの利益を欠くことにはなりません。「所有権確認請求」と「所有権に基づく不動産の返還請求」は、既判力が生じる範囲が異なるからです。

（2）手続問題の別訴での確認

　本案の判決の前提をなす手続問題（訴訟代理権の有無）について、別訴で確認を求めることは、訴えの利益がありません（最判昭 28.12.24）。

　訴訟代理権があるかどうかは、その訴訟の手続内で判断すればよいからです。

3．確認対象の選択の適否

　この第2節全般にいえることですが、この 3.は特に「紛争の解決に適するか」という基準から考えてください。

（1）事実の確認
（a）原則

　事実の確認には、原則として訴えの利益がありません。

ex1. 殴られた事実の確認を求める訴えには、訴えの利益がありません。

ex2. 弁済した事実自体の確認を求める訴えには、訴えの利益がありません。

　事実を確認するだけでは、それは権利や法律関係の判断ではないため、紛争の解決に直接的に役に立たないから（遠回りだから）です。上記ex1.であれば、より直接的な不法行為に基づく損害賠償請求の訴えを、上記ex2.であれば、より直接的な債務不存在の確認の訴えを提起しろということです。

（b）例外

　事実の確認でも、法律関係を証する書面の成立の真否の確認の訴え（証書真否確認の訴え）は認められます（民訴法 134 条の 2）。成立の真否とは、その書面が真正に成立したのかということです。

　判決によって書面の成立の真否が確定されれば、そこに記載されている法律関係をめぐる紛争の解決につながるからです。たとえば、遺言書の真否が確認されれば、相続についての紛争の解決につながります。

（2）過去の法律関係

（a）原則

　過去の法律関係の確認も、原則として訴えの利益がありません。

　過去の法律関係は、その後に変わっているかもしれません。それであれば、現在の法律関係を確認したほうが紛争の解決につながりますよね。

（b）例外

　過去の法律関係の確認でも、現在の法律関係を確認することが紛争の抜本的解決にならず、むしろ過去の法律関係を確認することのほうが紛争の解決につながるのであれば、訴えの利益があります。

ex1. 出生によって日本とアメリカの二重国籍を取得した者が、父が勝手に日本国籍の離脱の届出をしてしまったため、日本国籍の回復の申請をしました。二重国籍を有している者は、22 歳までにどちらの国籍とするかを選べます。しかし、この人は、日本国籍の回復の申請をしたことで、「日本国籍を選んだ」と判断されて、選ぶことができなくなってしまいました。そこで、日本国籍の離脱の届出も日本国籍の回復の申請も無効であり、二重国籍を有し続けてきたという過去の法律関係の確認の訴えには、訴えの利益があるとされました（最大判昭 32.7.20）。この過去の法律関係を確認することによって、戸籍の訂正（戸籍法 116 条）がされ、国籍を選べる状態となるため、紛争の解決につながるからです。

ex2. 母が子の死亡後に検察官を相手方として提起した母子関係確認の訴えには、訴え
　　　の利益があります（最大判昭45.7.15）。この事案は、母が、戦死した子の遺族と
　　　して恩給法に基づく扶助料の給付を受けるために母子関係の確認を求めたもの
　　　です。この過去の法律関係を確認することによって、戸籍の訂正ができ、扶助料
　　　の給付を受けられるようになるため、紛争の解決につながります。
ex3. 遺言無効確認の訴えには、訴えの利益があります（最判昭47.2.15）。遺言が無効
　　　か有効かによって相続関係は大きく変わるので、紛争の解決につながるからです。

（3）消極的確認

　基本的に、自分の権利について積極的確認ができるのであれば、消極的確認の訴え
には訴えの利益がありません。

ex. 物の所有権について争いになっているのであれば、相手方の所有権の不存在の確
　　認の訴え（消極的確認）ではなく、自分の所有権の存在の確認の訴え（積極的確
　　認）を提起すべきです。

　相手の権利が不存在であることを確認しても、自分の権利の存在が確認されたわけ
ではないため、紛争の抜本的な解決にならないからです。

（4）訴訟物たる権利または法律関係

　確認の対象となる訴訟物たる権利または法律関係は、原告と被告の間のものに限ら
れません。他人間の法律関係を確認することで、自分の地位の安定につながる場合も
あるからです。

ex. 不動産の転借人が提起する、賃貸人と賃借人の間の賃貸借契約の確認の訴えには、
　　訴えの利益があります。転借人の地位は、賃貸人と賃借人の間の賃貸借契約を前
　　提としているからです。

4．即時確定の利益の存否

　この「即時確定の利益」とは、原告の権利や法的地位について危険や不安が現在あ
り、判決によって即時にその権利や法的地位を確定する必要のあるレベルにまでなっ
ているのか、ということです。

　基本的には、原告と被告の間で争いが生じている必要があります。

ex. 被告が原告の所有権を否定している場合、原告には所有権の確認の訴えの利益が
　　あります（最判昭35.3.11）。

　即時確定の利益があるかどうか問題となった事例には、以下の表のようなものがあ
ります。

訴えの利益が認められるもの（○）	訴えの利益が認められないもの（×）
①戸籍の記載の誤りを訂正する必要がある場合（最判昭62.7.17） 　P74のex1.とP75のex2.の判例もそうでしたが、戸籍の訂正をすれば様々な問題の解決になりますので、訴えの利益があります。 ②敷金返還請求権の確認の訴え（最判平11.1.21） 　敷金返還請求権は条件付きで存在する権利です。よって、即時確定の利益があるかが問題となったのですが、この判例の事案は、賃貸人が「敷金を受け取っていない」と敷金の存在を否定していたので、即時確定の利益があるとされました。 ③遺産確認の訴え（最判昭61.3.13、最判平22.10.8） 　遺産分割などは、遺産が確定してからどう分けるかが決まりますので、紛争の解決につながるからです。	①存命中の親と第三者との間の不動産の売買の無効の確認の訴え（最判昭30.12.26） ②遺言者の生存中における推定相続人の受遺者に対する遺言無効確認の訴え（最判平11.6.11） 　この事案は、遺言の撤回の可能性がない場合（遺言者がアルツハイマー型老人性痴呆で回復の見込みがない場合）でしたが、認められませんでした。 　①②は、相続の開始前は、推定相続人には被相続人の財産について何の権利もないからです。 ③遺言者の生存中における受遺者に対する遺言無効確認の訴え（最判昭31.10.4） 　遺言者は、新たに遺言をすれば、先にした遺言を撤回できるからです。 ④ある財産が特別受益財産に当たることの確認の訴え（最判平7.3.7） ⑤特別受益がある場合の具体的相続分の価額・割合の確認の訴え（最判平12.2.24） 　④も⑤も、特別受益のみについての確認を求めるのではなく、遺産分割調停を申し立て、判断してもらうべきことだからです。

4 形成の訴えの利益

1．原則

　形成の訴えには、原則として訴えの利益があります。形成の訴えは、形成力がありますし、法律で規定されている場合にのみ提起できる訴えだからです。

2．例外

　法律関係の変動をさせる必要がなくなると、訴えの利益がなくなります。

ex1. メーデー（＊）のための皇居前広場の使用不許可処分の取消訴訟の係属中に開催日（5月1日）を経過した場合、訴えの利益はなくなります（最大判昭28.12.23）。
＊「メーデー」とは、労働問題を訴える日のことです。

ex2. 株式会社の役員の選任決議の取消訴訟の係属中にその役員が退任し、その後の株主総会で新たな役員が選任された場合、訴えの利益はなくなります（最判昭45.4.2）。

第3節　当事者適格

1　意義

当事者適格：特定の権利・法律関係について、当事者になることができる資格

似た用語の「当事者能力」と比較して理解しましょう。当事者能力は、当事者になることができる一般的な資格です（P51 1 ）。それに対して、当事者適格は、特定の事件について当事者になることができる資格です。みなさんにも私にも当事者能力はありますが、当事者適格がある事件は限られています。

2　給付の訴え

給付の訴えにおいては、訴えを提起する者が給付義務者であると主張している者に被告適格（当事者適格）があります（最判昭 61.7.10）。「そうすると、債務者でないのに『債務者だ！』と言われたら訴えを提起されるの？」と思われると思いますが、そうなんです。給付義務（債務）があるかどうかは本案の問題であり、給付義務（債務）がなければ本案の請求が棄却されます。

3　確認の訴え

確認の訴えの当事者適格については、以下の事案を押さえてください。

共同相続人のうち相続分の全部を譲渡した者は、遺産確認の訴えの当事者適格を有しません（最判平 26.2.14）。相続分の全部を譲渡した者は、遺産全体に対する割合的な持分をすべて失っているからです。── 民法Ⅲのテキスト第10編第3章第2節 5 1.

4　形式的形成訴訟

形式的形成訴訟の当事者適格については、以下の事案を押さえてください。

隣接している甲土地と乙土地がありました。甲土地のうち境界の全部に接続する部分（右の図の①の部分）を乙土地の所有者が時効取得した場合でも、甲土地と乙土地の所有者は、境界確定訴訟の当事者適格を失いません（最判平 7.3.7）。境界に争いがあるため、境界を確定しないと分筆することができないからです。

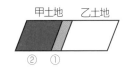

しかし、乙土地の所有者が甲土地の全部（右の図の①②の部分）を時効取得した場合には、甲土地の元所有者に境界確定の訴えの当事者適格はありません（最判平 7.7.18）。甲土地の全部を時効取得されたため、所有権がなくなったからです。

訴訟の進行

この第6章からは、いよいよ民事訴訟の審理のハナシに入っていきます。

1 期日

1. 意義

　　期日：裁判官、当事者などが、一定の場所に集まって訴訟行為を行うべきものと定
　　　　められた日時

　期日とは、要は、その訴訟のために裁判官、当事者などが集まる日のことです。口
頭弁論期日、弁論準備期日、証拠調べ期日、判決言渡期日、和解期日などがあります。
最初の期日は、通常は第1回口頭弁論期日です。訴えの提起があったときは、裁判長
は第1回口頭弁論期日を指定して当事者の双方を呼び出します（民訴法139条）。
　期日は、申立てまたは職権により、裁判長が指定します（民訴法93条1項）。

2. 期日の呼出しの方法

　期日の呼出しには、以下の3つの方法があります（民訴法94条1項）。

①呼出状の送達
　第1回口頭弁論期日は、通常はこの①の方法によります。口頭弁論はP91 1 で説明
します。

②出頭した者に対する期日の告知
　第1回口頭弁論期日以外は、この②の方法によることが多いです。期日の終わりに、
以下のようなやり取りがされます。
　　裁判官「原告代理人、この日は空いていますか？」
　　原告代理人の弁護士「（手帳を見て）すみません、その日は別の訴訟があります」
　　裁判官「それでは、この日はどうですか？」
　　原告代理人の弁護士「それなら大丈夫です」
　　裁判官「被告代理人はどうですか？」
　　被告代理人の弁護士「（手帳を見て）大丈夫です」

③その他相当と認める方法
　たとえば、電話によって呼び出す方法です。

3．期日の変更

　いったん指定された期日が変更されることもあります。ただ、期日の変更が制約なく自由にされるとなると、訴訟の遅延が何度も生じることになってしまいます。そこで、期日の変更の制限がされることがあります。期日の変更は以下の①～③の３段階に分かれており、①→②→③と進むにつれて期日の変更がしにくくなります。

①最初の期日の変更
　　→　当事者の合意によって変更可（民訴法93条3項ただし書）
　最初の期日は、裁判所が一方的に定めた期日であるため、当事者双方の都合が悪ければ当事者の合意で変更できるとされているんです。
　ただ、実際は、最初の期日は裁判所が原告と相談したうえで決めます。被告は、答弁書を提出していれば、第1回口頭弁論期日は欠席しても不利益はありません（P111の1.）。このようにして、最初の期日の変更がされないような運用がされています。

②口頭弁論および弁論準備手続の期日（上記①および下記③の期日を除く）の変更
　　→　顕著な事由がある場合に限り変更可（民訴法93条3項本文）
　「顕著な事由」とは、たとえば、病気になってしまった場合などが当たります。

③弁論準備手続を経た口頭弁論期日の変更
　　→　やむを得ない事由がある場合に限り変更可（民訴法93条4項）
　「やむを得ない事由」とは、たとえば、急病になってしまった場合などが当たります。顕著な事由よりも、当たる場合が狭いです。
　「弁論準備手続」とは、次回以降の口頭弁論のために、裁判官、原告および被告で、何が争点か、どのような証拠調べを行う必要があるかなどを話し合う手続です。このように、3者で話し合って、争点と行うべき証拠調べも決まった後の口頭弁論期日ですので、よっぽどの場合でないと変更できないんです。

2　送達

1．意義

> 送達：裁判所が当事者などに、訴訟の書類の内容を確実に知らせるために、一定の
> 厳格な方式により書類を交付すること（正式に送ること）

　民事訴訟においては、裁判所から当事者などに書類を交付することが多いです。裁判所から当事者などに書類を交付する場合に、普通郵便などで送ることが認められず、特別送達（郵便法の送達の言い方）など厳格な方式で（基本的に手渡しで）送らないといけないとされていることがあります。たとえば、訴状を被告に送る場合や判決書の正本を当事者に送る場合は、送達による必要があります（民訴法 138 条 1 項、255条 1 項）。訴状や判決書の正本は非常に大事なものですので、普通郵便などで送って、ポストに入れられてしまい、当事者が気づかなかったとなるとマズイのです。

2．送達の機関

　送達は、職権で行います（職権送達主義。民訴法 98 条 1 項）。

　送達事務取扱機関は、裁判所書記官（P50 2 ）とされています（民訴法 98 条 2 項）。ただ、郵送する場合、裁判所書記官が当事者などの自宅などまで書類を届けに行くわけではありません。実際に当事者などの自宅などに書類を届ける送達実施機関は、郵便の業務に従事する者または執行官です（民訴法 99 条）。執行官（P270②）が書類を届けることはほとんどなく、郵便局員が届けています。

　郵便局員などは、送達をした後で、「送達報告書」というものを作成し、裁判所に提出します（民訴法 109 条）。送達の日時などは、この送達報告書で証明することができます。ただ、もし送達報告書に不備があった場合は、他の証拠方法によって送達報告書の不備を補うこともできます。本当に当事者などに送達されたか疑問がある場合に、裁判所書記官が当事者などに電話をしたりすることがあります。この電話聴取書などによって、送達報告書の不備を補うこともあります。

3. 訴訟無能力者・制限的訴訟能力者に対する送達

成年被後見人などに対する送達は、誰に書類を交付するでしょうか。

訴訟無能力者（成年被後見人・未成年者）に対する送達	制限的訴訟能力者（被保佐人・被補助人）に対する送達
法定代理人（民訴法102条1項） 訴訟無能力者は、訴訟行為をすることができないからです（P53～54（a））。 なお、法定代理人が複数いる場合には（ex. 父母の共同親権）、送達はその1人に対してすればOKです（民訴法102条2項）。	**被保佐人・被補助人** 被保佐人・被補助人は、訴訟行為をすることができるからです（P54（a））。

ここでも、やはり未成年者と被保佐人の間に境界線が引かれていますね。—— 民法Ⅰのテキスト第2編第2章第3節4 2.（3）「制限行為能力者の境界線」

4. 送達の種類
（1）基本 —— 交付送達

送達は、当事者などに書類を交付して（手渡しで）するのが基本です（民訴法101条）。書類を交付する送達場所は、以下の①～③のように決まります。

①届出があった送達場所においてする（民訴法104条2項）。

　当事者、法定代理人または訴訟代理人は、送達場所（日本国内に限ります）を裁判所に届け出なければなりません（民訴法104条1項前段）。P12～13の訴状の例でいうと、「（送達場所）」としている箇所が、この届け出に当たります。このように、弁護士が訴訟代理人になっている場合は、弁護士の事務所を送達場所として届け出ます。被告は、答弁書に送達場所を記載して届け出ます。届け出た送達場所は、全審級で有効です。

↓

②上記①の届出がないとき

　→　送達を受けるべき者の住所、居所、営業所または事務所（民訴法103条1項本文）
　「営業所」や「事務所」は、たとえば、自営業者の場合です。

　なお、法定代理人に対してする送達は、本人の営業所または事務所においてすることもできます（民訴法103条1項ただし書）。

ex. 株式会社に対する送達は、代表者（送達を受けるべき者）の住所にすることも、株式会社（本店）の住所にすることもできます。

↓

③上記①の届出もなく、上記②の送達を受けるべき者の住所、居所、営業所または事務所も知れないとき、または、その場所において送達をするのに支障があるとき
→　送達を受けるべき者の就業場所（民訴法103条2項前段）
勤務先などで送達をするということです。

なお、送達を受けるべき者が就業場所で送達を受ける旨を申述したときも、就業場所で送達をします（民訴法103条2項後段）。

上記①→②→③の順で送達場所が決まります。しかし、以下の者に対する送達は、その者に出会った場所においてすることができます。これを「出会送達」といいます。

・上記①の届出をしておらず、日本国内に住所などを有することが明らかでない者（民訴法105条前段）
・日本国内に住所などを有することが明らかな者が、送達を受けることを拒まないとき（民訴法105条後段）
・上記①の届出をした者が、送達を受けることを拒まないとき（民訴法105条後段）

― Realistic 5　裁判所の廊下で ―

　この出会送達ですが、裁判所書記官が街中で当事者に出会うことはないでしょうし、仮に出会ったとしても裁判書類を持ち歩いていないでしょう。よって、実際にある出会送達は、裁判所の廊下など裁判所の内部で行われるものです。弁護士は、頻繁に裁判所に行く人も多いです。そこで、廊下で裁判所書記官に呼び止められ、「先生、これ、あの訴訟の書面です〜」などと出会送達をされることがあります。

（2）特殊な送達

上記（1）のように、送達を受けるべき者に書類を手渡しで渡す交付送達が基本です。

しかし、それができない場合もあります。そういった場合にもできる限り送達ができるように、特殊な送達も用意されています。以下の（a）〜（d）の送達があります。

（a）補充送達
i　就業場所以外の場所での送達

就業場所以外の送達をすべき場所において、送達を受けるべき者に出会わないときは、使用人その他の従業者または同居者であって書類の受領について相当のわきまえのある者に書類を交付することができます（民訴法106条1項前段）。

ex. 郵便局員が送達を受けるべき者の自宅に行ったところ、送達を受けるべき者が外出中であった場合、その者の妻（同居者）に書類を交付することができます。

「使用人その他の従業者」とは、たとえば、送達を受けるべき者が自営業者である場合の従業員が当たります。「相当のわきまえのある」とは、大体10歳以上くらいである必要があると解されています。

なお、使用人や同居者なども留守であった場合には、郵便局員が郵便局に書類を持ち帰ります。この場合には郵便局で交付することもありますが、郵便局で交付するときも使用人その他の従業者または同居者であって書類の受領について相当のわきまえのある者に書類を交付することができます（民訴法106条1項後段）。

ii　就業場所での送達

就業場所において、送達を受けるべき者に出会わない場合において、送達を受けるべき者の使用者またはその法定代理人もしくは使用人その他の従業者であって書類の受領について相当のわきまえのある者が書類の交付を受けることを拒まないときは、これらの者に書類を交付することができます（民訴法106条2項）。

ex. 郵便局員が送達を受けるべき者の勤務先に行ったところ、送達を受けるべき者が外回りでいなかった場合、雇い主や同僚の従業員に書類を交付することができます。

ただ、このⅱは、上記ⅰと違い、「書類の交付を受けることを拒まないとき」という要件がつきます。上記ⅰは、妻などであるため、受け取る義務があります。しかし、このⅱは、同僚の従業員などであるため、受け取る義務がないんです。

（b）差置送達

以下の①または②の者が、正当な理由なく書類を受けることを拒んだときは、送達をすべき場所に書類を差し置くことができます（民訴法106条3項）。たとえば、受取りのサインまたは押印をしない場合に、郵便局員が書類を玄関に置いて帰ることができるんです。

①送達を受けるべき者
②上記（a）ⅰの者
※上記（a）ⅱの者が含まれていないのは、同僚の従業員などであるため、受け取る
　義務がないからです。

（ｃ）書留郵便等に付する送達

　上記（a）の補充送達も上記（b）の差置送達もすることができない場合には、裁判所書記官は、書類を書留郵便等に付して発送することができます（民訴法107条1項）。これは、たとえば、被告が居留守を使って書類を受け取らない場合にする送達です。下記（d）の公示送達と異なり、送達を受けるべき者の居場所はわかっています。しかし、居留守を使って書類を受け取らないんです。居留守を使っている場合、原告が被告の自宅などの現地調査をして裁判所に上申書を提出します。ポストの郵便物が溜まっていないことや電気メーターが動いていることを調べたりします。

　書留郵便等に付する送達がされた場合には、書類の発送の時に送達があったものとみなされます（民訴法107条3項）。居留守を使っており書類を受け取らないため、「発送の時に送達」としてくれるのです。

（ｄ）公示送達

　上記のいずれの送達方法によることもできない場合は、裁判所書記官が書類を保管して、送達を受けるべき者が出てくればいつでも交付する用意のある旨を裁判所の掲示場に掲示する方法で送達をすることができます（民訴法110条、111条）。上記（c）の書留郵便等に付する送達もできない場合ですので、たとえば、送達を受けるべき者が行方不明の場合にする送達です。裁判所に行くと、掲示板があります。その掲示板に公示送達の紙が何枚も貼ってあります。

裁判所の掲示板

　原則として、この掲示を始めた日から2週間を経過した時に送達の効力が生じます（民訴法112条1項本文）。

3 訴訟の進行方法

1．職権進行主義

訴訟の進行の主導権は、裁判所にあります。これを「職権進行主義」といいます。当事者に主導権を与えてしまうと、訴訟の引き延ばしなどがされることがあるからです。

裁判官は審判

訴訟の進行の主導権が裁判所にあるのも、裁判官がテニスの審判であるというイメージに一致します。テニスも審判が試合をコントロールしますよね。

— Realistic 6　引き延ばし作戦 —

企業と従業員の間の訴訟など、経済力に差がある当事者が訴訟の当事者となっている場合、「引き延ばし作戦」がされることがあります。たとえば、企業が訴訟を引き延ばして、従業員が訴えを取り下げたり、不利な和解に応じるように圧力をかけたりするわけです。

2．当事者の関与

しかし、民事訴訟は、当事者間の民事紛争を解決するためのものです。よって、訴訟の進行について当事者が関われないわけではありません。当事者には、以下の（1）～（3）などの権利が認められています。

（1）申立権

当事者に、裁判所に判断を求める「申立権」が認められている事項もあります。
ex. 移送は当事者が申立てができるのが原則です（P44 の「『申立て』も『職権』も原則 OK」）。

（2）異議権

当事者は、口頭弁論の指揮に関する裁判長の命令などに対し、異議を述べることができます。当事者が異議を述べたときは、裁判所は決定で裁判をします（民訴法 150条）。

（3）責問権
（a）意義

責問権：裁判所または相手方の訴訟行為に訴訟手続に関する規定の違反がある場合
に、異議を述べてその無効を主張する権利（民訴法90条参照）

　ドラマでよく「異議あり！」と言うシーンがありますが、あれはこの責問権を行使
しているんです。ただ、実際には、弁護士が「異議あり！」と言うことはほとんどな
く、通常は単に「本件と関係のない質問です」などと言うだけです。

（b）趣旨

　訴訟の進行の主導権は裁判所にありますが、裁判所も訴訟手続に関する規定に違反
したまま手続を進めてしまうことがあります。また、相手方が違反している場合もあ
ります。そこで、当事者に「それ、おかしいですよ」と言う責問権が認められている
わけなんです。

（c）責問権の放棄・喪失

　この責問権は、当事者が放棄することができます（民訴法90条ただし書参照）。当
事者のための権利ですので、当事者が「要らないよ」と言えば放棄できるのです。た
だ、わざわざ放棄することは通常はありません。

　それに対して、責問権を喪失することは頻繁にあります。当事者が裁判所や相手方
の訴訟手続に関する規定の違反を知りまたは知ることができたにもかかわらず、遅滞
なく異議を述べないと、責問権が喪失してしまいます（民訴法90条本文）。

　このように、責問権は放棄されること・喪失することがあるのですが、放棄・喪失
の対象とならない事項もあります。

責問権の放棄・喪失の対象となる（○）	責問権の放棄・喪失の対象とならない（×）
下記①～⑤は、当事者の利益保護、つまり、私益を目的とするものです。 ①訴えの提起の方式が違法 ②期日の呼出しの方式が違法 ③送達の方式が違法 ④証拠調べの方式が違法 ⑤訴えの変更の方式が違法	下記①～③は、訴訟制度自体の信用や運営・維持、つまり、公益を目的とするものです。 ①専属管轄の規定に違反した場合 ②裁判官の除斥の規定に違反した場合 ③弁論の更新の規定に違反した場合

4 訴訟手続の中断

1. 意義

訴訟手続の中断：訴訟係属中に当事者に訴訟追行者を交代すべき事由が生じた場合
　　　　　　　　に、訴訟手続を停止させること

訴訟を行っている当事者が死亡した場合などには、いったん訴訟手続を停止します。

2. 趣旨

　訴訟を行っている者が訴訟追行をすることができなくなった場合には、新たな訴訟
追行者が訴訟を受け継ぎます。しかし、新たな訴訟追行者は準備ができていないと思
われるため、いったん訴訟手続を停止する必要があります。

3. 中断事由・受継者

　訴訟手続が中断する事由と受継者は、以下の表のとおりです。「中断事由」が生じ
ると、訴訟は当然に中断します。裁判所の決定などは不要です。「受継者」とは、訴
訟を受け継ぐ新たな訴訟追行者のことです。受継者は、すでに民法・不動産登記法・
会社法を学習した方であれば、「だろうな〜」と思う者です。

中断事由	受継者
①**当事者の死亡**（民訴法 124 条1項1号） 　当事者が死亡した場合、法定代理人がおり、法定代理人が訴訟を行っていたときでも訴訟手続は中断します。本人が死亡すると、法定代理人の代理権は消滅するため、法定代理人であった者が訴訟を続けることはできないからです（民法 111 条1項1号）。── 民法Ⅰのテキスト第2編第6章第2節①5. ※訴訟物である権利関係が一身専属的である場合、当事者が死亡すると訴訟は当然に終了します。相続の対象にならないからです。 ex1. 労働者が提起した労働契約上の地位の確認の訴えにおいて、労働者が死亡した場合（最判平元.9.22） ex2. 夫婦の一方が提起した婚姻無効の確認の訴えにおいて、原告が死亡した場合（最判平元.10.13）	・相続人・相続財産管理人、相続財産清算人など 　ただし、相続人は、相続放棄をすることができる間（3か月間）は受け継ぐことができません（民訴法 124 条3項）。相続放棄をすることができる間は、相続人が不確定だからです。

中断事由	受継者
②**当事者である法人の合併による消滅**（民訴法 124条1項2号）	・設立法人または存続法人
③**当事者の訴訟能力の喪失、法定代理人の死亡または代理権の消滅**（民訴法 124条1項3号） 　「訴訟能力の喪失」とは、当事者が成年被後見人になった場合のことです。 ※当事者が被保佐人・被補助人になった場合は、基本的には中断事由ではありません（民訴法 124条5項参照）。被保佐人・被補助人は、訴えを提起するには保佐人・補助人の同意が必要です。しかし、訴訟行為は自分で行えます（P54（a））。訴えの提起は適法にされていますので、訴訟係属中に被保佐人・被補助人になっても、その審級については訴訟行為を自分で行えるわけです。 　「法定代理人の死亡や代理権の消滅」で中断するのは、本人（未成年者など）は自分で訴訟行為ができないからです。 ※任意代理人の死亡は、中断事由ではありません。任意代理であれば、本人が自分で訴訟行為を行うこともできるからです。	・法定代理人、訴訟能力を有するに至った当事者（ex. 成年者になった者）
④**受託者などの信託に関する任務の終了**（民訴法 124条1項4号）	・新たな受託者など
⑤**一定の資格を有する者で自己の名で他人のために訴訟の当事者となるものの死亡その他の事由による資格の喪失**（民訴法 124条1項5号） 　これは、基本的には第三者の訴訟担当が当たります。たとえば、遺言執行者や破産管財人が訴訟を行っていた場合に、その遺言執行者や破産管財人が死亡してしまった場合などです。 ※ただ、第三者の訴訟担当がすべて当たるわけではありません。たとえば、代位債権者は当たりません。 　代位債権者は、"自分の"権利の保全のために訴訟をしています。よって、たとえば、代位債権者の被保	・**同一の資格を有する者** 　新しい遺言執行者や破産管財人などが当たります。

中断事由	受継者
全債権が消滅してしまった場合に、他の債権者に訴訟を引き継がせる意味はありません。	
⑥選定当事者の全員の死亡その他の事由による資格の喪失（民訴法124条1項6号） 　「全員の」とされているのは、一部なら残余の選定当事者が訴訟を進めることができるからです（民訴法30条5項。P66（d））。	・選定者の全員または新たな選定当事者

※上記①～⑥の事由があっても中断しない場合

　上記①～⑥の事由があっても、訴訟代理人（認定司法書士も含みます）がいる場合には訴訟手続が中断しません（民訴法124条2項）。当事者が死亡した場合などでも、訴訟代理人の代理権は消滅しません（民訴法58条1項。P61（d））。よって、相続人などが訴訟の準備をする必要はなく、訴訟代理人がそのまま訴訟を進められるからです。

　ただし、訴訟代理人がいても、当事者について破産手続開始の決定があった場合は中断します（破産法44条1項）。当事者の破産手続開始の決定は、訴訟代理人の代理権の消滅事由です（民法653条2号）。―― 民法Ⅰのテキスト第2編第6章第2節 1 5. 破産すると、破産者は自身の財産に対する管理処分権を奪われます。よって、当事者の訴訟代理人であった者の代理権も消滅するのです。

4．中断の効果

　訴訟手続の中断中は、当事者も裁判所も訴訟行為をすることができなくなります。ただし、口頭弁論の終結後に中断した場合は、裁判所が判決を言い渡すことはできます（民訴法132条1項）。

口頭弁論の終結時まで

　当事者が主張や立証をできるのは、口頭弁論の終結時までです。司法書士試験にたとえると、口頭弁論の終結時が7月の第1日曜日の16：00であり、判決が合格発表です。

　よって、口頭弁論の終結後の中断は、主張や立証ができなくなった後ですので、判決を言い渡しても構わないんです。

5. 受継・続行命令

中断した訴訟手続は、どのように再開されるでしょうか。

上記3.の表の受継者または相手方は、受継の申立てをすることができます（民訴法126条）。この受継の申立ては、書面によって行います（民訴規51条1項）。相手方にも申立権が認められているのは、相手方も訴訟手続がいつまでも再開されないのは迷惑だからです。

また、当事者が受継の申立てをしない場合には、裁判所は職権で訴訟手続の続行を命じる決定をすることができます（民訴法129条）。訴訟手続の再開は、訴訟の進行ですので、裁判所も職権で決定できるとされています（P85の「裁判官は審判」）。

訴訟手続が再開されると、中断前の訴訟行為の効果は、受継者に不利なものも有利なものも承継されます。

訴訟手続が中断されると期間は進行を停止します（民訴法132条2項前段）。その後、訴訟手続が再開されると、訴訟手続の受継の通知または続行の時から、新たに全期間（進行を止めていた残存期間ではなく全部の期間）が進行を始めます（民訴法132条2項後段）。

第7章　口頭弁論

民事訴訟のメインは、口頭弁論です。この第7章では、その口頭弁論についてみていきます。

第1節　口頭弁論とは？

民事訴訟の審理は、基本的に口頭弁論で行います。

1 意義

口頭弁論：公開の法廷で当事者双方が対席し、受訴裁判所の面前で口頭により弁論や証拠調べを行う審理方式

ざっくり言うと、法廷で、「私は100万円を貸したんだ！」などと主張したり、それを証明するために証人尋問をしたりする、判決を言い渡す前の段階のことです（狭義の口頭弁論）。

なお、令和4年の改正で、上記のように裁判所の法廷で行う方法以外に、裁判所は、相当と認めるときは、当事者の意見を聴いて、映像と音声の送受信（ウェブ会議）によって口頭弁論を行うこともできるようになりました（民訴法87条の2第1項）。これは、オンライン化を進めるためにできた規定です。
＊この改正規定は、令和4年5月から2年以内に施行されます。

裁判所書記官は、口頭弁論期日ごとに調書を作成します（民訴法160条1項）。これから口頭弁論の様々な方式をみていきますが、口頭弁論の方式を遵守していたかが問題となったときは、遵守していたかは、この調書が滅失したときを除き、この調書によってのみ証明することができます（民訴法160条3項）。

2 必要的口頭弁論の原則

1．原則

当事者は、原則として、裁判所において口頭弁論をしなければならないとされています（必要的口頭弁論の原則。民訴法87条1項本文）。

口頭弁論は、公開の法廷で基本的に当事者双方が出席して行われます。訴訟物（貸金返還請求権など）についての判断をするには、このような場で審理をしたうえで判決がなされるべきなので、口頭弁論をする必要があるのが原則とされています。

2. 例外

　口頭弁論が任意的である場合もあります。以下の①または②の場合です。

①決定で完結すべき事件である場合（民訴法87条1項ただし書）

　決定で完結すべき事件は、訴訟物（貸金返還請求権など）についての判断ではなく、訴訟の進行に関する事項や訴訟の派生的事項などの判断なので、口頭弁論を開くことが必須とされていないんです。口頭弁論をしない場合に当事者からどう事情を聞くかですが、裁判所は「審尋」というものをすることができます（民訴法87条2項）。

☞「審尋」とは？

　審尋：無方式で事情を聞くこと

　審尋は、法廷で行う必要はありません。裁判所には法廷以外にも部屋がいくつもあり、審尋は審尋室という部屋で行われることがあります。裁判官も、審尋のときは、法服でなくスーツを着ています。また、審尋は、裁判所と当事者の書面のやり取りだけで行われることもあります。このように、特定の方式に限定されていないんです。

②特別の定めがある場合（民訴法87条3項）

　判決を言い渡す事件でも、特別の定め（民訴法78条、140条、256条2項、290条、319条、355条1項、359条）がある場合は、口頭弁論を開かないで判決をすることができます。

3　口頭弁論の諸原則

　口頭弁論には、以下の①〜⑥のような原則があります。理念といってもいいです。

①双方審尋主義（下記1.）
②直接主義（下記2.）
③公開主義（下記3.）
④口頭主義（下記4.）
⑤集中審理主義（下記5.）
⑥適時提出主義（下記6.）

　突然ですが、ソチ・オリンピックが行われた「ソチ」ってどこにあるかご存じですか。ロシアの西部にあります。この6つの原則は、ふりがなをふっているところを取って、「ソチ、ここ！知って！」と記憶しましょう。

1．双方審尋主義

　双方審尋主義：当事者双方に主張の機会を平等に与えなければならないとする原則

　民事訴訟の公平の理念からの原則です（P3②）。

　この現れとして、たとえば、訴訟手続の中断の制度があります（P87〜90 4）。

2．直接主義

> **民事訴訟法249条（直接主義）**
>
> 1　判決は、その基本となる口頭弁論に関与した裁判官がする。

（1）意義

　直接主義：基本となる口頭弁論に関与した裁判官が判決の内容を決定する原則（民

　　　　　　訴法249条1項）

　口頭弁論では、証人尋問などが行われます。証人尋問であれば、裁判官は、単に証人の証言内容をそのまま信用するわけではありません。言葉につまったか、汗をかいているかなどから証言の信ぴょう性を判断します。よって、実際に口頭弁論に関与した裁判官が判決の内容を決定すべきなのです。

　なお、判決の「内容」とありますとおり、これは口頭弁論に関与した裁判官が判決の内容を決めることであり、判決の言渡しは別の裁判官がすることもできます（最判昭26.6.29）。言い渡すだけなら、別の裁判官がしても問題ないですよね。

（2）直接主義の後退

　この直接主義は、残念ながら今の日本の裁判所の現状では、貫き通すことが難しいです。

> **— Realistic 7　裁判官は多忙で転勤が多い？ —**
>
> 　日本の裁判所では裁判官が不足しているため、1人の裁判官が同時に100件や200件の事件を抱えていることもあります。また、裁判官は転勤が多い職種です。裁判官は、公正な判断を下さないといけない職種ですので、癒着があってはマズイからです。

　1人の裁判官が転勤したために、200件の事件すべてについて口頭弁論をやり直していては、裁判所がパンクしてしまいます。そこで、以下のような制度があります。

（a）弁論の更新
ⅰ　意義

　転勤などで裁判官が交代した場合、当事者は従前の口頭弁論の結果を陳述しなければなりません（民訴法249条2項）。これを「弁論の更新」といいます。これ、実際には簡単に終わります。裁判官が「従前どおりでいいですね？」と聞いて、当事者が「はい」というだけです。これで、新しい裁判官が「基本となる口頭弁論に関与した裁判官」（民訴法249条1項）となります。すべての事件の口頭弁論をやり直してはいられないので、直接主義を形式的に満足させる制度が採用されているんです。

　この弁論の更新は形式上しているだけですので、当事者のうち一方しか出席していなくても、その一方が双方の従前の弁論結果を陳述すればOKです（最判昭31.4.13）。また、合議体で審理されていた事件について、合議体で審理・裁判をする旨の決定が取り消され、合議体の裁判官のうちの1人の裁判官が単独で審理を進めることになった場合には、当事者は従前の口頭弁論の結果を陳述する必要はありません（最判昭26.3.29）。単独で審理をすることになった裁判官は合議体の裁判官のうちの1人ですので、それまでの口頭弁論で当事者のハナシを聞いているからです。

ⅱ　証人尋問

　単独の裁判官が代わった場合または合議体の裁判官の過半数が代わった場合には、当事者から「証人尋問をやり直してくれ」との申出があれば、証人尋問をやり直さなければなりません（民訴法249条3項）。

　証人尋問は、契約書などの証拠調べと異なり、証人が言葉につまったか、汗をかいているかなどから証言の信ぴょう性を判断します。よって、直接主義が強く要請され、「判決の内容を決定する裁判官に証人の証言を聞いてもらいたい」という申出があれば、聞かないといけないとされているんです。

（b）受命裁判官・受託裁判官による証拠調べ

　裁判所に出頭できない証人などもいます。そこで、受命裁判官・受託裁判官（P49）による証拠調べが認められている証拠調べがあります。

ex1. 証人が入院中や刑務所に収容中である場合に、受命裁判官や受託裁判官が病院や刑務所まで行って証人尋問をすることができます（民訴法185条）。

ex2. 証人が遠方に住んでいる場合に、受命裁判官や受託裁判官が証人の所まで行って証人尋問をすることができます（民訴法195条）。

　この受命裁判官・受託裁判官による証拠調べの結果は、当事者によって口頭弁論に

おいて顕出されないと、裁判所は証拠資料とすることはできません（最判昭 28.5.12）。「顕出されないと」という言い方は難しいですが、当事者が裁判所に陳述（P60）すればOK です。

☞ 「証拠資料」とは？

「証拠資料」とは、証拠調べから裁判所が得た事実認定の資料のことです。

3. 公開主義

> **憲法 82 条（裁判の公開）**
> 1　裁判の対審及び判決は、公開法廷でこれを行ふ。

（1）意義

公開主義：訴訟の審理および裁判を誰もが傍聴できる状態で行うべきであるという　　　　　原則（憲法 82 条 1 項）

公開主義は、すべての法令の上に位置する憲法で規定されています。憲法 82 条の「対審」が民事訴訟では口頭弁論のことであり、「判決」が判決の言渡しのことです。

かつては、密室で時の権力者が裁きを行い、不公正な裁判が行われていました。裁判所も司法権という重大な権力を担う機関です。密室で重大な権力の行使が行われることはあってはなりません。よって、憲法で公開法廷で行うことが規定されているんです。

（2）訴訟記録

訴訟記録：裁判所、当事者などが作成・提出した書類の総体（よって、判決や和解　　　　　調書なども含む）

訴訟記録も基本的に公開されています。誰でも、原則として訴訟記録の閲覧を請求できます（民訴法 91 条 1 項）。訴訟記録の閲覧の請求は、書面でします（民訴規 33 条の 2 第 1 項）。裁判所の記録係という所に行けば、自分と関係のない事件の訴訟記録も見せてもらうことができます。記録係で請求をすると、係の人が紙の資料を持ってきてくれます。ただ、訴訟記録の謄写（コピー）、正本などの交付、公開を禁止した口頭弁論についての訴訟記録の閲覧を請求できるのは、当事者と利害関係を疎明した者に限られます（民訴法 91 条 2 項、3 項）。

┐
P272
P361

　「第三者も訴訟記録の閲覧などを請求できるのなら、営業秘密に関わる訴訟とかはしづらくならない？」と思われたかもしれません。ご安心ください。訴訟記録中に当事者の私生活についての重大な秘密や営業秘密などが含まれている場合は、当事者は、訴訟記録の閲覧などを請求できる者を当事者に限るよう申立てをすることができます（民訴法92条1項）。

　当事者に限る旨の決定がされている場合、第三者は、私生活についての重大な秘密や営業秘密などではないこと、または、なくなったことを理由として、この決定の取消しの申立てをすることができます（民訴法92条3項）。

　上記の当事者の申立てを却下した裁判と第三者の申立てについての裁判に対しては、即時抗告をすることができます（民訴法92条4項）。

4. 口頭主義

　口頭主義：口頭で陳述されたものだけが判決の基礎となるという原則（建前）

　「判決の基礎となる」とは、それを基に判決（結論）を出すということです。

　口頭での陳述は、裁判官が当事者の真意を把握しやすいからです。

　しかし、これはほとんど建前になってしまっています。訴訟では、訴状、答弁書、準備書面など様々な書面を提出します。当事者がそれらをすべて読み上げていては、あまりに時間がかかり日が暮れてしまいます……。よって、裁判官が「原告は、提出されている訴状のとおり主張するということでよろしいですね」と聞き、原告が「はい」と言うと、訴状の内容を陳述したことになるといった扱いとなっています。このように、実際には書面で補完しているのが実態です。

5. 集中審理主義

　集中審理主義：1つの事件の審理を集中的に継続し、それが終了した後に別の事件の審理に入るという原則（建前）

　1つの事件を集中的に審理しましょうという原則ですが、完全に建前です。1人の裁判官が同時に100件や200件の事件を抱えているのが現状です。よって、同時に複数の事件の審理が併行して行われています。この方式を「併行審理主義」といいます。

6. 適時提出主義

> **民事訴訟法 156 条（攻撃防御方法の提出時期）**
> 攻撃又は防御の方法は、訴訟の進行状況に応じ適切な時期に提出しなければならない。

（1）意義

適時提出主義：攻撃防御方法（P20②）を訴訟の進行状況に応じて適切な時期に提
　　　　　　　　出しなければならないという原則（民訴法 156 条）

　口頭弁論の間であればいつでも攻撃防御方法を提出できるとなると、当事者が油断
して証拠を出すのが遅れたり、訴訟の引き延ばしやかけ引きがされたりすることがあ
るため、この原則があります。

（2）時機に後れた攻撃防御方法など

　上記の民事訴訟法 156 条だけでは、適時提出主義が守られない可能性があります。
そこで、適時提出主義を担保する制度があります。

　裁判所は、申立てによりまたは職権で、以下の①または②の場合には、攻撃防御方
法を却下する決定をすることができます。

①当事者が故意または重過失により時機に後れて提出した攻撃防御方法であり、これ
　により訴訟の完結を遅延させることとなる場合（民訴法 157 条 1 項）
　ドラマで、訴訟の最後のほうに決定的な証人が登場したときに、相手方の弁護士が
焦って「今さら認められません！」と言うシーンがありますが、あの弁護士の発言が
この①に当たるという申立てです。ドラマでは、その申立ては認められない展開にな
ります。実際にも、この①によって却下されることはあまりありません。真実を発見
するために必要な攻撃防御方法であれば、却下するのは好ましくないからです。

②趣旨が明瞭でない攻撃防御方法であり、当事者が必要な釈明をせずまたは釈明をす
　べき期日に出頭しない場合（民訴法 157 条 2 項）

第2節　口頭弁論の準備

　公開法廷で行われるのが口頭弁論ですが、口頭弁論で当事者に一から事情を聞いたりすべての証拠調べをしたりしていては、口頭弁論の回数が多くなり、裁判の結果が出るまでに時間がかかってしまいます。そこで、ムダなくポイントを絞った口頭弁論を行うための準備の制度がいくつかあります。それをこの第2節でみていきます。

1 準備書面

> **民事訴訟法 161 条（準備書面）**
> 1　口頭弁論は、書面で準備しなければならない。

1．意義

　　準備書面：当事者が口頭弁論において陳述しようとする事項を記載して、口頭弁論
　　　　　　　期日の前に、裁判所へ提出し、相手方に直送する書面（民訴法 161 条 1
　　　　　　　項、民訴規 79 条、83 条）

　口頭弁論は、書面で準備する必要があります（民訴法 161 条 1 項）。

　原告は、訴えの提起にあたって訴状を提出します。それに対して、被告は準備書面を提出し、原告の主張に対して1つ1つ「○○は認める」「○○は否認する」などと主張します（民訴法 161 条 2 項 2 号）。この被告が最初に提出する準備書面を「答弁書」といいます（民訴規 80 条参照）。それに対して、原告がさらに準備書面を出すこともあります。また、訴訟の経過に応じて、原告も被告も準備書面を提出します。裁判官に少しでもわかりやすく伝えるために、アンダーラインを引いたり図形を使ったりすることもあります。

　準備書面には、当事者または代理人が記名押印する必要があります（民訴規 2 条 1 項）。

2．趣旨

　口頭弁論の原則に口頭主義はありましたが（P96 の 4.）、口頭弁論ですべて口頭で陳述することにすると、裁判官は事案を把握できませんし、当事者も事前に相手の主張がわからず準備ができません。よって、期日の前に、準備書面を裁判所へ提出するとともに（民訴規 79 条 1 項）、相手方に直送することにし（民訴規 83 条）、裁判官と当事者が事案や主張を理解したうえで期日に臨めるようにしているんです。

2　当事者照会

　主張または立証を準備するために必要な事項について、裁判所を通さずに相手方に問い合わせる制度があります。それが「当事者照会」という制度です。当事者照会には、訴えの提起の前にするもの（下記1.）と訴えの提起の後にするもの（下記2.）があります。

1．訴えの提起の前の当事者照会
（1）手続の流れ
　訴えの提起の前に、主張または立証を準備するために必要な事項について相手方に問い合わせるには、以下の手続を踏む必要があります。
＊Xが、Yを相手方として訴えの提起をしようとしている事案です。

①予告通知（書面）
　まず、Xが、Yに対し、訴えの提起を予告する通知（「予告通知」といいます）を書面でする必要があります（民訴法132条の2第1項柱書本文）。この予告通知の書面には、請求の要旨と紛争の要点を記載すればOKです（民訴法132条の2第3項）。請求の趣旨や請求の原因（P14③④）まで書かなくてOKということです。請求

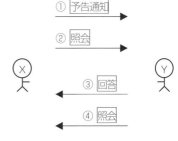

の趣旨や請求の原因を訴状に書くために問い合わせをしているので、請求の趣旨や請求の原因はまだ書けないんです。「請求の要旨と紛争の要点」が具体的にどのようなものかまでを押さえる必要はありませんが、要は請求の趣旨や請求の原因よりも雑な記載でOKということです。訴訟物を特定する必要もありません。
　このように、Xがまず予告通知をする必要があるのは、どんなことについて訴えの提起をしようとしているのかを知らせてくれないと、Yからすると何のことかわからないからです。

②照会（書面）
　予告通知をしたXは、Yに対し、予告通知をした日から4か月以内に限り、訴えの提起前に、相当の期間を定めて、書面で回答するよう、書面で照会をすることができます（民訴法132条の2第1項柱書本文）。

　ただし、意見を求めるもの、相手方または第三者の営業秘密に関するものなど民事訴訟法132条の2第1項各号に該当する照会はできません。意見を求める照会がダメなのは、相手方の意見を聞いても意味がないからです。訴訟は、事実を主張するものです。

③回答（書面）

　Yは、まず、予告通知に対して書面で答弁の要旨を返答する必要があります（民訴法132条の3第1項前段）。YもXに照会をすることができるのですが（下記④）、「まずはやることやれ」ってことです。

④照会（書面）

　Yも、Xに対し、予告通知がされた日から4か月以内に限り、訴えの提起前に、相当の期間を定めて、書面で回答するよう、書面で照会をすることができます（民訴法132条の3第1項前段）。

　一方のみ照会ができるのは不公平なので、Yも照会ができるとされているんです。

（2）回答義務

　……とみてきたのですが、相手方から照会を受けた者は、信義則上の回答義務を負うだけです（民訴法2条）。照会に応じなくても、過料に処せられるなどの制裁はありません。

（3）訴えの提起前の証拠収集の処分

　予告通知をしたXまたは予告通知に対して返答をしたYは、裁判所に対して、以下の①～④の証拠収集の処分をするよう申立てをすることができます。

①文書送付嘱託（民訴法132条の4第1項1号）
　「文書送付嘱託」とは、「所持している文書を提出してください～」という"お願い"です。
※文書提出命令はできません。「文書提出命令」とは、文書提出を"命じる"ことです。
　訴えの提起の前ですので、命じることまではできないんです。
②調査嘱託（民訴法132条の4第1項2号）
　これは、必要な調査を官庁もしくは公署、外国の官庁もしくは公署または学校、商工会議所、取引所その他の団体に嘱託することです。
ex. 気象台に、特定の日時・場所の気象の調査を嘱託することができます。

③意見陳述嘱託（民訴法 132 条の 4 第 1 項 3 号）

　これは、専門的な知識経験を有する者に、その専門的な知識経験に基づく意見の陳述を嘱託することです。

ex. 筆跡鑑定人に筆跡鑑定を嘱託することができます。

④現況調査命令（民訴法 132 条の 4 第 1 項 4 号）

　執行官に対し、物の形状、占有関係その他の現況について調査を命じることです。

ex. 土地の境界の紛争において、執行官に杭の位置の調査を命じることができます。

2. 訴えの提起の後の当事者照会

（1）手続

　訴えの提起の後も訴訟係属中は、相手方に対し、主張または立証を準備するために必要な事項について、書面で回答するよう、書面で照会をすることができます（民訴法 163 条柱書本文）。訴訟係属中ですので、予告通知（P99①）をする必要はありません。予告通知がないため、予告通知に対する返答をすること（P100③）もありません。

　ただし、意見を求めるものなど民事訴訟法 163 条各号に該当する照会はできません。意見を求める照会がダメなのは、やはり相手の意見を聞いても意味がないからです。

（2）回答義務

　これも、相手方から照会を受けた者は、信義則上の回答義務を負うだけです（民訴法 2 条）。照会に応じなくても、過料に処せられるなどの制裁はありません。

─ Realistic 8　弁護士会照会 ─

　当事者照会は、制裁がないため実効性がなく、あまり使われていません。実務では、「弁護士会照会」という制度がよく使われています。これは、訴訟代理人である弁護士が弁護士会を通して照会をする制度です。この照会に対しては、報告を拒絶すべき正当な理由がない限り回答義務があるとされています（最判平 28.10.18）。

　また、当事者は、裁判長に相手方に発問してもらうことができます（「求釈明」といいます。民訴法 149 条 3 項）。裁判長に発問してもらうと相手方の回答が得られやすいので、この求釈明が使われることもあります。

---

3 争点整理手続

1．あらかじめ打ち合わせ？

　第1回口頭弁論は、今後の方針を決める程度であり、10分前後で終了します。第1回口頭弁論が終わると（※）、通常は、第2回口頭弁論の前に「争点整理手続」というものをします。

※争点整理手続のうち、「弁論準備手続」と「書面による準備手続」というものは、第1回口頭弁論の前に行うこともできます（民訴規60条1項ただし書）。

　争点整理手続とは、簡単にいうと、裁判官、原告および被告で、何が争点か、どのような証拠調べを行う必要があるかを話し合うことです。たとえば、XはYに100万円を貸し付けたが、Yが弁済期を過ぎても100万円を返済しなかった場合に、XがYを相手方として提起した訴えで考えてみましょう。争点整理手続において、次のようなことを確認します。

　「100万円を受け取ったことは、Yも認めている。しかし、Xは100万円を返してもらっていないと主張しているが、Yはすでに返したと主張している。だから、Yが本当に返したのかどうかが争点である。そこで、Yが、Xに100万円を返した現場にAという人がいたと主張しているので、第2回口頭弁論ではAの証人尋問をしよう。」

2．趣旨

　口頭弁論が何回も開かれ、判決まで時間がかかるのが民事訴訟の問題点でした。そこで、第2回以降の口頭弁論を争いがある点についての審理に限定するために、裁判官、原告および被告の三者で争点を確認するのが争点整理手続です。

3．3つの制度

　争点整理手続には、以下の3つの制度があります。

（1）準備的口頭弁論

　準備的口頭弁論とは、口頭弁論を以下の①②の2つの段階に分けた①のことをいいます（民訴法164条）。

①争点と証拠の整理を行う準備段階
②本格的な審理を行う段階

あくまで口頭弁論

準備的<u>口頭弁論</u>は、下記（2）の弁論準備手続と下記（3）の書面による準備手続と異なり、その名のとおりあくまで<u>口頭弁論</u>です。よって、公開法廷で行われるなど通常の口頭弁論とほとんど変わらず、争点整理手続としての意味があまりありません。そのため、準備的口頭弁論はほとんど使われていません。

（2）弁論準備手続

弁論準備手続とは、口頭弁論とは別の期日において、争点および証拠の整理を行う準備手続です（民訴法168条）。

口頭弁論ではない

弁論準備手続は、口頭弁論ではなく、まさに準備手続です。公開法廷ではなく、通常は裁判所の準備室というところで行われます。「口頭弁論ではないところでこういうことをやりたい」「口頭弁論ではないところでぶっちゃけ話をしたい」という実務の要請からできたのが、弁論準備手続です。ただ、口頭弁論ではないので、その後の口頭弁論（通常は第2回口頭弁論）で、弁論準備手続の結果を陳述する必要があります（民訴法173条）。口頭で陳述されたものだけが判決の基礎となるという口頭主義があるので（P96の4.）、形式的ではありますが行う必要があります。

実務では、争点整理手続の99％がこの弁論準備手続です。

弁論準備手続においては、口頭弁論の期日外にできる裁判をすることはできます。
ex1. 訴えの変更を許さない旨の決定（民訴法143条4項。P195〜196の4.）
ex2. 補助参加を認めるかどうかの裁判（民訴法44条。P210（b））

口頭弁論ではないのですが、口頭弁論の規定も一部は準用されています（民訴法170条5項）。
ex1. 当事者が、弁論準備手続の期日において、相手方の主張する事実を争うことを明らかにしないと、その事実を自白したものとみなされます（民訴法170条5項、159条1項本文）。詳しくはP130〜131（4）で説明しますが、これを「擬制自白」といいます。
ex2. 裁判所は、訴訟関係を明瞭にするため、当事者または法定代理人に対し、弁論準備手続の期日に出頭することを命じることなどができます（民訴法170条5項、151条1項）。これを「釈明処分」といいます。

（3）書面による準備手続

　書面による準備手続とは、準備的口頭弁論や弁論準備手続とは異なり、当事者の双方が出頭せずに準備書面の提出などによって争点や証拠の整理をする手続です（民訴法 175 条）。書面による準備手続においては、裁判長または受命裁判官は、準備書面の提出などをすべき期間を定める必要があります（民訴法 176 条 2 項、162 条）。期限を切らないと、いつまで経っても出さない当事者がいるからです。

　書面による準備手続は、当事者が遠隔地に居住している場合などのためにできた制度ですが、ほとんど使われていません。書面のやり取りでは話がスムーズに進まないからです。

4．3つの制度の比較

　これらの3つの制度は、違いを比較して押さえることが重要です。試験でも、比較して問われることも多いです。

	準備的口頭弁論	弁論準備手続	書面による準備手続
手続	口頭弁論	準備手続（口頭弁論ではない）	
手続開始にあたっての当事者の意見聴取	不要 （民訴法 164 条）	必要 （民訴法 168 条、175 条）	
	いずれの争点整理手続でも、開始にあたって当事者の「同意」は不要です。訴訟の進行の主導権は、裁判所にあるからです（P85 の「裁判官は審判」）。ただ、弁論準備手続と書面による準備手続は、口頭弁論ではないため、当事者の主体性も重視しなければなりません。よって、当事者の意見聴取が必要とされています。当事者の協力も必要なので、当事者が反対している場合は行わないのが通常です。 訴訟の進行の主導権は裁判所にあるという考え方なので、当事者が申立てをしても、弁論準備手続に付する裁判を取り消すかは裁判所の裁量によります。また、申立てがなくても、裁判所は職権で、弁論準備手続に付する裁判を取り消すことができます（民訴法 172 条本文）。しかし、当事者双方の申立てがあるときは、弁論準備手続に付する裁判を取り消さなければなりません（民訴法 172 条ただし書）。当事者の協力も必要な仕組みになっているからです。		

	準備的口頭弁論	弁論準備手続	書面による準備手続
主宰	・**裁判所**（民訴法164条）	・**裁判所**（民訴法168条） ・**受命裁判官でも可**（民訴法171条1項）	・**裁判長**（民訴法176条1項本文） ・**高等裁判所では受命裁判官でも可**（民訴法176条1項ただし書）
	準備的口頭弁論は、口頭弁論だからです。それに対して、弁論準備手続や書面による準備手続は、口頭弁論ではないからです。		
場所	法廷	準備室など	
公開・非公開	公開	非公開	
	準備的口頭弁論は、口頭弁論ですので（P103の「あくまで口頭弁論」）、口頭弁論の諸原則（P92～973）の適用があり、公開主義が妥当します。よって、口頭弁論と同じく、公開法廷で行われます。 弁論準備手続は、口頭弁論ではありませんので（P103の「口頭弁論ではない」）、非公開です。よって、非公開で、裁判所の準備室などで行われます。ただし、裁判所は、相当と認める者の傍聴を許すことができます（民訴法169条2項本文）。交通事故訴訟で、和解に必要な保険会社の担当者を同席させたりすることがあります。また、当事者が申し出た者については、手続を行うのに支障を生じるおそれがあると認める場合を除き、傍聴を許さないといけません（民訴法169条2項ただし書）。 書面による準備手続は、基本的に書面のやり取りですので、裁判所での期日は開かれません。		
電話会議	×	**当事者の双方が不出頭でも〇** （民訴法170条3項、176条3項）	
	「電話会議」とは、スピーカーを通して、裁判官、原告および被告の3者で会話する方式です。 準備的口頭弁論は、口頭弁論ですので（P103の「あくまで口頭弁論」）、電話会議は使えません。 弁論準備手続は、オンライン化を進めるために、令和4年の改正で当事者の双方が不出頭でもできるようになりました。 書面による準備手続は、当事者の双方とも出頭しない手続ですので、双方とも出頭せずに電話会議によることができます。		

	準備的口頭弁論	弁論準備手続	書面による準備手続
証拠調べ	すべて○	・証拠の申出に関する裁判は○ ・文書の証拠調べは○ （民訴法170条2項）	×
	準備的口頭弁論は、口頭弁論ですので（P103の「あくまで口頭弁論」）、証拠調べも制限がありません。 弁論準備手続は、口頭弁論ではありませんので（P103の「口頭弁論ではない」）、制限されます。「証拠の申出に関する裁判」とは、証拠調べをするかどうかを判断する裁判のことです。「文書の証拠調べ」とは、契約書などの証拠調べのことです。文書の証拠調べなら、口頭弁論においてしなくてもあまり変わりはないと考えられるので、例外的に認められています。文書の証拠調べは弁論準備手続で済ませてしまい、第2回以降の口頭弁論では当事者尋問と証人尋問を集中的に行うことが多いです。 書面による準備手続は、当事者の双方とも出頭しない手続ですので、証拠調べはできません。		
争点整理手続の終了時の確認	**必要** （民訴法165条1項、170条5項）		**不要** （その後の口頭弁論期日において確認。民訴法177条）
	争点整理手続は、争いがある点を確認し、第2回以降の口頭弁論を争いがある点の審理に限定するために行います。よって、裁判所は、準備的口頭弁論または弁論準備手続を終了するに当たり、その後の証拠調べにより証明すべき事実を当事者との間で確認します。 ただし、書面による準備手続は、当事者の双方とも出頭していないため、書面による準備手続の終結後の口頭弁論期日において確認します。		

	準備的口頭弁論	弁論準備手続	書面による準備手続
要約書面の提出命令	○ （民訴法165条2項、170条5項、176条4項）		
	裁判長は、当事者に争点および証拠の整理の結果を要約した書面を提出させることができます（民訴法165条2項）。裁判長は当事者に、「争点整理手続の要約書を出せ」と命じることができるんです。ただ、実際は、当事者に提出させるのではなく、裁判所書記官が時系列に沿った表を作成したりすることが多いです。		
争点整理手続の終了	①争点および証拠の整理が完了した場合 ②当事者が期日に出頭しない場合（民訴法166条、170条5項） ③裁判長の定めた期間内に準備書面の提出・証拠の申出をしない場合（民訴法166条、170条5項）		①争点および証拠の整理が完了した場合
	通常は、争点および証拠の整理が完了して終了します（①）。 しかし、当事者が出頭する必要がある準備的口頭弁論と弁論準備手続は、当事者が一方でも期日に出頭しないと終了します（②。弁論準備手続において電話会議による場合を除きます）。また、裁判長は、準備書面の提出などをすべき期間を定めることができます（民訴法162条、170条5項）。この期間を守らない場合も終了します（③）。争点整理手続は、当事者の協力が必要な仕組みなので、協力が得られない場合は終了するのです。		
争点整理手続の終了後に攻撃防御方法を提出した場合に相手方の求めがあるときの理由の説明の要否	必要 （民訴法167条、174条、178条）		
	まず、注意する必要があるのは、争点整理手続が終了した後でも、新しい攻撃防御方法（P20②）を提出することはできます。後になって、「証言をしてくれる人が見つかった！」といったことはあるからです。 しかし、争点整理手続の終了後にも何の制約もなく自由に提出できるとすると、争点整理手続が無意味になりかねません。そこで、相手方の求めがあるときは、争点整理手続の終了前に攻撃防御方法を提出することができなかった理由を説明しなければならないとされています。		

第3節　口頭弁論の制限・分離・併合・再開

　裁判所は、審理を行う中で必要であると判断すれば、職権で「弁論の制限（下記1）」「弁論の分離（下記2）」「弁論の併合（下記3）」「弁論の再開（下記4）」というものを命じたりすることができます（民訴法152条1項、153条）。審理を整序するために、弁論を制限したり分けたりくっつけたりすることができるわけです。弁論の制限・分離・併合・再開をするかは、基本的に裁判所の判断によります。当事者に申立権はありません。当事者が要求をしても、それは職権の発動を促すだけにすぎません。また、当事者は、これらの裁判所の判断に対して不服申立てをすることもできません。訴訟をどのように進行するかという問題だからです（P85の「裁判官は審判」）。

☞「申立て」とは？

　このように当事者に「申立て」をする権利が認められていない場合と、認められている場合（ex. 移送の申立て）があります。申立てをする権利が認められていても、裁判所が申し立てられたことを認めないといけないわけではありません。そうすると違いがないように思えるかもしれませんが、申立てをする権利が認められていると、裁判所に認めるか認めないかの判断をする応答義務が生じるのです。それに対して、申立てをする権利が認められていないと、裁判所に応答義務がないので、裁判所は無視しても構いません。

1　弁論の制限

　弁論の制限：口頭弁論の対象を特定の争点や請求に限定すること

ex. XがYを相手方として100万円の貸金返還請求訴訟を提起している場合に、Yが本当に100万円を返したのかどうかが争点であるため、裁判所は口頭弁論の対象をYが本当に100万円を返したのかどうかに限定することができます。

　しかし、実際に弁論の制限がされることはほとんどありません。争点整理手続がありますので（P102～107 3）、実際には争点整理手続において争点が整理されます。

2　弁論の分離

　弁論の分離：数個の請求が併合して審理されている場合に、ある請求を別の手続で審理すること

ex. Xの主債務者Yに対する貸金返還請求と、Xの保証人Zに対する保証債務履行請求が併合して提起されている場合に、裁判所はXのYに対する請求とXのZに対する請求を別の手続で審理することを命じることができます。

　たとえば、Yの貸金返還債務が存在することのみ先に明らかになったため、弁論を分離してYに対する請求のみ先に判決を言い渡すことがあります。

3　弁論の併合

1. 意義

　弁論の併合：数個の請求が同じ裁判所で別々に審理されている場合に、同一の訴訟
　　　　　　　手続で審理すること

　弁論の併合は、弁論の分離と正反対です。

ex. Xの主債務者Yに対する貸金返還請求訴訟と、Xの保証人Zに対する保証債務履
　　行請求訴訟が東京地方裁判所に別に提起されている場合に、裁判所はXのYに対
　　する請求とX
　　のZに対する　　　　　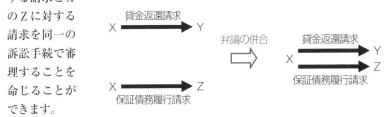
　　請求を同一の
　　訴訟手続で審
　　理することを
　　命じることが
　　できます。

　どちらもXとYの金銭消費貸借契約に基づく請求ですので、併合すると裁判の矛盾を避けることができます。また、証拠調べが共通になりますので、訴訟経済にもなります。

2. 要件

　以下の①および②を充たさないと、弁論を併合することはできません。

①併合される訴訟が同じ裁判所で審理されている

　たとえば、東京地方裁判所と横浜地方裁判所で審理されている訴訟を併合すること

はできません。
②訴えの客観的併合の要件（民訴法136条）を充たしている
　この②の要件は、P191の3.で説明します。

3．証拠の扱い
（1）原則
　併合前の証拠資料（P95）は、併合後の当事者との関係でも当然に証拠資料となります。当事者が援用する必要はありません。

一度見てしまったものの印象は……
　「提出された証拠は、当事者の援用がなくても証拠資料とすることができる」というのが民事訴訟法の考え方です。裁判官も人間ですから、証拠が提出されると心証を持ちます。それを忘れろと言われても無理です。審判（裁判官）が、一度コートで切れ味の鋭いボールの曲がり具合を見てしまったら、その印象を忘れることはできないということです。

（2）再度の尋問
　このように、弁論の併合がされた場合の証拠の扱いは、基本的に裁判所の自由です。
　しかし、裁判所は、当事者を異にする事件について口頭弁論の併合を命じた場合において、併合の前に尋問をした証人について、尋問の機会がなかった当事者が尋問の申出をしたときは、証人尋問をしなければなりません（民訴法152条2項）。証人から証言を聞き出す当事者の権利を保障するためです。

※当事者尋問
　証人尋問と異なり、併合の前の当事者尋問については、再尋問は義務づけられていません。「当事者」であれば、併合の後も聞き出すことができるからです。

4 弁論の再開
　弁論の再開：終結した口頭弁論を判決をする前に再開すること
　口頭弁論が終結すると、その次の期日で判決を言い渡すのが原則です。しかし、判決の言渡しの前に決定的な証拠が出てきた場合などには、口頭弁論を再開することができます。当事者の申立ては不要です。特段の事由がある場合には、口頭弁論を再開せずに判決をすると違法とされることもあります（最判昭56.9.24）。

第4節　当事者の欠席

1　当事者の欠席対策の必要性

　口頭弁論には双方審尋主義（P93 の 1.）と口頭主義（P96 の 4.）がありますので、当事者や代理人が出席するのが当然の前提となっています。

　しかし、口頭弁論は通常は平日に行われるため、すべてに出席できない当事者もいます。訴訟代理人がいる場合でも、多数の事件を抱えていると出席できない場合もあります。よって、当事者の一方が欠席した場合に、事前に提出した準備書面などに記載した事項を陳述したものとみなしてくれるといった制度があります。

双方欠席は失礼すぎ

　欠席して事前に提出した準備書面などに記載した事項を陳述したものとみなしてくれることがあるのは、当事者の「一方」が欠席した場合です（下記2）。当事者の「双方」が欠席した場合は、訴えの取下げの方向にいきます（下記3）。訴訟なのに、「裁判所だけでお願いします」は失礼すぎます。

　「双方欠席は失礼すぎる」と記憶しておきましょう。

2　当事者の一方の欠席

1．最初の期日

　第1回口頭弁論期日に、当事者の一方が欠席した場合または出頭したが本案の弁論をしない場合には、その当事者が事前に提出していた訴状、答弁書または準備書面に記載した事項を陳述したものとみなし、出頭した相手方に弁論をさせることができます（民訴法 158 条）。これを「陳述擬制」といいます。

　第1回口頭弁論は、今後の方針を決める程度であり 10 分前後で終了するため、双方が出席する必要性は低いです。また、第1回口頭弁論期日の日程は、通常は裁判所が原告と相談したうえで決めます（P79①）。よって、被告は他の予定が入っており、出席できない場合もあるのです。このように、通常は被告が欠席します。しかし、条文（民訴法 158 条）では被告に限定されていないため、被告が出頭して原告が欠席した場合にもこの陳述擬制が認められます。

　この陳述擬制は、簡易裁判所、地方裁判所、控訴審の第1回口頭弁論期日において認められます（民訴法 158 条、297 条。最判昭 25.10.31）。

2．続行期日

　第2回口頭弁論期日など続行期日においては、陳述擬制は認められません。続行期日は、今後の方針を決める程度ではありません。また、続行期日は通常は原告だけでなく被告とも話し合って決めた期日です。

　しかし、簡易裁判所においては、続行期日においても陳述擬制が認められます（民訴法277条、158条）。簡易裁判所は単純な事件が多いため、一方が出席していなくても訴訟を進めることができます。また、簡易裁判所の訴訟は70％以上が弁護士も認定司法書士も訴訟代理人となっていない本人訴訟です。本人ですと、平日は自分の仕事がある場合も多いため、陳述擬制を認める必要性が高いんです。

3．出席当事者

　口頭弁論期日に出席した当事者は、準備書面に記載した事実でなければ主張することができません（民訴法161条3項）。この理由ですが、口頭弁論で主張された事実について争わないと、自白したものとみなされます（擬制自白。民訴法159条3項本文、1項）。よって、事前に知らされていない事実を主張されると、欠席した当事者は自白したものとみなされて予想外の不利益を受けることになるため、出席した当事者は事前に知らせた事項しか主張できないんです。

3 　当事者の双方の欠席

1．訴えの取下げ擬制

　以下の①または②の場合には、訴えの取下げがあったものとみなされます。

①以下のiおよびiiの要件を充たす場合（民訴法263条前段）
i　当事者の双方が、口頭弁論もしくは弁論準備手続の期日に出頭しなかった、または、弁論もしくは弁論準備手続における申述をしないで退廷・退席した
ii　当事者の双方が上記iの後1か月以内に期日の指定の申立てをしなかった
　当事者の双方とも欠席して（i）1か月以内に「すみませんでした。また期日をお願いします。」という申立てをしない（ii）のであれば、訴訟をやる気がないとされて、訴えの取下げがあったものとみなされます。
　なお、口頭弁論もしくは弁論準備手続の期日に出頭したとしても、申述をしないで退廷・退席したとき（i）は同じです。

喋らなければいなかったことに

　民事訴訟は、期日に出頭しても、喋らなければいなかったものとして扱われてしまいます。なので、「原告の言っていることはおかしいです！」でも構わないので、訴訟においては喋りましょう。そうすれば、裁判官が「どういうことですか？」と聞いてくれます。

②当事者の双方が、連続して2回、口頭弁論もしくは弁論準備手続の期日に出頭しなかった、または、弁論もしくは弁論準備手続における申述をしないで退廷・退席した（民訴法263条後段）

　これは、上記①のⅰを2回連続で繰り返したということです。上記①のⅰの後に、ⅱの申立てだけして出頭しない迷惑な人もいるため、この場合は"即座に"訴えの取下げがあったものとみなされます。この②は、1か月間の猶予はありませんので、ご注意ください。

2．判決の言渡し

　当事者の双方が欠席している場合でも、判決の言渡しはすることができます（民訴法251条2項）。

― Realistic 9　判決は聞きにこない？ ―

　判決の言渡しの際に、当事者の双方が欠席していることは多いです。控訴期間の起算点を遅らせるためといった理由があります。控訴の提起は、判決書などの送達を受けてから2週間以内にする必要があります（民訴法285条）。判決を聞きにくるとその場で裁判所書記官に判決を送達されてしまい（書記官送達。民訴法100条）、控訴期間がその日から進行してしまいます。あとは、敗訴が濃厚な場合に、敗訴判決を聞きたくなくて欠席したりすることもあります。よって、判決の言渡しは、ドラマなどとは異なり、当事者も傍聴人もいない法廷で裁判官が寂しく判決書をボソボソ読み上げていることがよくあります。

　ここまでの本節のポイントを表でまとめておきます。

	当事者の一方の欠席		当事者の双方の欠席
	最初の期日	続行期日	
簡易裁判所	陳述擬制〇	陳述擬制〇	訴えの取下げ擬制
地方裁判所	陳述擬制〇	陳述擬制×	（ただし、判決の言渡しは〇）
控訴審	陳述擬制〇	陳述擬制×	

4 当事者の欠席と判決

　以下の①および②の要件を充たす場合は、裁判所は口頭弁論を終結して終局判決をすることができます（民訴法244条本文）。

①当事者の双方もしくは一方が口頭弁論期日に出頭しなかった、または、当事者の双方もしくは一方が弁論をしないで退廷をした
②裁判所が審理の現状および当事者の訴訟追行の状況を考慮して相当と認めた

　①の場合には当事者が訴訟を続けることに熱意を失っていると考えられますので、裁判所が「もう審理は十分尽くした」と考えたのなら（②）、口頭弁論を終結して終局判決をしてしまうことができるんです。

　ただし、①の口頭弁論期日に出頭しなかったまたは弁論をしないで退廷をしたのが当事者の一方のみであるときは、出頭した当事者の申出が必要です（民訴法244条ただし書）。出席している当事者は、言いたい主張があるかもしれないので、無視して口頭弁論を終結して終局判決をすることはできないんです。

訴訟行為

第1節　当事者の訴訟行為

　民事訴訟は、下記1〜4の4つのレベルに分けることができました（P5）。この第8章では、特に「事実レベル（下記3）」を掘り下げていきます。

1　請求レベル

　原告が、「100万円を支払え」といった貸金返還請求権などの請求をします。

2　法律レベル

　上記1の請求の法律上の根拠が、この2の法律レベルの主張です。

ex1. 貸金返還請求権の根拠となる消費貸借契約

ex2. 代金支払請求権の根拠となる売買契約

ex3. 不動産明渡請求権の根拠となる所有権

　法律レベルの判断は、裁判官の専門です。

3　事実レベル

　上記1の請求と上記2の法律上の根拠を基礎づけるのが、この3の事実レベルの主張です。この事実は、基本的には条文に書かれている事実です。

　事実レベルの主張は、以下のように原告と被告が主張すべきことの役割分担が決まっています。

・請求原因事実（原告。下記1.）

・抗弁事実（被告。下記2.）

　さらに再抗弁事実（原告）、再々抗弁事実（被告）と続くのですが、司法書士試験では抗弁事実まで押さえておけば大丈夫です。

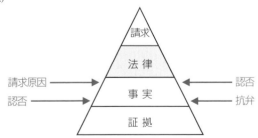

1．請求原因事実の主張

（1）意義

　請求原因事実：請求を基礎づけるために原告が主張立証責任を負う主要事実

　請求原因事実は、基本的には条文に書かれている要件です。請求権によって請求原

因事実が（下記2.の抗弁事実も）異なります。すべての請求原因事実を押さえるのは
やりすぎなので、以下の基本的な請求権の請求原因事実を押さえましょう。

ex1. 貸金返還請求権の請求原因事実（書面または電磁的記録によらない消費貸借）
①返還約束（民法587条）
②金銭授受（民法587条）
③弁済期の合意
④弁済期の到来

　①②は条文（民法587条）に記載されていますが、③④は記載されていません。

ex2. 売買契約に基づく代金支払請求権の請求原因事実
①財産権移転の約束（民法555条）
②代金支払の約束（民法555条）

　①②は、いずれも条文（民法555条）に記載されています。

ex3. 所有権に基づく不動産明渡請求権の請求原因事実
①原告がその不動産を所有していること
②被告がその不動産を占有していること

　物権的請求権の条文が民法にないため、これは条文の根拠がありません。

（2）認否

　原告が請求原因事実を主張し、被告は請求原因事実の1つ1つに対して認否をしま
す。被告の応答の仕方は、以下の（a）〜（d）の4つがあります。

（a）自白：その事実を認めること

　自白が成立した事実は、立証の必要のない事実（不要証事実）となります（民訴法
179条）。

（b）否認：相手方が立証責任を負う事実を否定すること

　被告が否認すると、基本的に原告は否認された請求原因事実を立証しなければなら
なくなります。

（c）不知：その事実を知らないと答えること

　被告が不知と答えると、被告がその事実を争ったもの（否認）と推定されます（民
訴法159条2項）。「知らない」ということは、存在を否定していることだからです。

（d）沈黙：その事実について答えないこと

被告が沈黙すると、基本的に被告がその事実を自白したものとみなされます（民訴法159条1項）。これを「擬制自白」といいます。

2. 抗弁事実の主張

（1）意義

抗弁事実：原告の請求を理由なしとするために被告が主張立証責任を負う主要事実

ex1. 貸金返還請求訴訟における抗弁事実

たとえば、弁済の主張、相殺の主張、消滅時効の主張が当たります。

ex2. 売買契約に基づく代金支払請求訴訟における抗弁事実

たとえば、弁済の主張、代金支払期限未到来の主張、留置権の主張（最判昭27.11.27。※）、同時履行の抗弁権の主張（※）が当たります。

※権利抗弁

留置権や同時履行の抗弁権は、他の抗弁とちょっと違います。他の抗弁は、当事者のどちらが主張しても構いません。通常は被告が主張しますが、原告が主張したのであればそれでも構いません。しかし、留置権や同時履行の抗弁権は、権利者がその権利を行使する意思を表明する必要があります（最判昭27.11.27）。このような抗弁を「権利抗弁」といいます。

ex3. 所有権に基づく不動産明渡請求訴訟における抗弁事実

地上権や賃借権など、占有を正当化する権原がある旨の主張が当たります。

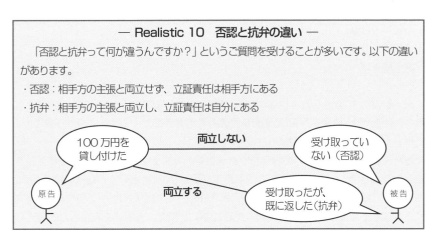

— Realistic 10　否認と抗弁の違い —

「否認と抗弁って何が違うんですか？」というご質問を受けることが多いです。以下の違いがあります。

・否認：相手方の主張と両立せず、立証責任は相手方にある
・抗弁：相手方の主張と両立し、立証責任は自分にある

（2）認否

抗弁に対しては、原告が抗弁事実の1つ1つに対して認否をします。原告の応答の仕方は、被告の応答の仕方と同じで、P116（a）〜P117（d）の4つです。

4　証拠レベル

立証責任を負う者が、上記 3 の事実などの立証をします。

cf　訴訟契約

1．意義

訴訟契約：当事者が特定の訴訟について一定の効果の発生を目的とする合意をする契約

　管轄の合意（民訴法 11 条 1 項。P41（1））や飛躍上告の合意（民訴法 281 条 1 項ただし書。P229 1 ）は、明文規定があり、訴訟契約が許されることは問題ありません。

　問題となるのは、明文規定のない訴訟契約です。

2．明文規定のない訴訟契約

　明文規定のない訴訟契約は、基本的には許されません。訴訟は裁判所という公的機関で行いますので、当事者に好き勝手な訴訟契約を許すと裁判所の運営がスムーズにいかなくなってしまうからです。

　しかし、以下の①〜③の訴訟契約は、明文規定がありませんが、特定の事件についての合意であれば許されると解されています。

①不起訴の合意
②不控訴の合意
③訴え取下げの合意

　訴えを提起するか（①）、控訴するか（②）、訴えを取り下げるか（③）は、請求レベルの問題です。請求レベルは、処分権主義の考え方が当てはまりますので（P11 1 ）、当事者で合意して決めることができるんです。

　ただ、特定の事件についての合意である必要があります。「ＸＹ間でいかなる紛争が生じた場合でも、ＸはＹに対して一切訴えを提起しない」という合意は無効です（民法 90 条）。裁判を受ける権利は憲法で保障されており（憲法 32 条）、その権利を侵害する合意だからです。また、「Ｘのみ控訴しない」など、力関係を利用したと考えられる一方のみに不利な合意も無効だと解されています（大判昭 9.2.26）。

第2節　弁論主義

1 弁論主義とは？

1. 意義

　請求レベルは、処分権主義という大事な考え方がありました（P11 [1]）。私的自治の原則が請求レベルに現れたのが、処分権主義です。それに対して、私的自治の原則が事実レベルと証拠レベルに現れたのが、弁論主義です。

　弁論主義には、以下の3つのテーゼがあります。「テーゼ」は、ドイツ語で、「命題」「テーマ」といった意味です。

第1テーゼ（事実レベル）　請求を直接的に基礎づける事実は、当事者が訴訟に出す必要がある。当事者が出さないと、裁判所はないものとして扱う（主張責任の原則）。

　たとえば、貸金返還請求訴訟において、弁済期から5年を経過していたとしても、裁判所が勝手に消滅時効を認定することはできません。（通常は）被告が抗弁として主張する必要があります。

　なお、事実を当事者が出す必要がありますが、主張責任を負う者ではなく、相手方が出しても構いません（主張共通の原則。最判昭41.9.8）。上記の例において、消滅時効の事実を原告である債権者が出しても構いません。この第1テーゼは、裁判所と当事者の役割分担のハナシだからです。

第2テーゼ（事実レベル）　請求を直接的に基礎づける事実について、当事者双方が「間違いない」と言っている（自白が成立している）のであれば、裁判所も「間違いない」として扱わなければならない（自白の拘束力。民訴法159条、179条参照）

　たとえば、貸金返還請求訴訟において、当事者双方が「返還約束をした」と認めているのであれば、裁判所が勝手に「返還約束はしていない」と認定することはできません。

第3テーゼ（証拠レベル）　証拠は、当事者が出す必要がある（職権証拠調べの禁止）

　たとえば、貸金返還請求訴訟において、「返還約束をした」ことを証する契約書は、当事者が裁判所に提出する必要があります。

　なお、この証拠も、当事者が出す必要がありますが、立証責任を負う者ではなく、相手方が出しても構いません（証拠共通の原則。最判昭28.5.14）。上記の例において、契約書を被告である債務者が出しても構いません。この第3テーゼも、裁判所と当事者の役割分担のハナシだからです。

　上記の内容を読むと「真実と異なる判決がされることがあるのでは？」と思われたかもしれません。実はあり得ます。民事訴訟においても、真実の発見は重要です。しかし、私的自治の原則が前面に出てくる場面もあるため、真実の発見は少し後退しています。

― Realistic 11　法格言 ―

　証拠共通の原則があるので、当事者は、相手方が出した証拠を自分に有利な事実認定に用いてもらえる可能性もあります。よって、「相手の出した証拠をよく見ろ」という格言があります。ドラマだと、相手方が申出をした証人が、証人尋問の際に心変わりして、こちら側に有利な証言をしてくれて勝訴することがありますよね。

2．趣旨

　弁論主義は、主に不意打ち防止のためにある考え方です。当事者は、裁判所に出ていない事実については防御しなくてよくなりますし（第1テーゼ）、裁判所に出ていない証拠に基づいて事実が認定されることもなくなります（第3テーゼ）。テニスにたとえると、「見えないスマッシュ（事実・証拠）があった」となることはないですよというのが弁論主義なんです。

2　第1テーゼ・第2テーゼの適用される事実

　第1テーゼ・第2テーゼは、すべての事実に適用されるわけではありません。

1．事実の種類

　まず、事実の種類を説明します。民事訴訟の「事実」は、以下の3つに分けられます。

①**主要事実：権利の発生・変更・消滅という法律効果を判断するために直接必要な事実（「要件事実」ということもあります）**

　請求原因事実（P115〜116（1））や抗弁事実（P117（1））が当たります。よって、貸金返還請求訴訟であれば、返還約束、金銭授受、弁済などが主要事実です。

②**間接事実：主要事実の存否を推認するのに役立つ事実**

　これは、請求原因事実や抗弁事実ではなく、その存否を推認するのに役立つ事実です。

事実レベル ↑ ↓ 証拠レベル

ex. 「被告は金に困って、周囲の人に借金を申し込んでいた」、「被告は突然金回りが
　　よくなった」といった事実が当たります。これらの事実は、返還約束や金銭授受
　　があったことを推認するのに役立ちますよね。

③補助事実：証拠の信用性に影響を与える事実

　これは、証拠力についての事実です。

ex. 「証人は、ウソをつくことで有名である（から信用できない）」、「証人は、過去に
　　原告から多額の贈与を受けたことがある（から信用できない）」

　まだ違いがわかりにくいと思います。上記①〜③は、すべて事実ではあります。し
かし、主要事実は事実レベルの事実、間接事実と補助事実は証拠レベルの事実なんで
す。よって、主要事実は請求を直接基礎づける事実ですが、間接事実と補助事実は請
求を直接基礎づける事実ではありません。返還約束、金
銭授受などがあれば、貸金返還請求権（請求）が発生し
ます。しかし、「被告は突然金回りがよくなった」では、
貸金返還請求権は発生しません。宝クジが当たったのか
もしれないですよね。「証人は、ウソをつくことで有名
である」でも、貸金返還請求権は発生しません。今回は
ウソをついていないかもしれません。

2．第1テーゼの適用される事実
（1）適用される事実

・主要事実　　　　　　：適用される
・間接事実・補助事実：適用されない（最判昭27.12.25）

　第1テーゼは、「事実は当事者が訴訟に出す必要がある」というものでした。よっ
て、主要事実については、当事者が主張していない限り、裁判所は証人の証言などか
ら知ることができても、これらの事実を判決の基礎とすることはできません。それに
対して、間接事実と補助事実は、当事者が主張していなくても、裁判所は証人の証言
などから知ることができたのなら、これらの事実を判決の基礎とすることができます。

　第1テーゼは、事実レベル（主要事実）に適用され、証拠レベル（間接事実・補助
事実）には適用されないということです。証拠レベルについては、裁判官は心証を持
ってしまうと忘れろと言われても無理だからです（P110 の「一度見てしまったもの
の印象は……」）。

（2）過失

　主要事実に第1テーゼが適用されますが、では、条文で要件とされていることが多い「過失」は、過失自体が主要事実となるでしょうか。

　なりません。過失を構成する、居眠り運転をした、スマホながら運転をしたといった具体的な事実（評価根拠事実）が主要事実となります。

　過失自体を主要事実としてしまうと、たとえば、交通事故訴訟（不法行為に基づく損害賠償請求訴訟）であれば、被害者である原告は「被告に過失があった」とだけ主張すればよいことになります。加害者である被告のほうは、居眠り運転をしていないと防御していたら、スマホながら運転を認定されたということが起こってしまいます。要は、「過失」だと広すぎるので、相手方のために過失に当たる具体的な事実を主張しろということです。

（3）過失相殺

　主要事実は、当事者が主張する必要があります。では、過失相殺も当事者が主張する必要があるでしょうか。

　不要です（最判昭 41.6.21、最判昭 43.12.24）。これは、債務不履行における過失相殺でも不法行為における過失相殺でも同じです。債務者が過失相殺を主張していなくても、裁判所は過失相殺を認定して損害賠償額を減額することができます。

　これは、まず民法の条文がそうなっているからです。債務不履行における過失相殺について定めた民法 418 条は「債権者に過失があったときは、裁判所は、これを考慮して、損害賠償の責任及びその額を定める」、不法行為における過失相殺について定めた民法 722 条2項は「被害者に過失があったときは、裁判所は、これを考慮して、損害賠償の額を定めることができる」としており、裁判所が定められるとしています。また、債権者（被害者）に過失があるのであれば、過失相殺をするのが公平だからでもあります。

3．第2テーゼの適用される事実
（1）適用される事実
・主要事実　　　　　　：適用される
・間接事実・補助事実：適用されない（最判昭 31.5.25、最判昭 41.9.22、最判昭 52.
　　　　　　　　　　　　　　　4.15）

　第1テーゼと同じですね。第2テーゼは、「当事者双方が『間違いない』と言っているのであれば、裁判所も『間違いない』として扱わなければならない」というものでした。よって、主要事実については、当事者双方が認めているのであれば、裁判所

もそのように扱う必要があります。

ex. 貸金返還請求訴訟において、被告が消滅時効を主張している場合に、被告が原告
　　の主張した「被告は、後日支払う旨の延期証を差し入れた」ということを認めま
　　した。これは、時効の更新事由である債務の承認に当たります（民法152条1項）。
　　裁判所は、この被告の自白に拘束され、債務の承認がされて消滅時効が更新され
　　たと判断する必要があります。

　それに対して、間接事実と補助事実は、当事者双方が認めていても、裁判所はその
自白に拘束されず、異なる判断をすることもできます。

　第2テーゼも、事実レベル（主要事実）に適用され、証拠レベル（間接事実・補助
事実）には適用されないのです。やはり証拠レベルについては、裁判官は心証を持っ
てしまうと忘れろと言われても無理だからです（P110の「一度見てしまったものの
印象は……」）。

（2）権利自白

　権利自白：相手方に有利な法律上の主張を認めること

　「法律上の主張」ですから、これは法律レベルの自白です。

ex1. 所有権に基づく不動産明渡請求訴訟において、被告が原告の所有権を認めること
　　が権利自白に当たります。

ex2. 貸付けの際、利息として20万円を天引きしたため実際には80万円が交付された
　　場合の貸金返還請求訴訟において、原告の「元本100万円の消費貸借契約が成立
　　した」との主張を被告が認めることが権利自白に当たります。

　権利自白については、第2テーゼは適用されません（最判昭37.2.13）。よって、ex1.
において、裁判所が原告の所有権を認めなくても構いません。ex2.において、100万
円とは異なる金額の消費貸借契約が成立したとしても構いません（最判昭30.7.5）。

　第2テーゼは、事実レベル（主要事実）に適用され、法律レベルには適用されない
のです。また、法律レベルの判断は、裁判所の専門だからでもあります（P115[2]）。

　ただし、日常的な法律概念（ex. 売買、贈与）についての自白は権利自白ではなく、
事実の自白（事実レベル）であると解されています。売買があった、贈与があったと
いったことは難しい法律レベルのハナシではないため、当事者のイニシアティブ（主
導権）のある事実レベルのハナシと扱ってOKということです。よって、当事者双方
が売買があった、贈与があったと言っているのであれば、裁判所もその自白に拘束さ
れます。

3 弁論主義の補充・修正

　弁論主義は、完全に貫かれているわけではありません。弁論主義は当事者の主体性を重視するものですが、当事者の主体性を重視しすぎると一方の当事者に不公平になったり、公益に反したりすることがあるからです。

1．釈明権

> **民事訴訟法 149 条（釈明権等）**
> 1　裁判長は、口頭弁論の期日又は期日外において、訴訟関係を明瞭にするため、事実上及び法律上の事項に関し、当事者に対して問いを発し、又は立証を促すことができる。

（1）意義

釈明権：事実関係や法律関係を明らかにするために、当事者に対し事実上および法律上の事項について質問を発するまたは立証を促す裁判所の権限・義務（民訴法 149 条 1 項）

　「釈明」とは、釈き明かすということです。釈明には、以下の 2 種類があります。

①消極的釈明

ex. 準備書面に記載されている主張の趣旨が不明瞭であるため、その内容を問い質すこと

　裁判所は、消極的釈明は問題なくできますし、することが義務でもあります。

②積極的釈明

ex. 債権の消滅時効期間が満了しているにもかかわらず債務者が消滅時効を援用しない場合に、時効の援用を促すこと

　積極的釈明は、するべきかは事案や状況によります。たとえば、上記 ex. の釈明をすると、当事者の一方に肩入れしたことになってしまうからです。

（2）趣旨

　事実の主張や証拠の提出は、弁論主義がありますので、本来は当事者がするべきです。しかし、弁論主義を貫きすぎると、当事者の一方に不利益となってしまうことがあります。特に、当事者の一方に弁護士などの訴訟代理人がついていない本人訴訟である場合にそれが顕著になります。よって、裁判所に釈明権が与えられています。

（3）行使の方法

　釈明権は、口頭弁論期日だけでなく、口頭弁論の期日外においても行使できます（民訴法 149 条 1 項）。頻繁にあるわけではありませんが、裁判官が弁護士事務所に電話をかけて、釈明権を行使するなんてこともあります。

　訴訟において、当事者は相手方に対して直接発問することはできません。しかし、裁判長を通じて発問してもらうことができます（民訴法 149 条 3 項）。これを「求釈明」といいます。

2．専門委員制度
（1）意義

　　専門委員制度：医療過誤訴訟や建築関係訴訟など専門的知識が必要な訴訟に、大学
　　　　　　　　　教授や建築士などの専門家を訴訟に関与させる制度

（2）趣旨

　証拠調べに、「鑑定」という制度もあります（P145〜146 の 3.）。しかし、鑑定は証拠調べ手続です。そこで、証拠調べでなくても専門家を関与させられるように平成 15 年に新設されたのが、この専門委員制度です。

（3）専門委員の関与

　専門委員は、以下の表の①〜③の手続に関与することができます。専門委員が関与するにあたって、当事者の意見を聴くだけでよいのか（同意が不要なのか）、当事者の同意が必要なのかが問題となります。

	当事者の同意の要否
①争点整理手続 進行協議手続	**当事者の意見を聴く** （民訴法92条の2第1項前段）
②証拠調べ手続	**当事者の意見を聴く** （民訴法92条の2第2項前段） ただし、専門委員が証人、当事者または鑑定人へ直接発問することを許すには、当事者の同意が必要となります（民訴法92条の2第2項後段）。専門委員は大学教授などですから、その証人などへの発問は裁判官に与える心証が大きいからです。
③訴訟上の和解 手続	**当事者の同意を得る** （民訴法92条の2第3項） 和解は、当事者の合意による紛争解決手段なので、当事者にイニシアティブ（主導権）があります。P4の図をご覧いただきたいのですが、和解は請求レベルのハナシなのです。請求レベルには処分権主義が働き、当事者にイニシアティブがあります。

（4）専門委員の関与の決定の取消し

　裁判所は、相当と認めるときは、申立てによりまたは職権で、専門委員を手続に関与させる決定を取り消すことができます（民訴法92条の4本文）。取り消すかは基本的には裁判所の判断によりますが、当事者双方の申立てがあるときは取り消さなければなりません（民訴法92条の4ただし書）。当事者の主体性を尊重した規定です。双方とも専門委員に関与してほしくないのなら、その意思を尊重するのです。

3．職権探知主義

　職権探知主義：事実と証拠の収集・提出を当事者のみならず裁判所の権能・責任とすること

　弁論主義は、事実と証拠を収集して提出するのは当事者の役目とします。それを裁判所の役目でもあるとするのが職権探知主義です。以下のような場合、職権探知主義となります。

ex1. 専属管轄に違反していないか
ex2. 既判力に抵触していないか
ex3. 人事訴訟（ex. 親子関係訴訟）
ex4. 外国の法規の内容及び解釈

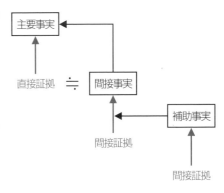

第9章

証　明

第1節　総説

　民事訴訟では、証明をする必要のない事実以外は、当事者が立証する必要があります。その立証の手続や証拠について、この第9章でみていきます。

1 基本用語
　まずは、証明についての基本用語を確認しましょう。

1．証拠能力と証拠力
①証拠能力：証拠資料を事実認定のために利用することができる資格
　刑事訴訟では証拠とできないものもあるのですが、民事訴訟では原則として証拠となるものに制限はありません。たとえば、違法収集証拠（ex. 無断録音）でも証拠として認められることは多いです。
②証拠力：証拠資料が、事実の認定に役立つ程度
　簡単にいうと、どの程度信用できるかということです。

2．直接証拠と間接証拠
①直接証拠：主要事実を直接証明するための証拠
②間接証拠：間接事実および補助事実を証明するための証拠
　主要事実、間接事実、補助事実は、P120〜121 の 1.で説明しました。
　貸金返還請求訴訟の例で説明します。直接証拠は、主要事実を直接証明するための証拠ですので、たとえば、金銭消費貸借契約書が当たります。間接証拠は、たとえば、「被告は金に困って、周囲の人に借金を申し込んでいた」という間接事実を証明するための証言や、「証人は、ウソをつくことで有名である」という補助事実を証明するための証言が当たります。

3. 本証と反証

①本証：自分に立証責任のある事実を証明するための立証

ex. 貸金返還請求訴訟において、原告が、返還約束、弁済期などを証明するために金銭消費貸借契約書を証拠として提出すること

②反証：相手方が立証責任を負う事実の不存在を証明するための立証

ex. 貸金返還請求訴訟において、原告が提出した金銭消費貸借契約書について被告が「契約書の押印は認印によるものであり、私が作成した契約書ではない」と主張すること

4. 証明と疎明

①証明：事実の存否の判断について裁判官が確信した状態、または、そのために当事者が証拠を提出する行為

　裁判官が「確かだろう」と思う心証が、証明は約80%以上であるといわれています。

②疎明：事実の存否の判断について裁判官が一応確からしいという程度の心証を得た状態、または、そのために当事者が証拠を提出する行為

　裁判官が「確かだろう」と思う心証が、疎明は約60%以上であるといわれています。

　疎明は、即時に取り調べることができる証拠によってしなければなりません（民訴法188条）。

2　不要証事実

> **民事訴訟法179条（証明することを要しない事実）**
> 裁判所において当事者が自白した事実及び顕著な事実は、証明することを要しない。

　事実は、すべて証拠によって認定しなければならないわけではありません。以下の1.と2.の事実は、証明する必要がありません（民訴法179条）。

1．顕著な事実

裁判所に顕著な事実とは、以下の①②の事実のことです。

①公知の事実
ex. 歴史上の事件、地震、台風、○年○月○日は何曜日
②裁判官が職務上知り得た事実
ex. その裁判所がした他の事件の判決

裁判官が職務上知り得た事実である必要があり、裁判官が職務を離れてプライベートで知った事実は、当たりません。これは、証明を要します。

2．裁判上の自白

（1）意義

裁判上の自白：相手方の主張する自分に不利益な事実を争わない旨の陳述

通常は、当事者の一方が自分に利益となる事実を主張して、他方がそれを認めることで自白が成立します。しかし、当事者の一方が自分に不利益な事実を主張して（先行自白）、他方がその事実を援用しても自白が成立します。この先行自白の場合は、他方がその事実を援用する必要があります。援用する前であれば、先行自白をした者は自分に不利益な事実の主張を撤回することができます（大判昭8.9.12）。

（2）効果

裁判上の自白が成立すると、その事実は証明する必要がなくなります。これは、主要事実、間接事実、補助事実のすべてに当てはまります。

さらに主要事実についての自白だと、裁判所は判決の基礎としてそのまま採用しなければならなくなります（自白の拘束力。弁論主義の第2テーゼ。P122〜123（1））。

（3）自白の撤回

では、裁判上の自白が成立してしまうと、自白した当事者は自白を撤回できなくなるのでしょうか。

（a）原則

成立した裁判上の自白は、自由に撤回できないのが原則です。成立した自白についての相手方の利益を害するべきではないからです。

（b）例外

ただし、以下の①〜③の場合には、例外的に撤回することができます。

①相手方の同意がある場合（最判昭34.9.17）

　自白の撤回ができないのは、相手方の利益を害するべきではないからです。よって、相手方が同意してくれるのなら撤回しても構わないわけです。

②刑事上罰すべき他人の行為により自白がなされた場合（大判昭15.9.21、最判昭33.3.7）

　これは、詐欺などによって自白をした場合です。詐欺などによる自白ですから、撤回できて当たり前ですね。

③自白内容が真実に反し、かつ、錯誤に基づく場合（大判大4.9.29）

　自白内容が真実に反することと錯誤に基づくことが要求されますが、「自白内容が真実に反すること」の証明がなされた場合は、「錯誤に基づくこと」は推定されます（最判昭25.7.11）。自白内容が真実に反する自白は、普通は錯誤に基づくからです。

（4）擬制自白

> ### 民事訴訟法 159 条（自白の擬制）
> 1　当事者が口頭弁論において相手方の主張した事実を争うことを明らかにしない場合には、その事実を自白したものとみなす。ただし、弁論の全趣旨により、その事実を争ったものと認めるべきときは、この限りでない。

（a）意義

　当事者が、明確に事実を認めなくても、口頭弁論期日において、相手方の主張する事実を争うことを明らかにしないときは、自白したものとみなされることがあります（民訴法159条1項本文）。これを「擬制自白」といいます。

（b）趣旨

　争うことを明らかにしない場合は、争う意思がないものとみてよいからです。

（c）要件

①当事者が口頭弁論期日に出頭して、現実に弁論をする場合であること（民訴法159
　条1項本文）

　当事者が期日に出頭しなかった場合でも、以下の方法によって呼出しを受けた場合
でなければ、擬制自白が成立します（民訴法159条3項本文）。出席する機会があっ
たのであれば、不利益を課されても仕方ないからです。

・公示送達による呼出し（民訴法159条3項ただし書）

　この場合は擬制自白は成立しませんので、出席した当事者は1人で主張・立証する
必要があります。

機会保障

　民事訴訟において**不利益な扱いを受けても仕方がない**とされるのは、**機会保障がさ
れている場合**です。チャンス（機会）を与えられていないにもかかわらず、不利益な
扱いを受けるのはおかしいからです。

　この後でも、「公示送達による呼出しを受けた場合に、○○となるか？」といった
論点があります。その場合のポイントは、**公示送達による呼出しだと機会保障がされ
ていない**ということです。これは、裁判所の掲示場に掲示する方法ですので（P84（d）)、
出席する機会が与えられたとはいえません。

　それに対して、書留郵便等に付する送達（P84（c））により呼出しを受けた場合な
ど他の方法による呼出しであれば、擬制自白が成立します。公示送達による呼出しで
なければ、出席する機会が与えられているからです。

②相手方の主張を争わないこと（民訴法159条1項本文）

　相手方の主張を争っているかどうかは、口頭弁論の終結時において判断されます。
よって、相手方が事実を主張した時に争っていなくても、事実審の口頭弁論が終結す
るまでの間であれば、いつでも相手方の主張を否認して争うことができます（大判昭
6.11.4）。また、弁論の全趣旨により争ったものと認められるときは、擬制自白は成
立しません（民訴法159条1項ただし書）。

第2節　自由心証主義

> **民事訴訟法247条（自由心証主義）**
> 裁判所は、判決をするに当たり、口頭弁論の全趣旨及び証拠調べの結果をしん酌して、自由な心証により、事実についての主張を真実と認めるべきか否かを判断する。

1 意義

自由心証主義：証拠から事実を認定する際、裁判官が何らの制約も受けずに経験則・論理法則に基づいて自由な判断によって心証の形成ができること（民訴法247条）

2 趣旨

裁判官が圧力などを受けず、自由な判断によって心証の形成ができるとすることで、公正な裁判がされるという考えによります。

3 自由心証主義の適用範囲

裁判官の心証形成に制限を加えないのが自由心証主義の考え方ですので、自由心証主義は広く適用されます。以下、この視点でお読みください。

1．弁論主義による資料か職権探知主義による資料か

弁論主義によって当事者が提出した資料でも、職権探知主義によって裁判所が収集した資料でも、自由心証主義が適用されます。弁論主義（P119の第3テーゼ）か職権探知主義（P126の3.）かは、証拠をどう集めるのかという問題であり、それに対してどのような心証を持つかは別問題だからです。

2．自由心証主義が適用される事実

主要事実だけでなく、間接事実や補助事実についても、自由心証主義が適用されます。自由心証主義は、どのような心証を持つかは裁判官の自由であるということなので、事実についての限定はないんです。

3．反対尋問を経ていない伝聞証拠

反対尋問を経ていない伝聞証拠についても、自由心証主義が適用されます（最判昭27.12.5）。よって、反対尋問を経ていない伝聞証拠を裁判官の判断で証拠としても構いません。「伝聞証拠」とは、証人が自ら見聞きした事実ではなく、「○○さんからこ

う聞いた」といった証言です。その○○さんは証人ではないので、反対尋問を経ていません。よって、証拠力（P127 の1.②）の点で問題はあるのですが、自由心証主義から、民事訴訟では裁判官の判断で証拠とすることができるんです。

4. 弁論の全趣旨からの事実認定

　事実を認定するには、証拠によってするのが基本です。しかし、やむを得ない場合には、弁論の全趣旨から事実を認定することもできます（最判昭 27.10.21）。

cf. 損害額を立証することが極めて困難であるときは、裁判所は、口頭弁論の全趣旨および証拠調べの結果に基づいて損害額を認定することができます（最判平 20.6.10）。

4 経験則と論理法則

1. 経験則と論理法則による判断

　ここまでお読みになって、「裁判官は好き勝手に判断していいんだ」と思ってしまった方もいるかもしれません。しかし、そうではありません。自由心証主義とは、裁判官が好き勝手に判断することを認めるものではありません。裁判官は、経験則と論理法則に従って判断する必要があります。

2. 事実上の推定

　経験則と論理法則に従って判断するとは、以下のように判断するということです。

ex1. 「地面が一面に濡れていた」→「雨が降ったのだろう」

ex2. 「道路にタイヤのスリップ痕が残されている」→「急ブレーキをかけたのだろう」

　このように事実から事実を推認することを「事実上の推定」といいます。事実上の推定は、上記 ex.の例がまさにそうですが、推定についての条文はありません。

＊経験則と論理法則に従った判断の仕方は、司法試験に合格した人が主に司法修習で詳しく学ぶことですので、司法書士試験ではこの程度の理解で結構です。

3. 法律上の事実推定（法律上の推定）

　それに対して、推定についての条文があるのが、この「法律上の事実推定」です。これは、法律の規定によって、ある事実から他の事実を推定します。わかりにくいと思いますので、これも具体例で考えてみましょう。

ex. XがYの土地を時効取得するには、20 年間または 10 年間の間Yの土地の占有を継続することが要件の1つとなります（民法 162 条）。20 年間または 10 年間の間占有を継続したことを立証するのは大変です。そこで、以下の条文が民法にありましたね。── 民法Ⅰのテキスト第2編第 10 章第2節 2 1.（4）（a）

> **民法186条（占有の態様等に関する推定）**
>
> 2　前後の両時点において占有をした証拠があるときは、占有は、その間継続したものと推定する。

　よって、Xが20年間または10年間の「最初と最後の占有」の事実を主張・立証すれば、裁判官はこの民法186条2項の規定によって「20年間または10年間の間占有を継続した」という事実を推定することになります。これが、法律上の事実推定の例です。

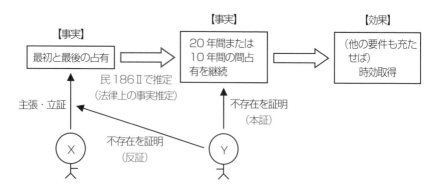

　なお、「最初と最後の占有」の事実は、Xが立証すべき事実なので、Yがこの事実の不存在を証明することは「反証」です。それに対して、「20年間または10年間の間占有を継続した」は推定されるので、Yがこの事実の不存在を証明することは「本証」です（P128の3.）。

cf. 法律上の権利推定（法律上の推定）

　これは、法律の適用によって、権利または法律関係の存在が推定されることです。
ex. 民法188条では、「占有者が占有物について行使する権利は、適法に有するものと推定する」とされています。——民法Ⅱのテキスト第3編第2章第5節2

5　法定証拠主義

　法定証拠主義：裁判官が事実の認定に使える証拠が法令で限定されていること
　法定証拠主義は、自由心証主義の反対概念です。
ex. 手形訴訟など、証拠が限定されている訴訟もあります（民訴法352条1項、3項。P246の2.）。

第3節　証拠調べまでの手続の流れ

　証拠調べ手続は、右の順序で行われます。まず、原則と
して、当事者が「証拠申出（下記**1**）」をします。それを
受けて、裁判所が証拠調べを実施するかの判断をします
（「証拠の採否（下記**2**）」）。証拠調べを実施するとされ
た場合に、「証拠調べ（第4節）」がされます。

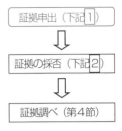

1　証拠申出

1．申出の要否

（1）原則

　「この人を証人尋問してください」など、原則として、証拠は当事者が申し出る必
要があります。証拠は、当事者が出す必要があるからです（弁論主義の第3テーゼ。
P119）。

（2）例外

　ただし、例外的に、以下の①～⑦の事項は職権で証拠調べをすることができます。
以下の①～⑦の事項以外（ex. 証人尋問）は職権ではできません。

①訴訟要件のうちの職権探知事項

　訴訟要件は、訴訟経済からの要請なので（P68**2**）、公益的な要請に基づくものが多
いからです。

②官庁・公署などへの鑑定の嘱託（民訴法218条）
ex. 国の研究所に鑑定を依頼することは、裁判所が職権でできます。

③公文書の成立の真否についての官庁・公署への照会（民訴法228条3項）
ex. 市役所に対して住民票の写しが真正に成立したかを照会することは、裁判所が職
　　権でできます。

④当事者尋問（民訴法207条1項）

⑤検証（P155の2.）の際の鑑定（民訴法233条）

ex. 建築関係訴訟の現場検証の際に建築士を立ち会わせることは、裁判所が職権でできます。

⑥調査の嘱託（民訴法186条）

　裁判所は、必要な調査を官庁もしくは公署、外国の官庁もしくは公署または学校、商工会議所、取引所その他の団体に嘱託することができます（民訴法186条）。これらの機関が容易に回答できる場合に行われます。

ex. 気象台に特定の日の天気を問い合わせることは、裁判所が職権でできます。

　調査の嘱託によって得られた回答書などの調査結果を証拠とするには、裁判所がこれを口頭弁論において提示して当事者に意見陳述の機会を与えれば足り、当事者の援用は不要です（最判昭45.3.26）。上記ex.のように、天気を問い合わせるといった程度のハナシだからです。

※自然人に対しては、調査の嘱託をすることはできません。自然人に対しては、証人尋問または鑑定の方法によるべきです。

⑦訴訟係属中の証拠保全（民訴法237条）

ex. 交通事故訴訟の係属中にタイヤ痕などが消えないうちに現場検証をすることは、裁判所が職権でできます。

　この①〜⑦は、ふりがなをふっているところを取って、「地下でこっそり調べている裁判所はほっとけ！」と記憶しましょう。

2.　申出の時期

　証拠は、攻撃防御方法の1つです。よって、訴訟の進行状況に応じて適切な時期に申出をする必要があります（民訴法156条。P97（1））。訴訟の進行状況に応じて適切な時期であれば、期日前においても（民訴法180条2項）、弁論準備手続においてもすることができます（民訴法170条2項）。

3.　申出の方法

　証拠の申出は、以下の①②を具体的に明示してする必要があります（民訴規99条1項）。

①証明すべき事実
②証明すべき事実と証拠との関係（立証趣旨）

　たとえば、「Ａさんの証人尋問をしてください」だけだと、何のために証人尋問を
するのかがわからず、相手は防御のしようがないです。そこで、「金銭授受があった
事実を証言してもらうため（①）、金銭授受があった現場にいたＡさんを証人尋問す
る必要があるんです（②）」といったことを明示する必要があります。上記①②は、
準備書面（P98 1 ）に表形式にして記載するのが一般的です。

証拠	証明すべき事実	証明すべき事実と証拠との関係
……	………………………………	………………………………
……	………………………………	………………………………

4．申出の撤回

　いったん証拠申出をしても撤回できる場合があります。どの段階まで進んでいるか
によって、撤回の可否と要件が変わってきます。

①証拠調べが行われる前
　　→　自由に証拠申出を撤回可
②証拠調べ開始後～証拠調べ終了前
　　→　相手方の同意があれば可
　証拠調べが開始されると、その証拠は相手方にとって有利な事実認定に用いられる
可能性もあります（証拠共通の原則。P119～120）。よって、相手方の同意が必要とな
ります。
③証拠調べ終了後
　　→　撤回不可（最判昭32.6.25）
　証拠調べが終了してしまった後だと、裁判所はすでに心証を形成してしまっていま
す。それを忘れろと言われても無理です（P110 の「一度見てしまったものの印象は
……」）。

※証拠申出を撤回した場合の再度の証拠申出の可否

　証拠申出を撤回した場合でも、同一審級において再度証拠申出をすることもできます。訴訟の展開によっては、再度証拠が必要になることもあるからです。

2　証拠の採否

> **民事訴訟法181条（証拠調べを要しない場合）**
> 1　裁判所は、当事者が申し出た証拠で必要でないと認めるものは、取り調べることを要しない。

　適法な証拠申出がされた場合でも、証拠調べを実施するかどうかは裁判所の裁量によります（民訴法181条1項）。よって、当事者は、この裁判所の決定に対して、原則として抗告をすることはできません。控訴審や上告審で証拠申出をするしかありません。

　裁判官は証拠によって心証を形成します。どの証拠によって心証を形成するのかは、裁判所の裁量に委ねられているんです。

第4節　証拠調べ

では、この第4節で、いよいよ証拠調べをみていきます。

1 総説
まずは、証拠調べの全体的なハナシをこの1でみます。

1. 当事者の立会権
　証拠調べをすると決まったら、裁判所は、急速を要する場合を除き、当事者に証拠調べの期日を告知して呼び出します（民訴法240条、94条）。当事者は、証拠について意見を述べたりする権利を有するからです（当事者の立会権）。当事者（またはその代理人の弁護士）が証人に尋問している姿をドラマなどで観たことがあると思います。あれをイメージしてください。
　しかし、当事者が上記の呼出しに応じず証拠調べ期日に出頭しない場合においても、証拠調べをすることはできます（民訴法183条）。当事者の双方が出頭しない場合でもです。証拠調べを行う主体は基本的に裁判所であり、当事者には立会権が保障されていれば足りるからです。要は「来ない奴が悪い」ってことです。

2. 集中証拠調べ
　証人尋問と当事者尋問は、できる限り争点および証拠の整理が終了した後に集中して行わなければならないという規定があります（民訴法182条）。訴訟経済のためです。実際の訴訟では、この規定を受けて、「第1回口頭弁論で今後の方針を確認」→「争点整理手続（弁論準備手続）で争点の確認や契約書などの証拠調べ」→「第2回口頭弁論で集中的に証人尋問と当事者尋問」となることが多いです。

*下記2から、証人尋問、鑑定など、1つ1つの証拠調べをみていきます。人証（下記2）と物証（下記3）に分けてみていきます。

2 人証
1. 証人尋問

> **民事訴訟法190条（証人義務）**
> 　裁判所は、特別の定めがある場合を除き、何人でも証人として尋問することができる。

(1) 意義

証人尋問：証人（当事者およびその法定代理人以外の者）に対して、経験した事実
　　　　　を供述させて、それを証拠とする証拠調べ（民訴法 190 条）

証人となり得るのは、当事者とその法定代理人以外の者です。当事者とその法定代理人は、当事者尋問によるからです。

証人尋問は、当事者が証人を指定して申し出ます（民訴規 106 条）。当たり前ですね。

(2) 証人義務

基本的に私たち全員に証人義務があります（民訴法 190 条）。証人義務は、以下の表の①〜③の義務からなり、それぞれ義務に違反した場合の制裁があります。

地球上に他に…

証人の義務違反に対する制裁は、厳しくなっています。証人は、地球上においてその人しか知らないことを知っているかもしれないからです。

P144

義務	義務違反に対する制裁
①出頭義務	正当な理由なく出頭しない場合 →・過料・罰金など（民訴法 192 条 1 項、193 条） 　・勾引（民訴法 194 条） 「勾引」とは、勾引状を発して行う強制的に連れてくる処分のことです。 実際に勾引までされることは滅多にありません。
②宣誓義務	正当な理由なく宣誓を拒んだ場合 →・過料・罰金など（民訴法 201 条 5 項、192 条 1 項、193 条）
③証言義務	正当な理由なく証言を拒んだ場合 →・過料・罰金など（民訴法 200 条、192 条 1 項、193 条） 宣誓した証人が偽証すると、偽証罪（3 月以上 10 年以下の懲役〔＊〕。刑法 169 条）も成立します。

「罰金」や「懲役」（＊）は刑事罰ですので、前科がつく可能性があるということです（「過料」は行政罰です）。

＊令和 4 年 6 月の改正により、懲役刑と禁錮刑は拘禁刑に一本化されることになりました。この改正は、令和4 年 6 月から 3 年以内に施行されます。

（3）証言拒絶権

しかし、証言拒絶権が認められる場合もありますし、認められている者もいます（民訴法196条、197条1項）。証言が証人または証人の配偶者、四親等内の血族などが刑事訴追を受けまたは有罪判決を受けるおそれがある事項に関するものであるときや（民訴法196条1号）、守秘義務のある医師、弁護士などです（民訴法197条1項2号）。

（4）手続

（a）法廷における証人尋問

証人尋問は、以下の流れで行われます。

①期日を定めて証人を呼び出す（民訴法94条）
↓
②人定質問をする

裁判官が証人に「○○さんですね」と尋ね、証人が「はい」といいます。
↓
③宣誓をさせる（民訴法201条）

証言台に右のような宣誓書が置いてあるので（民訴規112条4項）、証人は氏名を書いて押印したうえで読み上げます（民訴規112条3項前段）。

ただし、以下の者を証人として尋問する場合には、宣誓させることはできません（民訴法201条2項）。
・16歳未満の者
・宣誓の趣旨を理解することができない者
ex. 病気によって理解できない者

これらの者は、宣誓の趣旨を理解することができないと考えられるからです。そういった理由なので、法定代理人の同意や代理によることもできません。法定代理人が理解しても、本人が理解できないとダメなわけです。
↓
④交互尋問制により尋問をする

証人尋問は、以下の順序によって行われます（民訴法202条1項）。

　ただし、裁判長は、適当と認めるときは当事者の意見を聴いてこの順序を変更することもできます（民訴法202条2項）。

　証人尋問は弁論準備手続の後に集中的に行うべきなので、1日の期日で3、4人の尋問を行うこともあります。このとき、後で尋問すべき証人は、在廷を許されないのが原則です。後に尋問すべき証人がいると、その前の尋問を聴くことで、後の証言に影響が出てしまうからです。たとえば、「証言内容（口裏）を合わせる」ということができてしまいます。しかし、例外的に、裁判長は、必要があると認めるときは後に尋問すべき証人に在廷を許すことができます（民訴規120条）。複雑な事件だと、前の証人の証言を聞くことで頭が整理される場合もあるからです。

　なお、裁判長は、当事者の質問が争点に関係のない事項に関するものであって相当でないと認めるときは、申立てによりまたは職権で、制限することができます（民訴規114条2項）。この制限に対して、当事者は異議を述べることができます（民訴規117条1項）。ドラマなどで弁護士が「本件とは無関係な質問です！」と言い（上記の「申立て」）、裁判長が「質問を変えてください」と言い（上記の「制限」）、尋問をしている弁護士が「関係あるんです！」（上記の「異議」）と言うシーンを観たことがないでしょうか。あれのことです。

（b）映像と音声の送受信による尋問の可否

　証人が遠隔の地に居住しているといった場合には、映像と音声の送受信（ウェブ会議）による尋問をすることができます（民訴法204条）。証人が最寄りの裁判所に出頭し、ウェブ会議によって尋問が行われます（民訴規123条1項）。ウェブ会議ですので、直接主義（P93（1））に反せず、証人の移動の負担の軽減にもなります。

（c）尋問に代わる書面の提出（書面尋問）

　これは、口頭での尋問に代えて、書面を提出させる方法による尋問です。これは、上記（b）と異なり、直接主義との関係で問題があります。また、他の当事者が反対尋問ができません。そこで、裁判所が相当と認める場合に、当事者に異議がないときに限り認められます（民訴法205条）。

（d）裁判所外での証人尋問

　裁判所は、以下の①～④の場合に限り、受命裁判官または受託裁判官に裁判所外で証人尋問をさせることができます。

①証人が受訴裁判所に出頭する義務がない場合（ex. 出頭義務のない者が証言することには同意したが、その裁判所には出頭したくないと言っている場合）、または、正当な理由（ex. 重病）により出頭することができない場合（民訴法195条1号）
②証人が受訴裁判所に出頭するについて不相当な費用または時間を要する場合（民訴法195条2号）
③現場において証人を尋問することが、事実を発見するために必要である場合（民訴法195条3号）
④当事者に異議がない場合（民訴法195条4号）

（e）大規模訴訟における証人尋問
　「大規模訴訟」とは、当事者が著しく多数で、かつ、尋問すべき証人または当事者が著しく多数である訴訟です（民訴法268条かっこ書）。大規模訴訟だと、裁判所は、当事者に異議がないときは、受命裁判官に裁判所内で証人尋問をさせることができます（民訴法268条）。証人の数が多いので、裁判所内で裁判官が手分けして尋問をすることができるんです。

2. 当事者尋問

> **民事訴訟法207条（当事者本人の尋問）**
> 1　裁判所は、申立てにより又は職権で、当事者本人を尋問することができる。この場合においては、その当事者に宣誓をさせることができる。

（1）意義
　当事者尋問：当事者またはその法定代理人に対して、経験した事実を供述させて、それを証拠とする証拠調べ（民訴法207条、211条）
　法定代理人に対する尋問も、証人尋問ではなく、当事者尋問になります（民訴法211条）。法定代理人は、当事者本人の身代わり的存在といえるからです。
　当事者尋問は、申立てまたは職権によります（民訴法207条1項）。

※当事者尋問はあくまで証拠調べ
　当事者が当事者尋問において陳述した事実は、口頭弁論において主張したものとはみなされません。また、当事者が当事者尋問において自分に不利益な事実を認める陳

述をした場合でも、裁判上の自白は成立しません。当事者尋問はあくまで証拠調べなんです。

（2）当事者の義務

　当事者にも義務があります。当事者の義務は、以下の表の①～③の義務からなり、義務に違反した場合の制裁があります。

　ただし、②の宣誓義務は、裁判所が宣誓をさせた場合のみ生じる義務です。当事者尋問では、当事者に宣誓をさせなくても構わないとされています（民訴法207条1項後段）。ですが、実際は、ほぼ100％宣誓をさせています。

P140

義務違反に対する制裁が軽い

　当事者の義務違反に対する制裁は、軽くなっています。刑事罰はありません。「当事者なのになんで？」と思うと思いますが、当事者が出頭しなかったり、陳述を拒んだりした場合には、裁判所は、尋問事項に関する相手方の主張を真実と認めるという制裁を科すことができるからです。この制裁は、証人の義務違反には科せません。証人が義務違反をしたからといって相手方の主張を真実と認められたら、当事者はたまったものではありません。

義務	義務違反に対する制裁
①出頭義務	正当な理由なく出頭・宣誓・陳述を拒んだ場合
②宣誓義務	→尋問事項に関する相手方の主張を真実と認める（民訴法208条）
③陳述義務	なお、宣誓した当事者が虚偽の陳述をすると、過料に処せられます（民訴法209条1項）。宣誓したうえでの虚偽の陳述なので、さすがに過料にはなるのです。ただ、刑事罰はありません。

（3）手続

　尋問の手続は、P141～143（4）の証人尋問の手続が準用されます（民訴法210条）。よって、基本的には証人尋問と同じ手続となります。大規模訴訟における尋問も同じです（P143（e））。

　ただし、口頭尋問に代えて書面を提出させること（P142（c））はできません。"当事者"なので、口頭で尋問に答える必要があるわけです。

3. 鑑定

> **民事訴訟法212条（鑑定義務）**
> 1　鑑定に必要な学識経験を有する者は、鑑定をする義務を負う。

（1）意義

鑑定：学識経験のある者にその専門的知識や意見を陳述させる証拠調べ

ex. 筆跡鑑定、ＤＮＡ鑑定

鑑定は、当事者の申出によります。ただし、当事者は鑑定人の指定はしません。鑑定人は、裁判所のほうで指定します（民訴法213条）。

地球上に他にいる

鑑定ができる者は、地球上に1人ではありません（代替性があります）。これが、証人（P140）との違いです。鑑定に必要な学識経験を有する者であれば、鑑定人になれます。

よって、当事者が鑑定人の指定はしないのです。また、当事者が「この鑑定人でお願いします」というのは怪しいです。その鑑定人とグルの可能性があります。

（2）鑑定人の義務

鑑定に必要な学識経験を有する者は、鑑定をする義務を負います（民訴法212条1項）。

鑑定人には以下の表の①〜③の義務があり、それぞれ義務に違反した場合の制裁があります。

義務	義務違反に対する制裁
①出頭義務	正当な理由なく出頭・宣誓・陳述を拒んだ場合
②宣誓義務	→過料・罰金など（民訴法216条、192条1項、193条）
③鑑定意見報告義務	ただし、勾引はありません。鑑定ができる者は地球上に1人ではないので（上記の「地球上に他にいる」）、勾引で強制的に連れてくる必要はないからです。

（3）手続

（a）法廷における鑑定人質問

鑑定人質問は、以下の順序によって行われます（民訴法215条の2第1項、2項）。

$$\boxed{\text{鑑定人意見}} \longrightarrow \boxed{\text{裁判長の質問}} \longrightarrow \boxed{\text{鑑定の申出をした当事者の質問}} \longrightarrow \boxed{\text{他の当事者の質問}}$$

　かつては異なる順序だったのですが、要領を得ない質問が多く、鑑定人から不満が多かったので、「まずプロ（鑑定人）の見解を伺おう」となったんです。

（b）鑑定意見の報告の方法

　鑑定意見の報告は、書面または口頭のいずれかによります（民訴法215条1項）。専門的で複雑な報告となることも多いので、書面で鑑定意見を報告する場合もあります。

（c）映像と音声の送受信による尋問の可否

　鑑定人が口頭で意見を述べる場合、鑑定人が遠隔の地に居住しているといったときには、映像と音声の送受信（ウェブ会議）による方法で鑑定人が意見を述べることもできます（民訴法215条の3）。鑑定人はその道のプロであり多忙であることも多いので、訴訟が行われている裁判所に出頭するのが難しい場合もあるからです。

【証人尋問・当事者尋問・鑑定の比較】

		証人尋問	当事者尋問	鑑定
職権による証拠調べ		×	○	×
宣誓の要否		要	裁判所の裁量	要
義務違反	出頭義務	勾引○	勾引×	
		過料・罰金など	尋問事項に関する相手方の主張を真実と認める	過料・罰金など
	宣誓義務			
	陳述義務			
宣誓のうえでの虚偽の陳述・鑑定		偽証罪	過料	虚偽鑑定罪
ウェブ会議		○		
尋問に代わる書面の提出（書面尋問）		○	×	×（＊）
裁判所外での尋問		○		×
大規模訴訟の受命裁判官の裁判所内での尋問		○		×

＊裁判所に出頭したうえで、書面で鑑定意見を報告することは可

3　物証

1．書証

（1）意義

書証：文書に記載された内容を証拠資料とする証拠調べ

契約書や領収証などが典型例です。変わった例を挙げると、他の訴訟において行われた証人尋問の口頭弁論調書も、書証となります（最判昭26.2.22）。

なお、図面、写真、録音テープ、ビデオテープなどの証拠調べも、書証の証拠調べに関する規定が準用されます（民訴法231条）。

※文書の外形や存在を証拠資料とする場合

文書の外形や存在を証拠資料とする場合、たとえば、単に筆跡を確認するために文書を調べる場合は、書証ではなく検証（P155の2．）です。書証とは文書に記載されている内容（ex. どのような意思表示があったのか）を証拠資料とするものなので、文書を調べる場合でも内容を証拠資料とするものでなければ書証にならないんです。

（2）文書の種類

（a）公文書と私文書

①公文書：公務員が作成権限に基づいて職務上作成した文書

ex. 住民票の写し、戸籍全部事項証明書

②私文書：公文書以外の文書

ex. 契約書、領収証

（b）原本・正本・謄本・抄本

①原本：作成者が作った元の文書

②正本：原本の全部の写しであって、法によって原本と同じ効力があるとされるもの

③謄本：原本の全部の写し

④抄本：原本の一部の写し

②の正本と③の謄本の違いがわかりにくいと思います。どちらも、原本の全部の写しです。謄本のうち、法によって特別に原本と同じ効力があるとされるものが正本となります。不動産登記の判決による登記など、正本（判決書正本）を用意しないといけない場合があります（不登令7条1項5号ロ（1））。

（3）文書の証拠力

文書が証拠として認められるためには、右の２つの証拠力
が認められる必要があります。まず内容の前に、文書が真正
に成立したものである（形式的証拠力がある）必要がありま
す（民訴法 228 条１項）。戦国時代の文（ふみ）もそうでしたが、ま
ず本当にその文書に記載されている作成者が作成したのか
が問題となるのです。そのうえで、事実を証する内容といえるか（実質的証拠力）が
問題となります。

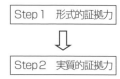

（a）形式的証拠力（文書の成立の真正）
ⅰ　意義

ある文書について、作成者の意思に基づいて作成されたこと（文書の成立の真正）
が立証されると、その文書は形式的証拠力を有することになります。

※文書の成立の真正についての自白

文書の成立の真正について自白しても、その自白は裁判所を拘束しません（最判昭
52.4.15）。当事者の双方が「真正に成立した文書だ」と言っていても、裁判所が「真
正に成立していない文書だ」と判断してよいわけです。文書の成立の真正は、証拠の
信用性に関する事実、つまり、補助事実だからです。補助事実については、弁論主義
の第２テーゼは適用されませんでしたね（最判昭 52.4.15。P122〜123（１））。

ⅱ　公文書の成立の真正

公文書は、成立の真正が推定されます（民訴法 228 条２項）。やはり公文書である
だけで信用力があるわけです。

ⅲ　私文書の成立の真正

私文書は、文書の成立の真正が争われたら、筆跡や印影の対照などによって成立の
真正を証明します（民訴法 229 条１項）。
ただし、私文書について以下の規定があります。

民事訴訟法228条（文書の成立）

4　私文書は、本人又はその代理人の署名又は押印があるときは、真正に成立したものと推定
する。

　通常は、文書の署名・押印によって、文書が真正に成立したことを証明します。この署名・押印は、本人または代理人の意思によってされたものである必要があります。しかし、本人または代理人の署名または押印があれば、文書の成立の真正まで推定されます。それが「2段の推定」というものです。以下の2段の推定が働きます。なお、「押印」は、実印によるものに限られるわけではありませんが、本人または代理人の印章（印鑑のデザインのこと）であることを要します（最判昭50.6.12）。他の契約書に押印したりしている印章である必要があるということです。

・1段目の推定（事実上の推定）

　文書の印影が本人または代理人の印章に基づくものであるならば、その印影は、本人または代理人の意思に基づいて真正に成立したものであるとの事実上の推定が働きます（最判昭39.5.12）。

　本人または代理人の押印があれば、自分の意思で押印していないと否定したい者が「息子が私の印鑑を勝手に持ちだして押印したんだ！」といったことを証明しない限り、本人または代理人の意思に基づいて押印されたことになるんです。

・2段目の推定（法律上の推定）

　文書の印影が本人または代理人の意思に基づいて押印されたとされると、文書が真正に成立したと推定されます（民訴法228条4項）。

　文書が真正に成立していないと否定したい者が「押印後に金額欄が書き換えられている！」といったことを証明しない限り、文書が真正に成立したことになるんです。

（b）実質的証拠力

　その文書が事実を証する内容といえるか、たとえば、その契約書から本当に100万円の貸付けがされたといえるのかが、実質的証拠力の問題です。

　実質的証拠力があるかは、裁判官の自由な心証によって判断されます。どのような心証を持つかは、裁判官の自由だからです。ただし、処分証書（法律行為が記載されている文書。ex. 金銭消費貸借契約書）は、原則として実質的証拠力が認められるとされています。

（4）手続

（a）書証の申出

書証の申出は、以下の①～③のいずれかの方法で行われます。「①②しかない」というひっかけがよく出題されます。

①挙証者が文書を所持する場合
　→　文書を提出して行う（民訴法219条）
　これは、当たり前ですね。自分が所持しているのなら、自分で出しましょう。
②当事者である相手方または第三者が所持する文書であり、それらの者が文書提出義務を負う場合
　→　それらの者に対する文書提出命令を申し立てる（民訴法219条。下記（b））
③文書の所持者に文書提出義務がない場合
　→　文書送付嘱託を申し立てる（文書提出義務を負う者に対しても可。民訴法226条。下記（c））

（b）文書提出命令

ⅰ　意義

文書提出命令：文書提出義務のある者に、文書の提出を命じる裁判所の決定（民訴
　　　　　　　法223条1項前段）
ex. 医療過誤訴訟で患者の遺族が、病院に対してカルテを出すよう裁判所に文書提出
　　命令を申し立てることがあります。

ⅱ　申立ての方法

文書提出命令の申立ては、以下の①～⑤の事項を明らかにして、書面によって行います（民訴法221条1項、民訴規140条1項）。

①文書の表示（文書の題名などのことです）
②文書の趣旨（文書の内容のことです）
③文書の所持者
④証明すべき事実
⑤文書の提出義務の原因

　ただし、①②を明らかにすることが著しく困難である場合には、①②に代えて、文書の所持者がその申立てにかかる文書を識別することができる事項を明らかにすれば足ります（民訴法222条1項前段）。文書は、当事者である相手方または第三者の

ところにありますので、題名や内容がわからないこともあるからです。それに対して、③はないと裁判所が文書提出命令を出せませんし、④⑤は書けます。

iii　文書提出義務

　文書提出命令は、文書提出義務がある者に対して行います。文書提出義務は、以下の①〜④の場合に認められます。

①当事者が訴訟において引用した文書を自ら所持する場合（引用文書。民訴法 220 条
　1 号）
　「自分で引用したんだから出しなさい」ってことです。

②挙証者が文書の所持者に対してその引渡しまたは閲覧を求めることができる場合
　（引渡請求文書・閲覧請求文書。民訴法 220 条 2 号）
ex1. 債権証書の返還請求ができるとき（民法 487 条。引渡請求文書）—— **民法Ⅲのテキ
　　スト第5編第6章第1節2 3. (6) ①**
ex2. 計算書類の閲覧請求ができるとき（会社法 442 条 3 項。閲覧請求文書）—— **会社
　　法・商法・商業登記法Ⅱのテキスト第3編第5章第2節2 6. (2) (b)**
　文書の引渡しまたは閲覧を求めることができるからです。

③文書が挙証者の利益のために作成され、または、挙証者と文書の所持者との間の法
　律関係について作成された場合（利益文書・法律関係文書。民訴法 220 条 3 号）
ex1. 挙証者が受遺者である遺言書（利益文書）
ex2. 挙証者と文書の所持者との間の売買契約書（法律関係文書）
　「法律関係文書」には、文書の所持者が専ら自己使用のために作成した内部文書
は含まれません（最決平 12.3.10）。これは、文部大臣の諮問機関である教科用図書検
定調査審議会が作成した教科用図書についての判定内容を記載した書面などが法律
関係文書に当たるか（文書提出義務があるか）問題となった事案です。文部省内部に
おいて使用されるために作成された文書であるとして、当たらないとされました。

④上記①から③の場合のほか、民事訴訟法 220 条 4 号イ〜ホの除外事由に該当しない
　文書一般（民訴法 220 条 4 号）
　上記①から③に当たらなくても、民事訴訟法 220 条 4 号イ〜ホの除外事由に該当し
なければ文書提出義務があります。ほとんどの文書に文書提出義務があるということ
です。「では④の規定だけあればよかったのでは？」と思われるかもしれません。か

つては、①〜③の規定しかなかったんです。改正で④を加えて文書提出義務を拡大したため、このようなわかりにくい条文の構成となりました。

　なお、除外事由には、たとえば、以下の事由が規定されています。

「公務員の職務上の秘密に関する文書でその提出により公共の利益を害し、又は公務
　の遂行に著しい支障を生ずるおそれがあるもの」（民訴法220条4号ロ）

　この除外事由に該当するかは、裁判所はその公務員の監督官庁の意見を聴いて判断する必要があります（民訴法223条3項前段）。ただし、監督官庁が除外事由に当たるという意見を述べたからといって、裁判所が文書提出命令ができなくなるわけではありません（民訴法223条4項）。意見は聴きますが、裁判所の判断が優先されるわけです。

iv　審理
（ i ）審尋の要否

　裁判所が文書提出命令をするにあたって、文書の所持者の審尋（P92）をする必要があるかは、以下のとおり文書の所持者が誰かによって変わります。

・当事者である相手方
　→　不要
・第三者
　→　必要（民訴法223条2項）

　当事者は、文書提出命令の申立てに対して意見書を出せます（民訴規140条2項）。それに対して、第三者はそういったことができないため、審尋をして事情を聞くこととされているんです。

（ii）イン・カメラ手続

　文書提出命令の審理において、裁判所は、文書が上記iiiの④の民事訴訟法220条4号イ〜ニの除外事由に当たるかどうかを判断するために、文書の所持者に対して文書の提示をさせることができます（民訴法223条6項前段）。裁判官だけ文書の内容を確認するんです。この手続を「イン・カメラ手続」といいます。「カメラ」は、フィルムが感光しない箱のことですが、ここでは第三者が入れない裁判官室の意味で使っています。イン・カメラ手続は、除外事由に当たるかどうかを判断するために行うものであり、証拠調べではないので、イン・カメラ手続で得た内容を証拠資料とすることはできません。

　除外事由のうち、民事訴訟法220条4号ホの刑事事件にかかる訴訟に関する書類などは、イン・カメラ手続の対象とはなっていません（民訴法223条6項前段参照）。これは、裁判官が文書の内容を確認しなくても、除外事由に該当するかを形式的に判断することができるからです。

（ⅲ）提出命令

　裁判所は、文書提出命令の申立てに理由があると認めるときは、決定で文書の所持者に対して提出を命じます（民訴法223条1項前段）。文書提出命令という名称なのですが、形式は決定なのでご注意ください。文書に取り調べる必要がないと認める部分または提出の義務があると認めることができない部分があるときは、その部分を除いて提出を命じることができます（民訴法223条1項後段）。

> 決　定
> …… （中略）……
> 主　文
> 相手方は、申立人に対し、本決定送達の日から 14 日以内に、別紙文書目録記載の文書を提出せよ。
> …… （以下省略）……

（ⅳ）不服申立て

　上記（ⅲ）の文書提出命令の申立てに対する裁判所の決定に対して、以下の者のみ即時抗告をすることができます（民訴法223条7項。最決平12.12.14）。

・申立てを認める決定
　→　文書の所持者
・却下する決定
　→　申立人

　証拠申出に対しての裁判所の証拠の採否の決定に対しては、抗告ができないのが原則です（P138 2 ）。これは、その例外です。文書提出命令は下記ⅴの効果が認められるなど、通常の証拠とは異なるため、即時抗告まで認められているんです。

　ただし、証拠調べの必要性を欠くことを理由として文書提出命令の申立てを却下した決定に対しては、その必要性があることを理由に不服申立てをすることはできません（最決平12.3.10）。証拠調べの必要性があるかは、裁判所の判断が優先されるからです。

ⅴ　文書提出命令に従わない場合の効果

　文書提出命令に従わない場合、当事者である相手方が従わないか（下記（ⅰ））、第三者が従わないか（下記（ⅱ））によって、効果が異なります。これを逆にしたひっかけもよく出題されますので、ご注意ください。

（ⅰ）当事者である相手方が従わない場合

　以下の①または②のときには、裁判所は、その文書の記載（成立および内容）に関する相手方の主張を真実であると認めることができます。

①当事者が文書提出命令に従わないとき（民訴法224条1項）
②当事者が相手方の使用を妨げる目的で提出義務のある文書を滅失させた、または、使用できないようにしたとき（民訴法224条2項）

ex. XがYを相手方として貸金返還請求訴訟を提起し、Xが金銭消費貸借契約書の文書提出命令を申し立てて、Yに対して文書提出命令が出されたが、Yが文書提出命令に従わなかったり（①）金銭消費貸借契約書を燃やしてしまったりした（②）場合、裁判所は、Xが主張する以下の事項を真実であると認めることができます。
・金銭消費貸借契約書が存在すること
・金銭消費貸借契約書をXYが作成したこと
・金銭消費貸借契約書に、Xの主張どおりの金額、弁済期、利息などの記載がされていること

　さらに、上記①または②によって、以下の①②の双方が著しく困難であるときには、本来は立証する必要がある事実（要証事実）に関する相手方の主張を真実であると認めることができます（民訴法224条3項）。

①その文書の記載内容を具体的に主張すること
②他の証拠によって要証事実を証明すること

ex. 上記 ex.の場合に、Xが金銭消費貸借契約書の記載内容を具体的に主張すること（①）および金銭消費貸借契約書により「令和5年4月1日に金銭を返還する約束をした」という事実を他の証拠により証明すること（②）が著しく困難である場合には、裁判所は、「金銭消費貸借契約があった」という事実まで真実と認めることができます。上記 ex.だと、「金銭消費貸借契約があった」という事実までは真実と認められませんが、この①②の双方が著しく困難であるときには、「金銭消費貸借契約があった」という事実まで真実と認められるんです。Xが金銭消費貸借契約書の記載内容を記憶しておらず、他の証拠もないような場合には、Xには他の方法がないため、ここまで認められる可能性があるんです。

（ⅱ）第三者が従わない場合

　第三者が文書提出命令に従わない場合は、決定で過料が科されます（民訴法225条1項）。文書提出命令を申し立てた者の主張が真実と認められたりはしません。"第三者"が従わない場合に、当事者の一方の主張が真実と認められたら、他方の当事者は納得できないですよね。

（c）文書送付嘱託
ⅰ　意義

> 文書送付嘱託：裁判所が文書の所持者に文書を送付するよう嘱託する手続（民訴法226条本文）

　文書の所持者に文書提出義務がない場合でもすることができるのが、文書送付嘱託です。当事者の申立てを受けて、裁判所が文書の所持者に文書を送付するよう嘱託します（民訴法226条本文）。

お願い

　文書送付嘱託は、文書の所持者に対するお願いです。送られる嘱託書も、「下記の書類を送付されますよう依頼します」などとお願いする文言になっています。

　ただし、当事者が法令により文書の正本または謄本の交付を求めることができる場合は、当事者は文書送付嘱託の申立てをすることはできません（民訴法226条ただし書）。たとえば、登記事項証明書が当たります。登記事項証明書は手数料を払えば誰でも取得できるので、「自分で取れ！」ということです。

ⅱ　文書送付嘱託に応じない場合の効果

　文書の所持者が文書送付嘱託に応じなくても、制裁はありません。文書の所持者には文書提出義務がなく、文書送付嘱託はお願いにすぎないからです。

2．検証

> 検証：裁判官が五感（視覚、聴覚、触覚、味覚、嗅覚）によって検証物を検査して、その結果を証拠資料とする証拠調べ（民訴法232条）

　たまに裁判官が裁判所を出て事故現場の現場検証に行ったりすることがあります。これが検証の例です。
　検証は、当事者の申立てによって行われます（民訴法232条1項、219条）。

第5節　証拠保全

前節で、各種の証拠調べをみました。この第5節は、また証拠全体のハナシです。

1　意義

証拠保全：あらかじめ証拠調べをしておかなければその証拠を使用することが困難
　　　　　となる事情がある場合にされる証拠調べ手続（民訴法234条）

ex1. 訴えの提起後の本来の証拠調べの時まで生存するか危ぶまれる者の証人尋問
ex2. 医療過誤訴訟において、カルテの改ざんをされないようにする文書の証拠調べ
ex3. ひき逃げ事件において、タイヤ痕などが消えないうちにする現場検証

　この3つが、証拠保全の典型例です。ただ、これらに限られるわけではなく、証拠
保全は証拠調べ一般について可能です。なお、証人尋問については、当事者が口頭弁
論で尋問の申出をしたら、再度尋問をする必要があります（民訴法242条）。証人尋
問は、やはり直接主義が強く要請されるからです（P94のⅱ）。

2　手続

1．管轄裁判所

　証拠保全手続の管轄裁判所は、いつの時点でするかによって変わります。
＊東京地方裁判所に訴えを提起する前提で記載します。

訴えの提起の前	訴えの提起の後	
	口頭弁論期日が指定され ない間で、かつ、弁論準備 手続等に付される前	口頭弁論期日が指定され た、または、弁論準備手続 等に付された後
以下①または②のいずれかの地を 管轄する地方裁判所または簡易裁 判所（民訴法235条2項） ①尋問を受けるべき者または文書 　を所持する者の居所 ②検証物の所在地	その証拠を使用すべき審 級の裁判所（民訴法235 条1項本文）	受訴裁判所（民訴法235 条1項ただし書）
訴訟を行う裁判所が決まっていな いので、証拠がある所在地の裁判 所とされます。大阪地方裁判所や 大阪簡易裁判所かもしれません。	訴えの提起の後ですので、東京地方裁判所となります。ま だどの裁判体（裁判官）が担当するか決まっていない場合 は「その証拠を使用すべき審級の裁判所」となり、決まっ ている場合は「受訴裁判所」（その裁判体）となります。	

2．申立て・職権

　証拠保全手続が、申立てによって開始されるのか、職権によって開始されるのかは、以下の表のとおりです。

訴訟の係属前	訴訟の係属中
・**申立て**（民訴法 234 条）	・**申立て**（民訴法 234 条） ・**職権**（民訴法 237 条）
訴訟の係属前だと、裁判所は事件自体を把握していませんので、職権でできるわけがないんです。	

　なお、証拠保全として検証を行う場合でも、裁判所は、申立人の申立てにより、検証物の提示を命じることができます（民訴法 234 条、232 条 1 項、223 条）。
ex. 筆跡を確認するために、文書の提示を命じることができます。
　証拠保全に関する費用は、訴訟費用（P166）の一部となります（民訴法 241 条）。

3．相手方の指定の要否

　訴訟を提起する相手方がまだわからないような場合でも、証拠保全の申立てをすることができます（民訴法 236 条前段）。この場合、裁判所は相手方となるべき者のために特別代理人を選任することができます（民訴法 236 条後段）。
　たとえば、ひき逃げ事件は、加害者がわからない段階において、タイヤ痕などが消えないうちに現場検証をする必要性がある場合もあります。そこで、相手方を指定しなくても証拠保全の申立てができるとされているんです。将来加害者が判明した場合の訴訟に備えて証拠保全をしておくわけです。

4．不服申立て

　証拠保全についての不服申立ての可否は、以下のとおりです。

・証拠保全の決定
　　→　抗告不可（民訴法 238 条）
・申立ての却下決定
　　→　抗告可（民訴法 328 条 1 項）

　証拠保全の決定に対して不服申立てができないのは、証拠保全は証拠を保全しているだけであり、それによって相手方に法律上の不利益は生じないからです。

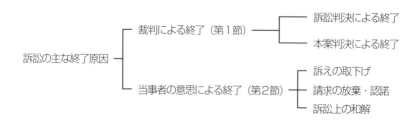

訴訟の主な終了原因は、以下のとおりです。

大きく、「裁判による終了」（第1節）と「当事者の意思による終了」（第2節）に分かれますので、この2つに分けてみていきます。

第1節　裁判による終了

　民事訴訟法で「裁判」とは、裁判所または裁判長が判決、決定または命令で判断を示すことでした（P15）。この第1節では、判決に絞ってみていきます。決定と命令については、「決定及び命令には、その性質に反しない限り、判決に関する規定を準用する」という規定（民訴法122条）があります。よって、**決定と命令について、特則を学習していない知識を問われたら、判決の知識で考えてください。**

1 　判決の分類
　判決は、以下のように分類されます。

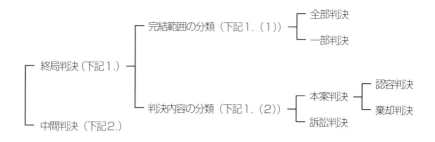

1. 終局判決

> **民事訴訟法243条（終局判決）**
> 1 裁判所は、訴訟が裁判をするのに熟したときは、終局判決をする。

　終局判決：その審級での審理を完結させる判決

　いつ終局判決をするかは、裁判所の判断によります（民訴法243条1項）。

　終局判決によって判決が確定するとは限りません。控訴や上告がされると、終局判決は確定しません。

（1）完結範囲の分類
（a）全部判決

　全部判決：同一審理手続で審理している係属中の事件の全部について、その審級での審理を完結させる終局判決

　今まで出てきた判決は、ほとんどがこの全部判決です。しかし、一部判決というのもあるんです（下記（b））。

（b）一部判決

> **民事訴訟法243条（終局判決）**
> 2 裁判所は、訴訟の一部が裁判をするのに熟したときは、その一部について終局判決をすることができる。

i　意義

　一部判決：同一審理手続で審理している係属中の事件の一部を他の部分から切り離して完結させる終局判決（民訴法243条2項、3項）

ex. XがYを相手方として貸金返還請求と売買代金請求を併合して訴訟を提起している場合において、Yが貸金返還債務が存在していることは認めたが、売買代金債務については存在を否定していたとします。このとき、貸金返還請求についてのみ、認容判決（一部判決）をすることができます。

ii　趣旨

　争いがない部分についてのみ早めに判決を出すことで、事件の早期解決になるため、

一部判決が認められています。

ⅲ　手続

　一部判決をするかどうかは、裁判所の裁量です（民訴法 243 条2項参照）。一部判決をするには、その前提として**弁論の分離が必要**であると解されているからです。弁論の分離をするかどうかは、裁判所の判断です（P108）。弁論の分離もこの一部判決も、訴訟をどのように進行するかという問題であるわけです（P85 の「裁判官は審判」）。

ⅳ　不服申立て

　一部判決のみについて、控訴や上告をすることはできるでしょうか。

　できます。

　一部判決をする前提として弁論の分離がされているため、一部判決と残部判決は、上級審では別々の手続となるからです。

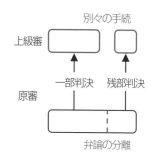

（2）判決内容の分類

（a）本案判決

　本案判決：原告の請求を認めるか認めないかの判決

　原告の請求を認める判決が「認容判決」、認めない判決が「棄却判決」です。

（b）訴訟判決

　訴訟判決：訴訟要件（P68 1 ）を充たしていないために、訴えを却下する判決

2．中間判決

> **民事訴訟法245条（中間判決）**
> 　裁判所は、独立した攻撃又は防御の方法その他中間の争いについて、裁判をするのに熟したときは、中間判決をすることができる。請求の原因及び数額について争いがある場合におけるその原因についても、同様とする。

（1）意義

　中間判決：審理の途中で審理を整理するために、争点となった事項についてする判決

　裁判所は、審理を整理するために、争点となった事項について中間判決という形で判断を示すことができます。
ex. XのYに対する貸金返還請求訴訟において、YがXに対して弁済したのかが争いになった場合に、弁済の有無についてのみ中間判決をすることができます。
　しかし、実務では中間判決はほとんどされていません。中間判決をしなくても、争点となった事項について結論が出たのであれば、その事項についてそれ以上審理しなければよいだけだからです。

（2）手続

　中間判決をするかは、裁判所の裁量です（民訴法245条参照）。中間判決は、まさに訴訟をどのように進行するかという問題だからです（P85の「裁判官は審判」）。

（3）不服申立て

　中間判決に対して、独立して控訴や上告をすることはできるでしょうか。
　これはできません。
　中間判決は、審理を整理するため、つまり、終局判決の準備のためにする判決だからです。

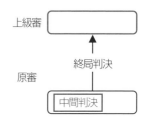

2　判決の成立

> **民事訴訟法250条（判決の発効）**
> 　判決は、言渡しによってその効力を生ずる。

　判決は、言渡しによって効力を生じます（民訴法250条）。よって、当事者も傍聴人も誰も判決言渡期日に来ていなくても、裁判官は法廷で判決書をボソボソ読み上げるんです（P113の「Realistic 9」）。

1．原則

　判決の言渡しは、原則として判決書の原本に基づいてします（民訴法252条）。
　判決書の見本をみてみましょう。

実際の書面を見てみよう2 ── 判決書（在来様式）

令和6年10月26日判決言渡　同日原本交付　裁判所書記官
令和6年（ワ）第123事件貸金返還請求事件
口頭弁論の終結日　令和6年9月19日……④

判　　　決

東京都新宿区新宿一丁目1番1号
　　　原　　　告　　　　　　Ｘ……⑤
　　　訴訟代理人弁護士　　　法　務　太　郎
東京都新宿区大久保一丁目1番1号
　　　被　　　告　　　　　　Ｙ……⑤

主　　　文……①

1　被告は、原告に対し、100万円及びこれに対する令和6年4月1日から支払済みまで年3分の割合による金員を支払え。
2　訴訟費用は、被告の負担とする。
3　この判決は、1項に限り仮に執行することができる。

事　　　実……②

第1　当事者の求める裁判
　1　請求の趣旨
　　　主文同旨
　2　請求の趣旨に対する被告の答弁
　　（1）原告の請求を棄却する。
　　（2）訴訟費用は原告の負担とする。
第2　当事者の主張
　1　請求の原因
　　　別紙のとおり。
　2　請求原因に対する認否
　　　すべて認める。
　3　抗弁（弁済）

……（中略）……

　　　　　　　　　　理　　　　由……③

　1　請求原因については、いずれも争いがない。
　2　抗弁について
　　　　　　　　……（中略）……
　3　以上によれば、原告の請求は理由があるから認容し、訴訟費用の負担につき民事訴
　　訟法第61条、仮執行の宣言につき同法第259条第1項をそれぞれ適用して、主文の
　　とおり判決する。

　　　　　　　　　　　　　　　　　　東京地方裁判所民事第17部……⑥
　　　　　　　　　　　　　　　裁判官　　司　法　　一　　郎㊞……⑥

　判決書の必要的記載事項は、①〜⑥とふった以下の事項です。

①主文（民訴法253条1項1号）
　主文には、判決の結論を示します。
②事実（民訴法253条1項2号）
　当事者の口頭弁論における主張・証拠を要約します。
③理由（民訴法253条1項3号）
　主文に示された結論にいたる判断過程を示します。
④口頭弁論の終結日（民訴法253条1項4号）
　P172のⅰで説明しますが、口頭弁論の終結時が既判力の基準時となるため、口頭
弁論の終結日を判決書で示します。
⑤当事者および法定代理人（民訴法253条1項5号）
⑥裁判所と裁判官の署名・押印（民訴法253条1項6号、民訴規157条）

2．例外

　判決は、上記のような判決書の原本に基づいて言い渡すのが原則です。しかし、判
決書の原本には、当事者の主張した事実、その認定、認定した法規の解釈・適用など
を記載する必要があり、裁判官にとっては相当な労力です（だから、裁判官は和解を
勧めるという噂も……）。そこで、以下の①または②の場合には、「調書判決」という
少し楽な判決の言渡しをすることができます。

①被告が口頭弁論において原告の主張した事実を争わず、その他何らの防御方法も提出しない場合（民訴法254条1項1号）
②被告が公示送達による呼出しを受けたにもかかわらず口頭弁論の期日に出頭しない場合（被告の提出した準備書面が口頭弁論において陳述されたものとみなされた場合を除く。民訴法254条1項2号）

　これらの場合、被告は争っていないので、裁判官は少し楽ができるんです。調書判決とは、最低限の事項を記載したら、あとは「主文　□　別紙訴状（代わる準備書面）写しの請求の趣旨欄記載のとおり」などという項目があらかじめ印刷されており、「□」に「☑」を付けていくと完成します。だいぶ楽です。

3　判決書の送達
　判決の言渡しがあると、裁判所書記官は当事者に対して、判決書の正本または調書判決の謄本を送達しなければなりません（民訴法255条、民訴規159条）。
　控訴期間はこの送達時から進行し、この送達時から2週間以内にする必要があります（民訴法285条本文）。そのため、少しでも控訴期間の起算点を遅らせようと、判決を誰も聞きに来ないことも多いんです（P113の「Realistic 9」）。

4　終局判決に付随する裁判
1．仮執行宣言

民事訴訟法259条（仮執行の宣言）
1　財産権上の請求に関する判決については、裁判所は、必要があると認めるときは、申立てにより又は職権で、担保を立てて、又は立てないで仮執行をすることができることを宣言することができる。

（1）意義
　仮執行宣言：未確定の判決に確定判決と同一の執行力を付与する裁判
　P162の判決書の見本の主文にあります「3　この判決は、1項に限り仮に執行することができる。」が、仮執行宣言です。その名のとおり、「仮」に「執行」できてしまう「宣言」です。
　仮執行宣言は、原告の申立てまたは職権で裁判所が宣言します（民訴法259条1項）。職権で宣言することもできますが、通常はP13の訴状の見本の請求の趣旨に「仮執行の宣言を求める」とありますとおり、原告の申立てがあります。

（2）趣旨

　原告に執行を認めることで、被告が勝訴する可能性がほとんどないにもかかわらず訴訟を引き延ばすために控訴や上告をすることを抑制することができます。訴訟を引き延ばして、相手方が訴えを取り下げたり、不利な和解に応じたりすることを狙う者もいるんです。

　また、確定判決を待っていては、被告の資力が低下して、強制執行ができなくなってしまう可能性があります。

（3）要件

①財産権上の請求に関する判決であること（民訴法259条1項）

　財産権上の請求であれば、控訴審や上告審で判決がひっくり返っても金銭的解決が可能だからです。

　財産権上の請求ではない、幼児の引渡請求訴訟の判決などに仮執行宣言を付すことはできません。幼児の引渡しの仮執行をしてしまったら、後で金銭で解決できません。なお、登記手続を命じる判決にも、仮執行宣言を付すことはできません。登記手続を命じる判決は、確定してはじめて意思表示をしたものとみなされる判決だからです（民執法177条）。

②仮執行をするために担保の提供が要求されることがある（民訴法259条1項）

　控訴審や上告審で判決がひっくり返った場合は、金銭で解決します。しかし、原告に資力がないと金銭的解決が実現できません。そこで、原告の資力などを考慮して裁判所の判断で原告に担保の提供が要求されることがあります。

（4）特則

　仮執行宣言を付すかは、原則として裁判所の裁量によります。しかし、以下の①②の判決には、裁判所は職権で仮執行宣言をしなければなりません。

①手形または小切手による金銭の支払の請求およびこれに附帯する法定利率による
　損害賠償の請求に関する判決（民訴法259条2項本文）

　特に手形ですが、手形上の債務の履行がされずに訴えを提起するということは、振出人である企業が倒産寸前と考えられます（P38②）。よって、原告は急いで執行をする必要があるんです。

②少額訴訟の認容判決（民訴法 376 条 1 項）

　少額訴訟については P250〜255 で説明しますが、少額訴訟はすぐに事件の解決ができることを売りとする制度です。よって、執行も迅速にできるように、仮執行宣言をマストとしているんです。また、少額訴訟は訴額を 60 万円以下と少額に限定しているため、原状回復が容易です。

（5）仮執行免脱宣言

　仮執行宣言の際に、被告の申立てまたは職権により、被告に担保を立てさせて仮執行を免れることができるとすることができます（民訴法 259 条 3 項）。これを「仮執行免脱宣言」といいます。仮執行でも執行ですので、不動産に対する差押えや競売などがされてしまいます。その不動産が被告の本社であったりすると、業務に支障をきたします。よって、被告が「担保を出すから、仮執行はカンベンして〜」とお願いできるんです。

※担保の提供の方法

　上記（3）②と上記（5）の担保の提供は、原則として、担保を立てるべきことを命じた裁判所の所在地を管轄する地方裁判所の管轄区域内の供託所に金銭または有価証券を供託する方法によって行います（民訴法 259 条 6 項、76 条本文）。裁判所ではなく、供託所（登記なども扱う法務局です）に金銭または有価証券を持っていくわけです。

2.　訴訟費用の裁判

　訴訟費用の裁判：その審級における訴訟費用の分担に関し、職権でなされる裁判（民
　　　　　　　　　訴法 67 条 1 項本文）

　「訴訟費用」とは、以下のような費用です（民事訴訟費用等に関する法律 2 条）。
ex. 審判の手数料、送達の費用、書類作成費用、当事者の旅費・日当
　弁護士の報酬は、原則として含まれません。
　訴訟費用は、以下の機関が決めます。
・どちらの当事者が負担するか
　→　裁判所（民訴法 67 条 1 項本文）
　裁判所がするこの裁判の例は、P162 の判決書の見本の主文にあります。「2　訴訟費用は、被告の負担とする。」です。訴訟費用は、原則として敗訴した当事者の負担となります（民訴法 61 条）。ただし、勝訴した当事者に帰責性があるときは、勝訴当事者に負担させることもできます（民訴法 62 条、63 条）。

　この訴訟費用の負担の裁判に対しては、独立して上訴をすることはできません（民訴法282条、313条、331条）。付随的な裁判だからです。
・具体的な負担額
　　→　裁判所書記官（民訴法71条）

5　判決の効力

　判決の効力には、「自己拘束力」「既判力」「執行力」「形成力」がありました（P8）。この⑤では、自己拘束力（下記1.）と既判力（下記2.）について詳しくみていきます。

1．自己拘束力
（1）意義

　自己拘束力：判決をした裁判所が判決の撤回や変更をすることができなくなる効力
　判決をした後で、「やっぱ被告の勝ち」などと変えられないということです。
　ただし、この自己拘束力には、下記（2）と（3）の例外があります。

（2）判決の変更

> **民事訴訟法256条（変更の判決）**
> 1　裁判所は、判決に法令の違反があることを発見したときは、その言渡し後1週間以内に限り、変更の判決をすることができる。ただし、判決が確定したとき、又は判決を変更するため事件につき更に弁論をする必要があるときは、この限りでない。

（a）意義

　判決の変更：判決をした裁判所が、自ら法令違反に気付いて自発的にその判決の判断内容を変更すること（民訴法256条1項本文）
ex. 民法の規定の適用を誤って、本来相続人でない者を相続人とする内容の判決を言い渡した場合には、裁判所は判決の変更をすることができます。

判決の変更の対象

　判決の変更の対象として想定されているのは、裁判所がすぐに気づく明らかな法令違反です。実際に、変更が必要になるような判決はほとんどありません。上記 ex.の相続人の間違いなんて、ヒドい法令違反ですよね。

（b）趣旨

　法令違反の判決も、裁判所がした判決ではあります。しかし、相続人の間違いなど明白な間違いについても常に控訴や上告をしないといけないとなると、当事者の負担が大きくなります。そこで、例外的に判決の変更を認めているんです。

　ただし、判決が確定したら判決の変更はできません（民訴法256条1項ただし書）。判決が確定したら再審の訴えを提起するしかありません。また、さらに弁論をする必要があるときも判決の変更はできません（民訴法256条1項ただし書）。

（c）手続

　判決の変更の手続には、以下の①〜③のような特徴があります。

①裁判所の職権による（民訴法256条1項本文参照）
②判決の言渡し後1週間以内にする必要がある（民訴法256条1項本文）
③口頭弁論を経ないでする（民訴法256条2項）

　①②は裁判所がすぐに気づくはず、③は明らかな法令違反だから、という理由です（上記の「判決の変更の対象」）。

（3）判決の更正

> **民事訴訟法257条（更正決定）**
> 1　判決に計算違い、誤記その他これらに類する明白な誤りがあるときは、裁判所は、申立てにより又は職権で、いつでも更正決定をすることができる。

（a）意義

　判決の更正：判決の判断内容を変更することなく、判決の表現上の誤りを訂正すること（民訴法257条1項）

　判決に、計算違いや誤記などの明白な誤りがあるときに、裁判所は判決の更正をすることができます。

ex. 明渡しの対象である不動産の表示に誤りがある場合は、更正の対象となります（最判昭31.6.1、最判昭43.2.23）。誤った不動産の表示がされた判決では強制執行ができないため、原告は判決の更正をしてもらわないと困るんです。

（b）趣旨

　計算違いや誤記などのある判決も、裁判所がした判決ではあります。しかし、これも、いちいち控訴や上告をしないといけないとなると当事者の負担が大きくなります。

（c）手続

　判決の更正の手続には、以下の①②のような特徴があります。

①当事者の申立てまたは裁判所の職権による（民訴法257条1項）
②いつでも更正決定ができる（民訴法257条1項）

（d）不服申立て

　この更正決定に対しては、即時抗告をすることができます（民訴法257条2項本文）。ただし、適法な控訴があったときは、即時抗告はできません（民訴法257条2項ただし書）。この場合は、「控訴審で言え！」ってことです。

2．既判力

> **民事訴訟法114条（既判力の範囲）**
> 1　確定判決は、主文に包含するものに限り、既判力を有する。

（1）意義

　既判力：判決が確定すると、原告も被告も裁判所も判決と矛盾する主張や判断をすることができなくなる効力
　判決が確定して既判力が生じると、その後の訴訟で、原告も被告も裁判所も判決と矛盾する主張や判断をすることができなくなります。ただ、もし原告・被告が既判力の主張をせず、裁判所も既判力の存在に気づかずに誤って既判力に抵触する判決をしてしまっても、その判決は無効とはなりません。控訴や上告または再審の訴えの対象となります（民訴法338条1項10号、342条3項）。

（2）趣旨

　「判決が確定した後は、原告も被告も裁判所も蒸し返すな！」ということです。後で蒸し返せるのなら、民事訴訟が紛争解決の手段となりません。

　ただし、まったく蒸し返しができないわけではありません。口頭弁論の終結前に生じた損害につき定期金による賠償を命じた確定判決（ex.「毎月 30 万円支払え」という確定判決）について、口頭弁論の終結後に著しい変更が生じた場合には、判決の変更を求める訴えを提起することができます（民訴法 117 条 1 項本文）。後遺障害の程度が変わったり賃金水準が変わったりすることがあるので、この訴えの提起は認められます。

（3）既判力の作用

　既判力は、以下のような場面で作用します。

（a）訴訟物が同一の場合

ⅰ　前訴の敗訴原告が後訴で同一の請求を繰り返す場合

ex. Ｘがある建物についてＹを相手方として所有権確認訴訟を提起して敗訴した場合、Ｘが同じ建物についてＹを相手方として所有権確認訴訟を提起すると、既判力が作用します。

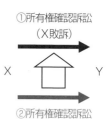

cf. 前訴の勝訴原告が同一の請求を繰り返す場合

　前訴の勝訴原告が同一の請求を繰り返すと、既判力ではなく、訴えの利益を欠くため却下されると解されています。

ex. ＸがＹを相手方として貸金返還請求訴訟を提起して勝訴した場合、Ｘが再度Ｙを相手方として貸金返還請求訴訟を提起すると、却下されます。

　ただし、以下のような場合には、訴えの利益が認められて却下されません。

・時効の完成猶予の利益がある場合

　確定判決で確定された権利も、再び 10 年で時効になります（民法 169 条 1 項）。

・判決の原本が滅失してしまったため再度訴えを提起する以外方法がない場合

ⅱ　前訴の敗訴被告が前訴の勝訴原告に対して前訴の請求と正反対の請求をする場合

ex1. Ｘがある建物についてＹを相手方として所有権確認訴訟を提起して勝訴した場合、Ｙが同じ建物についてＸを相手方としてＸの所有権不存在確認訴訟を提起すると、既判力が作用します。

ex2. XがYを相手方として貸金返還請求訴訟を提起して勝訴した場合、Yが同じ債務についてXを相手方として債務不存在確認訴訟を提起すると、既判力が作用します。

①貸金返還請求訴訟
（Y敗訴）

②債務不存在確認訴訟

（b）後訴の請求が前訴の請求と矛盾関係にある場合

ex. Xがある建物についてYを相手方として所有権確認訴訟を提起して勝訴した場合、Yが同じ建物についてXを相手方として所有権確認訴訟を提起すると、既判力が作用します。

　この場合、前訴と後訴の訴訟物は異なります。前訴の訴訟物はXの建物の所有権であるのに対して、後訴の訴訟物はYの建物の所有権です。しかし、民法には、一物一権主義の原則があります。── 民法Ⅱのテキスト第3編第1章第1節 2 　よって、この場合も既判力が作用します。

（c）既判力の双面性

　既判力ある判断は、勝訴した当事者に有利に働く場合だけではありません。不利に働くこともあります。

ex. Xがある建物についてYを相手方として所有権確認訴訟を提起して勝訴した場合、Yがその建物が立っている土地についてXを相手方として提起した建物収去土地明渡請求訴訟において、Xは建物の所有者ではないと主張することはできません。Xは建物の所有者ではないと主張して建物収去土地明渡請求から逃れたいのですが、その主張が既判力によってできなくなってしまうんです。

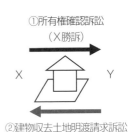

①所有権確認訴訟
（X勝訴）

②建物収去土地明渡請求訴訟

（4）既判力の範囲

　ある確定判決の既判力が、他のすべての訴訟に及ぶわけではありません。既判力がどの範囲で生じるかは、以下の①～③の観点によって決まります。

①既判力の時的限界（下記（a））
②既判力の物的限界（下記（b））
③既判力の人的範囲（下記（c））

（a）既判力の時的限界
ⅰ　基準時

　既判力の基準時は、事実審の口頭弁論の終結時です。法律審（上告審）は、原則として事実関係について審理はされず、法律関係のみについて審理されます。また、当事者が主張や立証をできるのは、口頭弁論の終結時までです（P89 の「口頭弁論の終結時まで」）。よって、確定判決は、事実審の口頭弁論の終結の時点での権利義務を判断したということです。したがって、既判力の基準時は、事実審の口頭弁論の終結時となるんです。

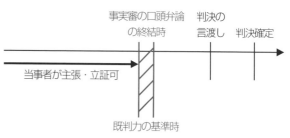

ⅱ　遮断効
（ⅰ）意義

　では、既判力の基準時が事実審の口頭弁論の終結時となると、具体的にどのような作用があるのでしょうか。それは、事実審の口頭弁論の終結時を基準に「遮断効」が生じます。後訴が提起された場合に、以下の表のように、事実審の口頭弁論の終結時を基準に後訴において主張できるかどうかが分かれます。

事実審の口頭弁論の終結時

基準時前に確定的に生じていた事由	基準時後に生じた事由
当事者の過失の有無にかかわらず、基準時前に確定的に生じていた以下のような事由は主張できません。 ex. 無効原因、時効消滅、弁済、免除 たとえば、XがYを相手方として100万円の貸金返還請求訴訟（前訴）を提起して勝訴した場合、Yが同じ債務についてXを相手方として債務不存在確認訴訟を提起して、「実は、前訴では言わなかったんですが、前訴の事実審の口頭弁論の終結前に弁済していたんです」という主張をすることはできません。	基準時後に確定的に生じた以下のような事由は主張できます（民執法35条2項参照）。 ex. 時効消滅、弁済、免除 基準時後の事由は、前訴で提出することは不可能だからです。たとえば、XがYを相手方として100万円の貸金返還請求訴訟（前訴）を提起して勝訴した場合、Yが同じ債務についてXを相手方として債務不存在確認訴訟を提起して、「前訴の事実審の口頭弁論の終結後に弁済したんで、もう債務はありません」という主張をすることはできます。

（ⅱ）形成権の基準時後の行使

　「形成権」とは、一方的な意思表示によって法律効果を発生させられる権利のことです。取消権などがあります。

　形成権の発生原因（取消事由など）は事実審の口頭弁論の終結時の前に存在したが、形成権の行使（取消しの意思表示など）は事実審の口頭弁論の終結後にした場合、後訴において形成権の行使を主張することは既判力によって遮断されるでしょうか。

ex. XがYを相手方として、100万円の売買代金支払請求訴訟を提起して勝訴しました。その後、YがXを相手方として、100万円の売買代金支払債務不存在確認訴訟を提起した場合に、Yは、前訴の事実審の口頭弁論の終結後に、売買契約の申込みの意思表示を取り消した、売買契約を解除した、100万円の貸金返還請求権で相殺した、といった主張をすることができるでしょうか。

　これは、形成権の種類によって異なります。

既判力によって遮断される形成権	既判力によって遮断されない形成権
①**取消権**（最判昭55.10.23） ②**解除権**	①**相殺権**（最判昭40.4.2） ②**建物買取請求権**（最判平7.12.15〔*〕） ＊これは、土地の賃借人が、賃貸人から提起された建物収去土地明渡請求訴訟の事実審の口頭弁論の終結後に、建物買取請求権を行使した事案です。

既判力によって遮断される形成権と遮断されない形成権の違いは、請求権それ自体に付着した瑕疵かどうかです。取消権や解除権は、"その契約"についての意思表示を取り消すか、"その契約"を解除するかの問題です。要は、「その契約についてのことなんだから、前訴で言え！」ということです。それに対して、相殺権や建物買取請求権（借地借家法13条）は、貸金返還請求権で相殺できるかといったことなので、「その契約についてのことなんだから、前訴で言え！」とは言い難いです。

また、相殺については、前訴で主張しづらいという理由もあります。上記ex.のYからすると、反対債権である貸金返還請求権があっても、弁済や消滅時効など、別の抗弁で勝訴したいのです。なぜなら、弁済や消滅時効が認められて原告の請求が棄却されれば、その後に、貸金返還請求権について100万円全額の請求ができます。つまり、相殺で勝訴しても、半分負けたようなものなのです。ですから、基準時までに相殺を主張しなくても仕方ないといえるんです。

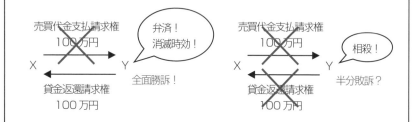

建物買取請求権については、建物を収去することは社会経済上の不利益になるからという理由もあります。―― 民法Ⅰのテキスト第2編第2章第1節 **4** 1.（2）②

（b）既判力の物的限界
ｉ　原則

民事訴訟法114条（既判力の範囲）
1　確定判決は、主文に包含するものに限り、既判力を有する。

　既判力は、原則として判決の主文に包含されるもの（訴訟物）についてのみ生じます（民訴法114条1項）。判決の理由中の判断については、既判力は生じません。

　判決の理由の判断についても既判力が生じると、訴訟のスムーズな進行を妨げ、民事訴訟の長期化につながってしまうからです。たとえば、XがYを相手方として貸金返還請求訴訟を提起した場合に、Yが抗弁として弁済と消滅時効を主張しました。弁済期から10年も経過しており、消滅時効期間が満了していることが明らかであり、消滅時効を容易に認定できました。しかし、Yが「私は本当に弁済したんだ！弁済を認めてもらわないと困る！」とゴネ始めました。ここで、判決の理由中の判断（弁済によってXの請求を棄却するのか消滅時効によってXの請求を棄却するのか）についても既判力が生じるのなら、裁判所は弁済がされたのかについても審理を続けないといけなくなります。しかし、判決の理由中の判断については既判力が生じないので、裁判所は消滅時効によってXの請求を棄却する判決を出してしまうことができるんです。また、訴訟物（貸金返還請求権など）について既判力が生じれば、紛争の解決としては十分だろうという理由もあります。

ⅱ　例外

民事訴訟法114条（既判力の範囲）
2　相殺のために主張した請求の成立又は不成立の判断は、相殺をもって対抗した額について既判力を有する。

（ⅰ）意義
　判決の理由中の判断でも、例外的に相殺についての判断については既判力が生じます（民訴法114条2項）。

　なお、既判力が生じるのは相殺をもって対抗した額のみです（民訴法114条2項）。
ex. 原告の100万円の売買代金支払請求に対して、被告が反対債権150万円の貸金返還請求権で相殺をした場合、既判力が生じるのは100万円のみです。50万円の貸

金返還請求権については、既判力は生じません。50万円については、裁判所の判断がされていないからです。

（ⅱ）趣旨

たとえば、XがYを相手方として、100万円の売買代金支払請求訴訟を提起し、Yがこの売買代金支払債務を 100 万円の貸金返還請求権で相殺したと主張し、相殺が認められました。相殺については、判決の理由中の判断です。判決の理由中の判断だからといって既判力が生じないとなると、Yが相殺をした 100 万円の貸金返還請求権について、Xを相手方として貸金返還請求訴訟を提起できることになってしまいます。これは、どう考えてもおかしいですよね。このように、相殺は、判決の理由中の判断ではありますが、実質的には請求レベルのハナシといえるわけです。

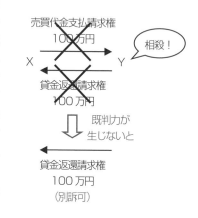

（ⅲ）既判力が生じない場合

相殺であっても、以下の①②の場合には、既判力が生じません。以下の①②は、要は反対債権について審理がされていない場合です。審理がされていないのに既判力が生じたら、反対債権を有している者がかわいそうでしょう。

①相殺適状にないとして審理の対象とならなかった場合

相殺適状は、簡単にいうと「相殺ができる状態」ということですが、詳しくは民法Ⅲのテキスト第5編第6章第2節3 1.をご覧ください。

②相殺の主張が時機に後れたものとして却下された場合

P97①の時機に後れた攻撃防御方法として却下されてしまった場合です。

（c）既判力の人的限界

> **民事訴訟法115条（確定判決等の効力が及ぶ者の範囲）**
> 1　確定判決は、次に掲げる者に対してその効力を有する。
> 　一　当事者
> 　二　当事者が他人のために原告又は被告となった場合のその他人
> 　三　前2号に掲げる者の口頭弁論終結後の承継人
> 　四　前3号に掲げる者のために請求の目的物を所持する者

ⅰ　原則

　確定判決の効力は、原則として当事者以外の第三者に対しては及びません（既判力が生じません。民訴法115条1項1号）。今日も全国で多数の民事訴訟が行われていますが、その判決はみなさんとは関係ないですよね。当事者以外の第三者は、原則として機会保障がされていないからです（P131の「機会保障」）。

ⅱ　例外

　しかし、例外的に、以下の①〜③の者には確定判決の効力が及びます（既判力が生じます）。

①訴訟担当の場合の利益帰属主体（民訴法115条1項2号）

　これは、訴訟担当（P64〜67 2）の場合の訴訟を行っていない利益帰属主体です。
ex1. 選定当事者による訴訟における選定者
ex2. 債権者代位訴訟における被代位者
　訴訟担当の場合の利益帰属主体は、代替的ですが機会保障がされていたといえるからです。上記ex1.の選定者は、選定当事者に自分で任せたわけです。上記ex2.の被代位者は、訴訟に参加することができました。

②事実審の口頭弁論の終結後の承継人（民訴法115条1項3号）

　これは、包括承継人（相続人、合併の存続法人・設立法人）だけでなく、特定承継人（ex. 債権譲渡の譲受人、債務引受の引受人）も含みます。
　承継人は、前主の当事者を通して機会保障がされていたといえるからです。「承継人は実際には訴訟で主張する機会がなかったのに？」と思われると思います。しかし、承継人について既判力を認めないと、敗訴した当事者は債務引受などをすればよいということになってしまい、訴訟が紛争解決の手段にならなくなってしまいます。

③請求の目的物の所持人（民訴法115条1項4号）

これは、以下のような者が当たります。

ex. 同居人、管理人、目的物の受寄者

これらの者は、管理などをしているだけで、目的物について独自の法的利益を持っていないからです。

※自己の法律上の利益のために占有をする者

自己の法律上の利益のために占有をする者は、この③の所持人には当たりません（既判力が及びません。大決昭7.4.19）。

ex. 賃借人、質権者

賃借人や質権者は、管理などをしているだけではなく、自己の法律上の利益のために占有をしています。

第2節　当事者の意思による終了

　当事者の意思で、訴訟を途中で終了させることができます。これは、処分権主義の訴訟の終了における現れです（P11③）。請求レベルは処分権主義が働くので、当事者に主導権があり、途中で終わらせるのも当事者の自由なんです。この第2節でみていく「訴えの取下げ（下記1）」「請求の放棄・認諾（下記2）」「訴訟上の和解（下記3）」は、請求レベルのハナシです。P4の図でいずれも請求レベルにありますので、ご確認ください。

1 訴えの取下げ

> **民事訴訟法261条（訴えの取下げ）**
> 1　訴えは、判決が確定するまで、その全部又は一部を取り下げることができる。

1. 意義
　訴えの取下げ：原告による訴えの撤回
　被告が原告の言い分を全面的に受け入れて弁済してくれた、裁判外で和解が成立した、訴訟を続けるのが嫌になってしまったなど、様々な理由で原告が訴えを維持する必要がなくなる場合があります。そのような場合には、訴えの取下げをすることが認められているんです。

2. 要件
（1）可能な時期
　訴えの取下げの時期は、判決が確定するまでであれば、いつでも構いません（民訴法261条1項）。

（2）被告の同意の要否
　裁判所の許可などは不要です。処分権主義の現れです。請求レベルについては、当事者に主導権があるんです。
　ただし、被告の同意が必要になることがあります。被告も当事者です。また、被告も確定判決を得る利益があります。棄却の確定判決を得れば、原告の請求権がないことに既判力が生じるからです（P8）。また、原告が敗訴しそうなので、訴えを取り下げることも考えられます。よって、以下の①～③のいずれかの行為を被告が行った後

P183

に原告が訴えの取下げをするには、被告の同意を得る必要があります（民訴法261条2項本文）。

①本案についての準備書面を提出した
②弁論準備手続において申述した
③口頭弁論で弁論をした
　この①～③は、要は被告が本案について何かしたということです。よって、被告が訴えの却下を求めただけであれば、原告は被告の同意なしに訴えを取り下げられると解されています。

　この①～③のいずれかの後に、被告が訴えの取下げについて同意しない旨を明らかにしたときは、その後に改めて同意をしても訴えの取下げは効力を生じません（最判昭37.4.6）。被告が同意しない旨を明らかにしたことで、原告の訴えの取下げは無効で確定するからです。

※**本訴が取り下げられた場合の反訴の取下げについての原告の同意の要否**
　反訴が提起されている場合に、本訴が取り下げられたとき、被告が反訴を取り下げるには原告の同意は不要です（民訴法261条2項ただし書）。反訴は、本訴に誘発されて提起されます。被告は証拠が揃ったときに提起する予定であったが、原告が訴えを提起したため仕方なく反訴を提起したのかもしれません。そこで、原告が訴えを取り下げたのなら、被告に「だったら私もやめる」という自由を認めているんです。

3. 方式
　訴えの取下げの方式は、以下の表のとおりです。

	方式	被告の同意が必要である場合
原則	**書面（取下書）を裁判所に提出する**（民訴法261条3項本文）訴えの提起は原則として書面による必要があります（民訴法134条1項。P12の1.）。それに対応して、訴えを取り下げるときも書面が要求されるんです。	被告の同意が必要である場合（上記2.（2））は、訴えの取下書を被告に送達します（民訴法261条4項）。被告に同意するかどうかを考えてもらうためです。被告がこの送達を受けた日から2週間以内に異議を述べないときは、訴えの取下げに同意したものとみなされます（民訴法261条5項前段）。

	方式	被告の同意が必要である場合
例外	**口頭弁論期日、弁論準備手続期日または和解期日であれば口頭で可** （民訴法261条3項ただし書） これらの期日であれば、裁判官が直接意思確認ができます。また、裁判所書記官が調書に訴えの取下げがあった旨を記載するので、明確にもなります。 　**本節はこれらの期日OK** 本節で扱う制度は、口頭弁論期日、弁論準備手続期日または和解期日で行うことができます。	被告の同意が必要である場合（上記2.（2））は、被告が左記の期日に出頭した場合を除き、期日の調書の謄本を被告に送達します（民訴法261条4項）。やはり被告に同意するかどうかを考えてもらうためです。被告が期日に出頭したときは訴えの取下げがあった日から、出頭しなかったときは上記の謄本の送達があった日から2週間以内に異議を述べないときは、訴えの取下げに同意したものとみなされます（民訴法261条5項後段）。

4. 効果

（1）訴訟係属の遡及的消滅

　訴えの取下げがされると、訴訟は初めから係属していなかったものとみなされます（民訴法262条1項）。

　ただし、反訴が提起されていたとしても、反訴には影響がなく、反訴が当然に取り下げられたとはみなされません。反訴はあくまで別の訴えだからです（P196の「別の訴え」）。また、反訴が当然に取り下げられたとみなされないため、上記2.※の「被告が反訴を取り下げるには原告の同意が必要か？」という問題が出てくるのです。

（2）再訴の禁止

　原告は、訴えの取下げをした後に、同じ被告を相手方として同じ請求について再び訴えを提起することはできるでしょうか。

　これは、訴えの取下げをした時期がいつかによって変わります。

①第1審の本案についての終局判決（※）の前

　→　可（民訴法262条2項参照）

　第1審に差し戻した後の第1審の本案についての終局判決の前に訴えの取下げをした場合でも、再び訴えを提起することができます（最判昭38.10.1）。第1審に差し戻されると（P223～224のⅱ）、第1審が続行されるからです。

> **— Realistic 12　訴えの取下げに安易に同意しない —**
> 　このように、訴えの取下げをしても再訴が可能であることもあるため、弁護士や認定司法書士が、訴えを提起されている被告から「裁判所から『相手が訴えを取り下げることに同意しますか？』と聞かれたのですが、どうすればいいですか？」と相談を受けたら、「また訴えられる可能性があるのなら、安易に同意してはいけません」と答えることになります。

②第1審の本案についての終局判決（※）の後

　→　不可（民訴法 262 条 2 項）

　まず、終局判決があった後でも、判決確定前であれば訴えを取り下げることができますので、その点はご注意ください。しかし、審理を重ねて本案判決まで出たにもかかわらず、訴えの取下げ後の再訴を認めると、被告や裁判所の労力が無駄になってしまいます。そこで、審理を重ねて本案判決まで出た後に訴えを取り下げた原告への制裁として（最判昭 52.7.19）、再訴を禁止しています。

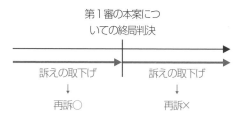

※訴訟判決

　上記の「終局判決」には、訴訟判決（P160（ｂ））は含まれません。訴訟判決は訴訟要件を充たしていないために訴えを却下する判決ですので、審理を重ねて判決を出したとはいえないからです。

※刑事上罰すべき他人の行為によりされた訴えの取下げ

　訴えの取下げは、詐欺、脅迫など明らかに刑事上罰すべき他人の行為によりされたときは、無効です（最判昭 46.6.25）。これは当たり前ですね。

2　請求の放棄・認諾

> **民事訴訟法266条（請求の放棄又は認諾）**
> 1　請求の放棄又は認諾は、口頭弁論等の期日〔口頭弁論期日、弁論準備手続期日または和解期日〕においてする。

1．意義

請求の放棄：原告が請求に理由がないことを全面的に認める意思表示

請求の認諾：被告が原告の請求に理由があることを全面的に認める意思表示

請求をしているのは原告のほうなので、請求を「放棄」するのが原告であり、請求を「認諾」するのが被告です。いずれも、「100％負け」と認めることです。100％負けなので、請求の放棄・認諾に条件を付けたりすることはできません。

請求レベルについては当事者に主導権があるので、請求を放棄するのも認諾するのも当事者の自由なのです。

2．要件

（1）可能な時期

請求の放棄・認諾の時期も、判決が確定するまでであれば、いつでも構いません（大判明42.2.10）。

控訴審や上告審で請求の放棄・認諾がされた場合、原判決は当然に効力が失われます（大判昭12.12.24）。「100％負け」と認めるのが請求の放棄・認諾だからです。

（2）相手方の同意の要否

やはり裁判所の許可などは不要です。これも処分権主義の現れです。

相手方である当事者の同意も不要です。相手方は100％勝ちなので、不利益はないからです。

P179

（3）処分可能性

請求の放棄・認諾をするには、訴訟物が当事者の処分可能なものである必要があります。請求の放棄・認諾は、処分権主義から認められるものですので、当事者が処分できるものでないといけないんです。貸金返還請求権など、通常の民事訴訟で争われる訴訟物は当事者が処分できるものです。しかし、以下のように当事者が処分できるものか、問題となる訴訟があります。

（a）会社関係訴訟

確定判決の効力は、原則としては当事者以外の第三者に対しては及びません（民訴法115条1項1号。P177のⅰ）。しかし、会社関係訴訟は、例外的に認容判決に対世効（第三者に対しても効力が及ぶ）があります（会社法838条）。―― **会社法・商法・商業登記法Ⅱのテキスト第6編第1章**　よって、以下のようになります。

・請求の放棄
　　→　可
・請求の認諾
　　→　不可

　訴えを提起した株主などが請求の放棄をしても、第三者に影響がありません。しかし、会社が請求の認諾をすると、訴えを提起していない他の株主や債権者などが納得しないかもしれません。

（b）人事訴訟

ⅰ　原則

　人事訴訟とは、親族間の身分関係の訴えです（人事訴訟法2条）。たとえば、認知訴訟が当たります（人事訴訟法2条2号）。よって、人事訴訟は、原則として請求の放棄・認諾ができません（人事訴訟法19条2項）。たとえば、私がみなさんを相手方として認知訴訟を提起して、みなさんが請求の認諾をしたために、私とみなさんの間に親子関係が生じたら明らかにおかしいですよね。身分関係ですから、血のつながりなどが必要なのです。

ⅱ　例外

　しかし、人事訴訟でも、離婚訴訟・離縁訴訟は請求の放棄・認諾をすることができます。
　協議離婚・協議離縁が認められているとおり、離婚・離縁は当事者の意思でできるからです。

3. 方式

　請求の放棄・認諾の方式は、以下の表のとおりです。

	方式
原則	**口頭弁論期日、弁論準備手続期日または和解期日で口頭で行う**（民訴法266条1項） 本節で扱う制度は、口頭弁論期日、弁論準備手続期日または和解期日で行うことができます（P181の「本節はこれらの期日OK」）。
例外	**当事者が請求の放棄・認諾をする旨の書面を提出しながら口頭弁論等の期日に欠席した場合、その旨の陳述をしたものとみなすことができる**（民訴法266条2項） 請求の放棄・認諾をするためだけに裁判所に出頭する負担をなくすための規定です。また、面と向かって「100%負け」とは言いづらい当事者に配慮した規定でもあります。

なお、請求の放棄・認諾については、擬制自白（P130〜131（4））は成立しません。

4. 効果

請求の放棄・認諾は、確定判決と同一の効力を有します（民訴法267条）。よって、被告が請求の認諾をすると、給付の訴えであれば執行力、形成の訴えであれば形成力が生じます。既判力まで生じるかですが、請求の放棄・認諾に意思表示の瑕疵がなければ既判力が生じ、意思表示の瑕疵があれば既判力が生じないと解されています（制限的既判力説。大判大4.12.28、大判昭19.3.14参照）。　　=P188

3 訴訟上の和解

> **民事訴訟法89条（和解の試み等）**
> 1　裁判所は、訴訟がいかなる程度にあるかを問わず、和解を試み、又は受命裁判官若しくは受託裁判官に和解を試みさせることができる。

1. 意義

一口に和解といっても、実は和解にも種類があります。和解を右のように分けることができます。

まず、「裁判外の和解」も可能です。これは、民法の契約の一種です（民法695条、696条）。民事訴訟法で学習

和解　┬ 裁判外の和解（民法695条、696条）
　　　└ 裁判上の和解 ┬ 起訴前の和解（P240〜241⑥）
　　　　　　　　　　　└ 訴訟上の和解（この③）

するのは「裁判上の和解」なのですが、これにも種類があります。「起訴前の和解」とは、訴えを提起する前に簡易裁判所において和解を試みるものです。これは、P240～241 6 で説明します。「訴訟上の和解」が、この 3 で扱う和解です。訴えの提起がされても、和解することができます。和解で終わる訴訟は多いです。和解が多いのは、和解には以下のようなメリットがあるからです。

・判決だと控訴や上告で紛争解決が長引いてしまうことがあるが、和解なら迅速に解決できる
・判決は白黒ハッキリつけるが、和解は双方が譲歩するため被告が任意に履行してくれやすい

　あとは、白黒ハッキリつけるよりも、お互いの妥協点を探る国民性に合っているというのもあるかもしれません（また、裁判官が判決を書くのが大変なので、和解を勧める傾向にあると言う人もいます……）。

2. 要件
（1）可能な時期
　民事訴訟法 89 条 1 項に「訴訟がいかなる程度にあるかを問わず」とあり、終局判決の前であれば訴訟上の和解をすることができます。たとえば、口頭弁論の終結後から判決の言渡しの前の段階でも可能です。控訴審や上告審でも、終局判決の前であれば可能です。

（2）互譲の要否
　和解には、互譲が存在することが必要です。一方がまったく譲歩しないと、和解になりません。それは請求の放棄・認諾です。和解と請求の放棄・認諾の違いは、互譲が存在するかどうかなんです。少しでも譲歩があればよいので、訴訟費用について「訴訟費用は各自の負担とする」と和解条項で定めるだけでも和解になります。訴訟費用についてこのような和解条項を定めている和解は多いです。

（3）訴えの利益の要否
　提起されている訴えが訴えの利益を欠く場合に、訴訟上の和解をしたとき、和解が無効になってしまうでしょうか。
　無効にはなりません。訴えの利益（P70 1 ）は"本案判決"をするための要件です。よって、和解をするうえで必ずしも備えている必要がある要件ではないんです。

3. 方式
（1）原則

訴訟上の和解は、口頭弁論期日、弁論準備手続期日または和解期日において当事者双方が口頭で陳述することによって成立します（P181 の「本節はこれらの期日 OK」）。当事者双方の意思確認をする必要があるからです。和解期日においては通常は、裁判官が当事者の一方と話し合い、その後、裁判官が他の当事者に「相手方はここまで譲れると言っています。これで和解しませんか？」などと話し合う方式で行います。当事者が向かい合うと和解が成立しなくなる場合があるため、このように 1 人ずつ話を聞く方法を採るのです。

令和 4 年の改正で、上記のように裁判所に出頭して和解をする方法以外に、裁判所が相当と認めるときは電話会議（P105）によって和解期日を行うこともできるようになりました（民訴法 89 条 2 項）。これは、オンライン化を進めるためにできた規定です。

※第三者の加入の可否

第三者も和解に加入することができます。

ex1. 債権者と主債務者の間の訴訟の和解に、保証人が参加して合意することができます。
ex2. 交通事故の被害者と加害者の間の訴訟の和解に、保険会社が参加して合意することができます。

民事訴訟の目的は紛争の解決だからです（P70 1 ）。上記 ex.のような場合は、第三者も和解に参加したほうが解決になります。

（2）例外

和解は、下記（a）や（b）のような方法も認められています。紛争の解決のために、和解の方法も色んなメニューが用意されているんです。

（a）書面受諾和解

遠隔地に居住していることその他の事由により出頭困難と認められる当事者が、あらかじめ裁判所または受命裁判官もしくは受託裁判官から提示された和解条項案を受諾する旨の書面を提出し、他方の当事者が期日に出頭して和解条項案を受諾することで和解をすることができます（民訴法 264 条）。これを「書面受諾和解」といいます。

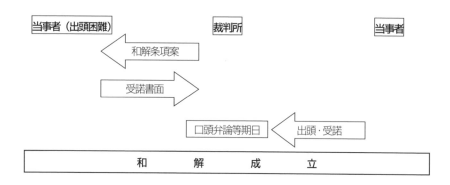

遠隔地に居住しているなどの場合にも「和解のために絶対に裁判所に来い！」というのはあまりに形式的すぎるので、認められている方法です。

（b）裁定和解

当事者の双方から裁判所または受命裁判官もしくは受託裁判官が定める和解条項に服する旨の共同の申立てがあるときは、裁判所または受命裁判官もしくは受託裁判官は事件の解決のために適当な和解条項を定めることができます（民訴法265条1項）。この和解条項の定めは、口頭弁論期日、弁論準備手続期日または和解期日における告知その他相当と認める方法による告知によってします（民訴法265条3項）。これを「裁定和解」といいます。「裁判所（裁判官）に任せるから、決めて！」と当事者の双方が言うイメージです。この裁定和解は、民事調停における調停委員会の定める調停条項制度（民事調停法24条の3）をモデルに定められた制度です。

4．効果

　　　訴訟上の和解も、確定判決と同一の効力を有します（民訴法267条）。よって、訴訟上の和解が成立すると、給付の訴えであれば執行力、形成の訴えであれば形成力が
P185＝　生じます。既判力まで生じるかですが、意思表示の瑕疵がなければ既判力が生じ、意思表示の瑕疵があれば既判力が生じないと解されています（制限的既判力説。最大判昭33.3.5、最判昭33.6.14参照）。

　　　当事者が「意思表示に瑕疵がある」と主張したい場合は、以下の①～③のいずれかの方法によることが認められています。

①新たな期日の指定を申し立てる方法（大決昭6.4.22）
②和解無効確認の訴えを提起する方法（大判大14.4.24）
③請求異議の訴えを提起する方法（大判昭14.8.12）

　なお、和解の費用または訴訟費用の負担については、通常は「訴訟費用は各自の負担とする」などと和解条項で定めます。しかし、定めなかったときは、判決のように裁判所が定める（P166）のではなく、これらの費用は各自が負担することになります（民訴法68条）。

第11章　複雑訴訟形態

　前章までで、第１審の手続を基本的に手続の流れに沿ってみてきました。民事訴訟は、訴訟の始めから終わりまで、１個の請求について１人の原告と１人の被告との間で訴訟が進められることを基本形としています。しかし、実際には、以下のような訴訟形態もあります。

①複数請求訴訟：同一の手続で数個の請求を審判の対象とする訴訟形態（第１節）

ex. クリニックの個人開業医の医療ミスで病状が悪化した患者が個人開業医に対して、債務不履行に基づく損害賠償請求と不法行為に基づく損害賠償請求をする場合（選択的併合）

②多数当事者訴訟：多数の当事者が１つの訴訟に関与してくる訴訟形態（第２節）

ex. 債権者が主債務者とその保証人を共同被告とする場合（通常共同訴訟）

　これらの場合に、請求ごと・当事者ごとに別々の訴訟で審理がされると、別々に期日が指定されて口頭弁論が行われるので、当事者の負担が増えます。また、それぞれの請求に関連性がある場合には、重複して審理がなされる不経済がありますし、内容が矛盾する判決がされるおそれも生じます。よって、複数の請求を１つの訴訟ですること（複数請求訴訟）や複数の当事者が原告や被告などになること（多数当事者訴訟）が認められています。

　この第11章では、この複数請求訴訟と多数当事者訴訟をみていきます。

第1節　複数請求訴訟

1 訴えの客観的併合（請求の客観的併合）

1. 意義

　訴えの客観的併合：同一の原告が1つの訴えによって同一の被告に対する複数の請
　　　　　　　　　　求について審判を求めること

ex. XがYに対して、100万円の貸金返還請求権と50
　　万円の売買代金請求権を有している場合、XはY
　　を相手方として、1つの訴えで100万円の貸金返
　　還請求権と50万円の売買代金請求権について審
　　判を求めることができます。

2. 趣旨

　複数の請求権を有している者は、訴訟を1回で済ませたいと考えていることが多い
ので、認められています。それはそうですよね。何度も訴訟をするのは大変ですし。

3. 要件

　複数の請求権を併合して訴えを提起するには、以下の①〜③の要件を充たしている
必要があります。

①複数の請求が同種の訴訟手続により審判されるものであること（民訴法136条）

　原則として、同種の訴訟手続である必要があります。異なる種類の訴訟手続だと審
理の方法が異なって審理ができないからです。

ex. 通常訴訟と手形訴訟（P244〜249）を併合することはできません。

②法律上併合が禁止されていないこと

　これは当たり前ですね。

③各請求について訴えの提起された裁判所に管轄権があること

　ただ、この③の要件は通常は充たします。それは、併合請求の場合は、1つの請求
について管轄権があれば他の請求についても管轄権が認められるからです（民訴法7
条）。よって、管轄権が否定されるのは、1つの請求について専属管轄が成立する場
合に限られます（民訴法13条1項。P40の「専属管轄はとにかくそこで」）。

4．併合の態様

併合の態様は、以下の表の3種類があります。

	意義	具体例
①単純併合	原告が特に条件を付すことなく複数の請求について審判を求める併合形態 簡単にいうと、原告が「両方認めて〜」と併合をすることです。	ex1. 貸金返還請求と売買代金請求を併合する場合 ex2. 土地明渡請求と土地の明渡しまでの賃料相当額の損害金請求を併合する場合
②予備的併合	実体上両立し得ない関係にある複数の請求について、第1次請求については無条件で審判を求め、第2次請求については第1次請求の認容を解除条件として審判を求める併合形態 簡単にいうと、原告が「第1次請求を認めて。それがダメなら、第2次請求を認めて〜」と併合をすることです。	ex. 売買代金請求（第1次請求）とともに、売買契約が無効であると判断される場合に備えて無効であることを前提に引き渡した目的物の返還請求（第2次請求）をする場合
③選択的併合	同一の目的を有し、法律上両立することができる複数の請求のうち、いずれか1つの請求が認容されることを他の請求の解除条件として審判を求める併合形態 簡単にいうと、原告が「どっちかでいいから認めて〜」と併合をすることです。	ex1. 賃貸借契約終了に基づく建物明渡請求と所有権に基づく建物明渡請求 ex2. 債務不履行に基づく損害賠償請求と不法行為に基づく損害賠償請求

5．併合訴訟の審判

　まず、上記4.のどの併合態様であっても、争点整理手続、口頭弁論、証拠調べはすべての請求について共通になされます。そのために併合しているので、これらをバラバラにしてしまっては意味がありません。

　併合態様によって違いが出てくるのは、判決の対象、弁論の分離（P108〜109 2）をすることができるか、一部判決（P159〜160（b））をすることができるかです。

	判決の対象	弁論の分離の可否	一部判決の可否
①単純併合	すべての請求	○	○
	「両方認めて〜」という訴訟ですので、すべての請求が存在し得ます。よって、すべての請求について判決をすることが必要であり、請求ごとに弁論を分離してもOKですし、結論の出た請求のみ一部判決をすることもできます。		
②予備的併合	原告の指定した順位に従う必要がある	×	×
	「第1次請求を認めて。それがダメなら、第2次請求を認めて〜。」という訴訟です。よって、原告の指定した順位に従う必要があります。 弁論の分離をすると、2つの請求が認容される事態が起きる可能性があります。しかし、予備的併合は、第1次請求と第2次請求のどちらかしか認められません。よって、弁論の分離はできません。 第1次請求のみを棄却する一部判決がされて、第1次請求のみについて控訴されて控訴審にいくと、第1次請求と第2次請求について矛盾する判断がされる可能性があります。よって、一部判決もできません。		
③選択的併合	どちらの請求について判決をしてもOK	×	×
	「どっちかでいいから認めて〜」という訴訟です。よって、裁判所はどちらの請求について判決をしてもOKです。 統一的審理がされることを予定しているので、弁論の分離はできません。 1つの請求しか認められないため、1つの請求を認めることは全部認容判決となり、一部判決とはなりません。		

2 訴えの変更

民事訴訟法143条（訴えの変更）

1　原告は、請求の基礎に変更がない限り、口頭弁論の終結に至るまで、請求又は請求の原因を変更することができる。ただし、これにより著しく訴訟手続を遅滞させることとなるときは、この限りでない。

1. 意義

　訴えの変更：訴訟係属後に、原告が審判を申し立てた事項を変更すること（民訴法
　　　　　　143条1項本文）

　テニスにたとえると、サーバー（原告）が試合の途中で「このボール（請求）で（も）
やらない？」とすることです。訴えの変更には、以下の2種類があります。

①追加的変更：従来の請求をそのままとして、別個の請求を追加する訴えの変更

ex. 土地所有権確認請求に所有権移転登記の抹消登記請求を加える場合

②交換的変更：旧請求に代えて新請求について審判を申し立てる訴えの変更

ex. 売買による目的物引渡請求をしていたが、履行が不能であることが判明したため、
　　損害賠償請求に変更する場合

2. 趣旨

　請求の基礎に変更がない訴えの変更であれば、新請求についてゼロから審理するよ
りも、今までの審理で得られた資料を新請求についても使えるようにしたほうが訴訟
経済にかないます。「訴えの変更ができたほうが無駄がないよね」ということです。

3. 要件

　訴えの変更をするには、以下の①～③の要件を充たしている必要があります。

①請求の基礎に変更がないこと（民訴法143条1項本文）

ex1. 賃貸借契約終了に基づく建物明渡請求を所有権に基づく建物明渡請求に変更す
　　　ることはできます。

ex2. 貸金返還請求を売買代金支払請求に変更することはできません。

　今までの審理で得られた資料を新請求についても使うのが訴えの変更ですので、請
求の基礎に変更があるとダメです。また、請求の基礎に変更があると、被告は今まで
とは別の防御をする必要が生じ、被告の不利益になってしまいます。上記ex2.がまさ
にそうですよね。

　このように、主に被告の利益を保護するための要件なので、被告の同意があれば請
求の基礎に変更があっても OK となります。

②事実審の口頭弁論の終結前であること（民訴法143条1項本文）

　当事者が主張や立証をできるのは口頭弁論の終結時までであり（P89の「口頭弁論
の終結時まで」）、その後で訴えの変更をされても審理ができないからです。「事実審」

の口頭弁論の終結前である必要があるのは、法律審（上告審）は原則として事実関係について審理されないため、訴えの変更をされても審理ができないからです。

　事実審の口頭弁論の終結前であれば構わないので、控訴審においても訴えの変更はできます。

③著しく訴訟手続を遅滞させないこと（民訴法143条1項ただし書）
　著しく訴訟手続を遅滞させるのなら、新請求は別訴で扱うべきだからです（P3の「テクニック」）。訴訟経済のためです。
※被告の同意があっても、この③の要件は不要とはなりません（最判昭42.10.12）。訴訟経済は公益的な要請です。よって、被告が同意したから済むハナシではないんです。

─ Realistic 13　「同意」について考える視点 ─

　「○○の同意が必要か（○○の同意があれば OK となるか）？」は、以下の2つの視点から考えます。
・○○の保護が必要であるか？
・○○が同意できることか？
　上記①の要件は、被告の同意があれば不要となります。被告の保護のための要件であり、被告が同意できることだからです。それに対して、上記③の要件は、被告の同意があっても不要となりません。被告の保護のための要件ではなく（訴訟経済のための要件です）、公益的な要請であるため被告が同意できることではないからです。

※訴えの変更について、被告の同意は不要です（上記①の要件を充たしていない場合は除きます）。訴えの変更は請求の基礎に変更がないことが要件であるため（上記①）、被告の利益は害されないからです。

4．手続
　訴えの変更は、以下の①②の一方または双方を変更することによって行われます（民訴法143条1項本文）。

①請求の趣旨（P14③）
②請求の原因（P14④）

　①の変更がある場合は書面による必要がありますが（民訴法143条2項）、①の変更がない場合（請求の原因のみの変更）は書面による必要がありません（大判昭18.3.19、最判昭35.5.24）。請求の趣旨の変更がある訴えの変更は、訴えの提起に相当するからです。訴えの提起は、原則として書面でする必要があります（民訴法134条1項。P12の1.）。裁判所は、請求の趣旨または請求の原因の変更を不当であると認めるときは、申立てによりまたは職権で、変更を許さない旨の決定をします（民訴法143条4項）。

　上記の書面（訴えの変更の申立書）は、被告に送達する必要があります（民訴法143条3項）。この送達がされることによって、新請求について訴訟係属の効果が生じます。これもやはり、訴えの変更は訴えの提起に相当するからです。訴状も被告に送達されますし、被告に送達されることで訴訟係属が生じます（民訴法138条1項、民訴規58条1項。P184）。

3　反訴

> **民事訴訟法146条（反訴）**
> 1　被告は、本訴の目的である請求又は防御の方法と関連する請求を目的とする場合に限り、口頭弁論の終結に至るまで、本訴の係属する裁判所に反訴を提起することができる。ただし、次に掲げる場合は、この限りでない。
> 　一　反訴の目的である請求が他の裁判所の専属管轄（当事者が第11条の規定により合意で定めたもの〔専属的合意管轄〕を除く。）に属するとき。
> 　二　反訴の提起により著しく訴訟手続を遅滞させることとなるとき。

1．意義

　反訴：原告が提起した訴訟において、被告が原告を相手方として提起する訴え（民訴法146条1項柱書本文）

　テニスにたとえると、試合の途中でレシーバー（被告）もサーブを打つことです。

別の訴え

　反訴は、原告が提起した訴えを利用しますが、**あくまで別の訴え**です。これが、反訴のポイントです。

　よって、たとえば、反訴の提起後に本訴が却下された場合でも、反訴がそれによって不適法になったりすることはありません。

2. 趣旨

　本節の $\boxed{1}$、$\boxed{2}$ でみてきましたとおり、原告には訴えの客観的併合や訴えの変更が認められています。原告は、複数の請求をしたり、請求を変更したりすることができるわけです。そこで、原告との公平から、被告にも請求を立てること（反訴）が認められているんです。また、関連する請求（反訴）を同一の訴訟手続で審理することで、審理の重複や裁判の不統一を回避することができます。

3. 要件

　反訴を提起するには、以下の①～④の要件を充たしている必要があります。

①反訴請求が本訴請求またはこれに対する防御方法と関連すること（民訴法146条1項柱書本文）

　「関連」すればOKなので、訴えの変更の「請求の基礎に変更がないこと」（P194の3.①）よりは広く認められます。

ex1. 債務不存在確認の本訴に対して、債務の履行を請求する反訴を提起することができます。

ex2. 売買代金支払請求の本訴に対して、同一の売買による目的物の引渡請求の反訴を提起することができます。

　この①も、原告のための要件です。よって、原告の同意があれば関連しなくてもOKとなります。

②事実審の口頭弁論の終結前であること（民訴法146条1項柱書本文）

　やはり当事者が主張や立証をできるのは口頭弁論の終結時までであり（P89の「口頭弁論の終結時まで」）、法律審（上告審）は原則として事実関係について審理されないからです。

　事実審の口頭弁論の終結前であれば構わないので、控訴審においても反訴を提起することはできます。ただし、原則として原告の同意が必要となります（民訴法300条1項）。反訴は、あくまで別の訴えです（P196の「別の訴え」）。よって、控訴審で反訴が提起されると、反訴については第1審がなかったことになってしまいます。日本は3審制ですが、反訴については2審制になってしまい、原告の不利益となります。

③著しく訴訟手続を遅滞させないこと（民訴法146条1項2号）

　やはり著しく訴訟手続を遅滞させるのなら、反訴は別訴として提起すべきだからです（P3の「テクニック」）。訴訟経済のためです。

④反訴の目的である請求が他の裁判所の専属管轄に属しないこと（民訴法146条1項1号）

　専属管轄は、その裁判所以外で訴訟ができないからです（P40の「専属管轄はとにかくそこで」）。

※原告の同意があっても、上記③④の要件は不要とはなりません。上記③④は公益的な要請です。よって、原告が同意したから済むハナシではないんです。

※反訴の提起について、原告の同意は不要です（上記①の要件を充たしていない場合と控訴審における反訴は除きます）。反訴請求が本訴請求またはこれに対する防御方法と関連することが要件であるため（上記①）、原告の利益は害されないからです。

4．手続

　「反訴については、訴えに関する規定による」という規定があります（民訴法146条4項）。反訴の提起は、本訴に準じます。よって、反訴の提起は、原則として書面（反訴状）による必要があります（民訴法146条4項、134条1項。P12の1.）。また、反訴に対してさらに原告が反訴（再反訴）を提起することもできます。なお、必要があれば、裁判所の判断で、口頭弁論の分離や一部判決をすることもできます。反訴は、必ず本訴と一体として審理して判決を出さないといけないわけではないからです。

【訴えの変更と反訴の要件の比較】

	訴えの変更	反訴
関連性	請求の基礎に変更がないこと ※被告の同意があれば不要	反訴請求が本訴請求またはこれに対する防御方法と関連すること ※原告の同意があれば不要
可能な時期	事実審の口頭弁論の終結前	
訴訟手続の遅滞	著しく訴訟手続を遅滞させないこと	
管轄		他の裁判所の専属管轄に属しないこと
相手方の同意	原則として不要	

4 中間確認の訴え

> **民事訴訟法 145 条（中間確認の訴え）**
> 1　裁判が訴訟の進行中に争いとなっている法律関係の成立又は不成立に係るときは、当事者は、請求を拡張して、その法律関係の確認の判決を求めることができる。ただし、その確認の請求が他の裁判所の専属管轄（当事者が第 11 条の規定により合意で定めたもの〔専属的合意管轄〕を除く。）に属するときは、この限りでない。

1. 意義

　中間確認の訴え：請求の先決関係にある権利・法律関係の存否について、原告または被告が追加的に提起する確認の訴え（民訴法 145 条 1 項本文）

ex. Xがある建物についてYを相手方として所有権に基づく所有権移転登記抹消登記請求訴訟を提起している場合に、Xはこの建物がXの所有に属することの確認を求める所有権確認の訴え（中間確認の訴え）を提起することができます。

2. 趣旨

　中間確認の訴えは、請求の先決関係にある権利・法律関係について既判力を生じさせるためにします。判決の理由中の判断については、原則として既判力は生じませんでしたね（民訴法 114 条 1 項。P175 の i ）。上記 1.の ex.だと、Xが勝訴しても、所有権移転登記抹消登記請求権については既判力が生じますが、建物の所有権については既判力が生じないんです。しかし、所有権の確認を求める中間確認の訴えを提起して、その請求が認められれば、建物の所有権についても既判力が生じます。この ex.のように、請求の先決関係にある権利・法律関係についても既判力が生じたほうが紛争の解決につながることもあるため、中間確認の訴えが認められているんです。

第2節　多数当事者訴訟

多数当事者訴訟は、以下のように分類することができます。

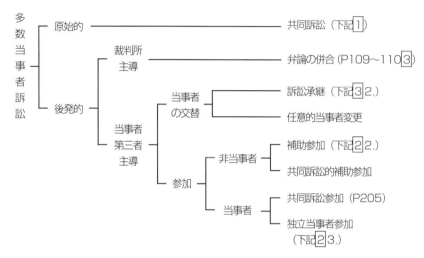

これらを1つ1つみていきます。

＊「任意的当事者変更」と「共同訴訟的補助参加」は、条文がありませんので、このテキストでは扱いません。

1 共同訴訟

1．共同訴訟とは？

共同訴訟：1つの訴訟手続に複数の原告または被告が関わっている訴訟

共同訴訟は、以下のように分けることができます。

2．趣旨

多数の者が関わっている紛争について、多数の者を当事者として同一の訴訟手続で審理できれば訴訟経済になりますし、内容が矛盾する判決がされることも防げます。

3. 通常共同訴訟

> **民事訴訟法 38 条 (共同訴訟の要件)**
> 　訴訟の目的である権利又は義務が数人について共通であるとき、又は同一の事実上及び法律上の原因に基づくときは、その数人は、共同訴訟人として訴え、又は訴えられることができる。訴訟の目的である権利又は義務が同種であって事実上及び法律上同種の原因に基づくときも、同様とする。

(1) 意義

　通常共同訴訟：もともと別々の訴訟で解決され得る事件について、1つの訴訟手続に複数の原告または被告が関わっている訴訟 (民訴法38条)

　テニスにたとえると、本来であれば別のコート (訴訟) で戦うべきなのですが、メンドクサイから、1つのコート (訴訟) でボールを2つ (以上) 使って2人 (以上) まとめて相手にしてやろうといったものが、通常共同訴訟です。

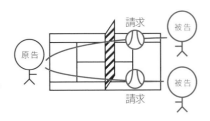

あくまで別

　通常共同訴訟は、もともと別々の訴訟を1つの訴訟手続で行っているだけです。もともとは、**あくまで別の訴訟**であったという点が通常共同訴訟のポイントです。

(2) 要件

　通常共同訴訟とするには、複数の当事者間の請求に一定の関連がある必要があります。具体的には、以下の①～③の場合が当たります。

①訴訟の目的である権利または義務が数人について共通である場合 (民訴法38条前段)
ex. 債権者が数人の連帯債務者に対してする支払請求
②訴訟の目的である権利または義務が同一の事実上および法律上の原因に基づくとき (民訴法38条前段)
ex1. 同一の事故に基づく数人の被害者による損害賠償請求
ex2. 債権者の主債務者に対する貸金返還請求とその保証人に対する保証債務履行請求

③訴訟の目的である権利または義務が同種であって事実上および法律上同種の原因に基づくとき（民訴法38条後段）

ex. 賃貸人が同一のマンションの賃借人に対してする賃料支払請求

※管轄

　上記①②の場合には、当事者数人のうち1人に管轄権がある裁判所に通常共同訴訟を提起することができます（民訴法7条ただし書）。

　それに対して、上記③の場合には、数人のうちすべての者の管轄裁判所が同じでないと通常共同訴訟を提起することができません（民訴法7条ただし書参照）。③は、①②と比べて、関連が弱いからです。①②は「共通」「同一」とあるのに対して、③は「同種」となっています。このように、③は、①②と異なるため、②と③の間に境界線を引いておいてください。

（3）審判

（a）共同訴訟人独立の原則

　通常共同訴訟は、共同訴訟人の1人がした訴訟行為、共同訴訟人の1人に対してした相手方の訴訟行為、および、共同訴訟人の1人について生じた事項は、**他の共同訴訟人に影響を及ぼさないのが原則**です（民訴法39条）。これを「共同訴訟人独立の原則」といいます。通常共同訴訟は、もともと別々の訴訟を1つの訴訟手続で行っているだけあり、もともとはあくまで別の訴訟であったからです（P201の「あくまで別」）。以下、この条文が適用される具体例をみていきますが、1つ1つ記憶しようとするのではなく、「他の共同訴訟人に影響を及ぼさない」という共通する視点でみてください。

＊以下の ex.は、いずれも原告Xが、被告Yに対しては貸金の返還を、被告Zに対しては保証債務の履行を求めている通常共同訴訟とします。

ex1. YとZは、各自独立して、自白、請求の認諾（原告が共同訴訟人であれば請求の放棄も）、和解、上訴、上訴の取下げ（原告が共同訴訟人であれば訴えの取下げも）などをすることができ、その効果はその行為をした者と相手方との間においてのみ生じます。

ex2. 訴訟係属中にYに中断事由が生じたときは、XY間の訴訟手続は中断しますが、XZ間の訴訟手続は中断しません。

ex3. XのYおよびZに対する請求をいずれも棄却する旨の判決に対して、XがYについては控訴したが、Zについては控訴せずに控訴期間が経過したときは、XのYに対する請求についての判決は確定しませんが、XのZに対する請求についての

判決は確定します。この場合、ＸＹ間の控訴審において、Ｚは証人となることができます（最判昭34.3.6）。Ｚは控訴審の当事者ではないからです。

（ｂ）主張共通の原則

共同訴訟人間に、主張共通の原則は適用されません（最判昭43.9.12）。

ex. 原告Ｘが、被告Ｙに対しては貸金の返還を、被告Ｚに対しては保証債務の履行を求めている通常共同訴訟において、Ｙが弁済をした旨を主張したとしても、ＺがＹが弁済をした旨を主張しなければ、裁判所はＸのＺに対する請求においてはＹが弁済をした旨を判決の基礎とすることはできません。

弁論主義の第１テーゼがありますので（P119）、抗弁事実は当事者が出す必要があります。この「当事者」は、「ＸのＹに対する請求ではＸとＹ」「ＸのＺに対する請求ではＸとＺ」と別々に考えられます。やはり共同訴訟人は、別々なんです。

（ｃ）証拠共通の原則

共同訴訟人間に、証拠共通の原則は適用されます（大判大10.9.28、最判昭45.1.23）。証拠は、この（3）の中で例外的な扱いとなります。

証拠については、裁判官が心証を持ってしまったら、「ＸのＹに対する請求ではこう認定しろ」「ＸのＺに対する請求ではこう認定しろ」というのは無理だからです（P110の「一度見てしまったものの印象は……」）。

（4）同時審判申出共同訴訟

> **民事訴訟法41条（同時審判の申出がある共同訴訟）**
> 1 共同被告の一方に対する訴訟の目的である権利と共同被告の他方に対する訴訟の目的である権利とが法律上併存し得ない関係にある場合において、原告の申出があったときは、弁論及び裁判は、分離しないでしなければならない。

（ａ）不条理な判決が出る可能性

たとえば、Ｘが、Ｙの代理人と名乗るＺと、Ｘを債権者・Ｙを債務者とする金銭消費貸借契約を締結しました。しかし、Ｙは「そんな契約は知らない」といっています。そこで、Ｘは、Ｙに対する貸金返還請求と、Ｚが無権代理人であると判断されたときに備えてのＺに対して無権代理人の責任を追及する請求（―― 民法Ｉのテキスト第2編第6章第3節①1.（1）（b））を共同訴訟として提起しようとしています。この場合に、Ｘ

にとって最悪なのは、Y に対する請求と、Z に対する請求の弁論の分離がされて、実体に矛盾する判断によって Y にも Z にも敗訴することです。「実体に矛盾する判断」とは、Y に対する貸金返還請求では「Z に代理権がなかった」と判断され、Z に対する無権代理人の責任追及では「Z に代理権があった」と判断

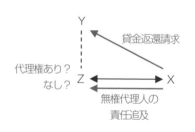

されることです。代理権はあったかなかったかなので、この判断はおかしいのですが、**裁判をするにあたって原則として他の裁判との矛盾は考えません。**よって、このように、実体に矛盾する判断がされる可能性がある場合でも、裁判所は弁論を分離してそれぞれの請求ごとに判決をすることもできます。しかし、それで納得できないのはXです。そこで、Xには同時審判の申出をすることが認められています。同時審判の申出があると、裁判所は弁論を分離して判決をすることができなくなります（民訴法41条1項）。Xは、これによって実体に矛盾する判断がされることを防げます。

（b）要件
　同時審判の申出をするには、以下の①〜③の要件を充たしている必要があります。

①共同被告に対する訴訟（共同訴訟）であること（民訴法41条1項）
②共同被告の一方に対する訴訟の目的である権利と共同被告の他方に対する訴訟の目的である権利とが法律上併存し得ない関係にあること（民訴法41条1項）
ex1. 本人に対する契約上の請求と、無権代理人に対する責任請求（民法117条1項。上記（a）の例）
ex2. 土地の工作物等の占有者と所有者の責任（民法717条）—— **民法Ⅲのテキスト第8編第3章第3節**4
③事実審の口頭弁論の終結の時までに原告が申出をしたこと（民訴法41条2項）
　同時審判の申出は、証拠共通の原則（P203（c））によって事実認定の統一を図ることを目的としたものなので、当事者が立証をできる事実審の口頭弁論の終結時までとされているんです（P89の「口頭弁論の終結時まで」）。

4．必要的共同訴訟
（1）意義

　必要的共同訴訟：合一確定が要求される訴訟（民訴法40条1項）

　共同訴訟人に合一に確定する（矛盾のない結論となる）ことが要求されるのが、必要的共同訴訟です。

（2）種類

　必要的共同訴訟には、以下の①②の2つの種類があります。

①固有必要的共同訴訟：原告または被告となる者が複数いる場合に、全員が原告または
　　　　　　　　　　　は被告となる必要がある訴訟

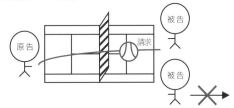

　「固有」とは、本来の意味でのという意味です。これもテニスにたとえると、ボール（請求）が1つであり、片方がダブルス以上（2人以上）である必要があるのが、固有必要的共同訴訟です。ダブルス以上である側が「私は観客席から観ている」「私は疲れたから観客席に下がる」（訴えの取下げ）といったことは、原則としてルール違反です。

ex1. 共有物分割の訴えは、他の共有者全員を被告としなければなりません（大判明41.9.25）。共有物分割は、共有者全員でする必要があるからです。

ex2. 第三者が提起する婚姻無効または婚姻取消しの訴えは、夫婦を共同被告としなければなりません（人事訴訟法2条1号、12条2項）。夫婦のうち、夫については婚姻無効であるが妻については有効であるとかおかしいですよね。

ex3. 共同相続人間における遺産確認の訴えは、他の共同相続人全員を共同被告としなければなりません（最判平元.3.28）。遺産分割は、共同相続人の全員でする必要があります。よって、その前提となる遺産の確認も、共同相続人の全員でする必要があるからです。

　ただし、共同訴訟人となるべき者の一部が抜けていた場合であっても、その者が共同訴訟参加（民訴法52条）をすれば、後から当事者適格の欠缺を補正し得るとされています（大判昭9.7.31、大阪高判平5.3.26）。

②類似必要的共同訴訟：原告または被告となり得る者が複数いる場合に、全員が原告
　　　　　　　　　　　または被告となる必要はないが、複数の者が原告または被告
　　　　　　　　　　　となったときは合一確定が要求される訴訟

　これもテニスにたとえると、ボール（請求）が1つであり、片方がダブルス以上（2人以上）である点は、固有必要的共同訴訟と同様です。しかし、類似必要的共同訴訟は、ダブルス以上である側が「私は観客席から観ている」「私は疲れたから観客席に下がる」（訴えの取下げ）といったことが可能です。ただし、

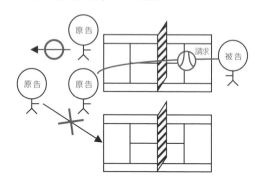

試合に参加する場合は、そのコートでする必要があり、観客席で観ている者にも試合の結果（判決の効力）が及ぶことがあります。

ex1. 会社設立の無効の訴え（会社法828条1項1号、2項1号）
ex2. 株主総会の決議の取消しの訴え（会社法831条）

　これらの訴えは、株主などが1人で提起することができます。複数の者が原告になっている場合に、一部の原告が自分の訴えのみ取り下げることはできます。しかし、すでに提起されている訴えがある場合、その訴訟に参加する形で主張する必要があります。株主などごとに訴訟の結果が異なるのはおかしいからです。

（3）審判

　通常共同訴訟には共同訴訟人独立の原則があり、共同訴訟人の1人がした訴訟行為などは他の共同訴訟人に影響を及ぼさないのが原則でした（民訴法39条。P202〜203（a））。しかし、必要的共同訴訟では、合一確定が要求されるので、この共同訴訟人独立の原則が修正されます。

（a）共同訴訟人の1人がした訴訟行為

　共同訴訟人の1人がした訴訟行為は、他の共同訴訟人の利益になる場合にのみその効力を生じます（民訴法40条1項）。

・利益になる訴訟行為の例　→　相手方が主張した事実の否認、抗弁
・不利益になる訴訟行為の例　→　自白、請求の放棄・認諾、裁判上の和解、上訴の
　　　　　　　　　　　　　　　　取下げ

　共同訴訟人のほうに都合のよい規定ですが、不利益になる訴訟行為には請求の放棄・認諾もあります。共同訴訟人の1人がした請求の放棄・認諾が他の共同訴訟人にも効力を生じるのなら、共同訴訟人の相手方は1人寝返らせれば勝てることになってしまいます。それはおかしいですよね。それに対して、利益になる訴訟行為は利益になるのならいいだろうということで、他の共同訴訟人にも効力を生じます。

（b）共同訴訟人の1人に対する相手方の訴訟行為

　共同訴訟人の1人に対する相手方の訴訟行為は、他の共同訴訟人の利益になるものでも不利益になるものでも全員に対して効力を生じます（民訴法40条2項）。

　この規定があることによって、たとえば、共同訴訟人の1人が期日に欠席している場合でも、相手方は、出席している共同訴訟人に対して訴訟行為をすれば、欠席している共同訴訟人に対しても訴訟行為をしたことになり、助かります。

（c）共同訴訟人の1人についての手続の中断

　共同訴訟人の1人について手続の中断の原因があるときは、その中断は全員について効力を生じます（民訴法40条3項）。

　必要的共同訴訟は共同訴訟人に合一に確定することが要求されるので、1人について手続が中断した場合に他の共同訴訟人についてだけ手続を進めることはできないんです。

（d）共同訴訟人の1人が提出した証拠

　共同訴訟人の1人が提出した証拠は、他の共同訴訟人の利益になるものでも不利益になるものでも裁判所は証拠資料とすることができます（証拠共通の原則）。やはり証拠については、裁判官が心証を持ってしまったら、「Yについては認定に使えるがZについては認定に使えない」とするのは無理だからです（P110 の「一度見てしまったものの印象は……」）。

※被保佐人または被補助人の訴訟行為

　共同訴訟人の1人が被保佐人・被補助人である場合において、被保佐人・被補助人ではない共同訴訟人の1人が提起した上訴の効力は、保佐人・補助人の同意がないときでも被保佐人・被補助人に及びます（民訴法40条4項）。

　必要的共同訴訟は共同訴訟人に合一に確定することが要求されるので、被保佐人・被補助人のみ保佐人・補助人の同意がないから上訴審に上がってこないというのでは困ってしまうからです。

※弁論の分離の可否

　必要的共同訴訟においては、裁判所が弁論の分離をすることは許されません。これは当たり前ですね。必要的共同訴訟は、共同訴訟人に合一に確定することが要求されるので、弁論の分離をすることができるわけはないでしょう。

2　訴訟参加

1．訴訟参加とは？

　訴訟参加：他人間で行われている訴訟に、第三者が新たに当事者に準じる主体または当事者として加入すること

　訴訟参加は、以下のように分けることができます。

　訴訟参加には、参加人が非当事者（当事者ではない者）として参加する場合と当事者として参加する場合があります。「共同訴訟的補助参加」は、条文がありませんので、このテキストでは扱いません。「共同訴訟参加」は、P205 で触れました。よって、この 2 では、「補助参加（下記2.）」と「独立当事者参加（下記3.）」をみていきます。

2．補助参加

> **民事訴訟法42条（補助参加）**
> 　訴訟の結果について利害関係を有する第三者は、当事者の一方を補助するため、その訴訟に参加することができる。

（1）意義

　補助参加：他人間に係属中の訴訟の結果について利害関係を有する第三者が、当事者の一方を勝訴させることによって自己の利益を守るために訴訟に参加すること（民訴法42条）

　当事者としてではありませんが、当事者の一方を勝訴させるために加勢するのが補助参加です。参加する第三者を「補助参加人」、補助される当事者を「被参加人」といいます。補助参加人は当事者ではありませんので、その訴訟において証人となることもできます（P140（1））。

ex. 債権者Xが保証人Yを相手方として保証債務
　　履行請求訴訟を提起している場合に、主債務者
　　ZがY側に補助参加することができます。

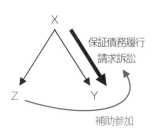

保証債務履行
請求訴訟

補助参加

　他の例を挙げると、妻Xが夫Zの不倫相手Yを相手方として損害賠償請求訴訟を提起している場合に、夫ZがY側に「単なる部下であり不倫相手ではない！」と補助参加することができます。泥沼……ですね。

（2）要件
　補助参加するには、以下の①②の要件を充たす必要があります。

①他人間に訴訟が係属中であること
　訴訟が係属中であれば、上告審であっても補助参加できます。補助参加人は、独自の請求をするわけではないので、請求について事実関係の審理をすることができるかは問題とならないからです。

②訴訟の結果について利害関係（補助参加の利益）を有すること（民訴法42条）
　この利害関係とは、法律上の利害関係であり、事実上の利害関係では足りません。
ex1. 上記（1）の ex.の主債務者Zは、保証人Yが債権者Xに敗訴すると、Yから求
　　償されてしまいます。それを防ぐ必要がありますので、Zには法律上の利害関係
　　があります。よって、補助参加できます。
ex2. 友人が訴えられており、友人に協力したいという理由では補助参加できません。

（3）手続

雑だな〜

　補助参加の手続は、「雑だな〜」というイメージを持ってください。

（a）補助参加の申出

補助参加の申出は、参加によって訴訟行為をすべき裁判所に対して書面または口頭によって行います（民訴法43条1項、民訴規1条1項）。口頭でもOKなわけです（P209の「雑だな〜」）。申出にあたっては、参加の趣旨および理由を明らかにしなければなりません（民訴法43条1項）。

参加の申出は、補助参加人としてすることができる訴訟行為とともに行うことができます（民訴法43条2項）。たとえば、証拠の申出とともにできます。やはり雑な手続ですね（P209の「雑だな〜」）。

（b）補助参加の許否

補助参加を認めるか否かは、当事者から異議が述べられた場合にのみ裁判所が決定の形式で判断します（民訴法44条1項前段）。異議が述べられたら、補助参加人は参加の理由を疎明しなければなりません（民訴法44条1項後段）。異議が述べられなければ、原則として当然に補助参加人としての地位が認められるわけです。「異議があるなら言えば」という、やはり雑な手続ですね（P209の「雑だな〜」）。当事者は、異議を述べることなく弁論または弁論準備手続において申述をしてしまうと、異議権を失います（民訴法44条2項）。

なお、異議があった場合でも、補助参加人は、補助参加を許さない裁判が確定するまでの間は、訴訟行為をすることができます（民訴法45条3項）。補助参加の許否の裁判が確定するまでには時間がかかるため、その間に訴訟行為ができないとなると参加した意味がなくなってしまうからです。

補助参加の許否の決定に対しては、当事者と補助参加人は即時抗告をすることができます（民訴法44条3項）。

（4）補助参加人の地位

意外と大きいが従属

補助参加人の権限は意外と大きいですが（下記（a））、あくまで被参加人に従属しています（下記（b））。当事者ではないからです。

（a）独立性

補助参加人は、原則として、被参加人を勝訴させるのに必要な一切の訴訟行為を行うことができます（民訴法45条1項本文）。補助参加人は、被参加人を勝訴させることによって自分の利益を守るために、独自の権能をもって訴訟に関与する存在であり、

単なる補助者ではないからです。たとえば、補助参加人は以下のような訴訟行為を行うことができます。

ex. 攻撃防御方法の提出、異議の申立て、上訴の提起、再審の訴えの提起

　なお、補助参加人は、自己の名において訴訟行為を行います。よって、補助参加人には訴訟能力（P531）が要求されます。

（b）従属性

　ただ、補助参加人は、あくまで被参加人に従属しています。よって、以下の①～③の行為はすることができません。

①被参加人がすでにすることができなくなった行為（民訴法45条1項ただし書）

ex1. 被参加人の攻撃防御方法の提出が時機に後れている場合、補助参加人がそれを提出することはできません。

ex2. 被参加人が撤回できない自白を補助参加人が撤回することはできません。

　これらの行為を補助参加人が補助参加したからといってできるようになったら、それはおかしいですよね。

②被参加人の行為と抵触する行為（民訴法45条2項）

ex. 被参加人が自白している場合に、補助参加人がそれを否認して争うことはできません。

　補助参加人は被参加人に従属しているからです。

③訴訟そのものの処分・変更にかかわる行為

ex. 訴えの取下げ、請求の放棄・認諾、和解、訴えの変更、反訴の提起

　これらの行為は、処分権主義が働く請求レベルのものなので、当事者しかできないんです。

（5）補助参加人に対する裁判の効力
（a）原則

　被参加人が敗訴した場合には、補助参加人に対しても裁判の効力が及びます（民訴法46条柱書）。これを「参加的効力」といいます。上記（4）（a）のとおり、補助参加人にも十分に訴訟行為を行う機会が与えられたので、被参加人が敗訴した場合には補助参加人は「知らないよ」とはいえないんです。

ex. 債権者Xが保証人Yを相手方として提起し
　　た保証債務履行請求訴訟に、主債務者ZがY
　　側に補助参加してYが敗訴した場合、ZはY
　　からの求償請求に対して主債務の不存在を
　　主張することはできません。

（b）例外

　ただし、以下の①〜④の場合には、この参加的効力は生じません。以下の4つを1つ1つ記憶するのは大変なので、次のことを押さえて、それから判断できるようにしてください。以下の4つは要は、**補助参加人が全力を尽くせなかった場合**です。参加的効力が生じるのは補助参加人にも十分に訴訟行為を行う機会が与えられたからなので、補助参加人が全力を尽くせなかった場合にも生じるのはおかしいからです。

①被参加人がすでにすることができなくなったために補助参加人が訴訟行為をする
　ことができなかった場合（上記（4）（b）①の場合。民訴法46条1号）
②被参加人の行為と抵触するために補助参加人の訴訟行為が効力を有しなかった場
　合（上記（4）（b）②の場合。民訴法46条2号）
③被参加人が補助参加人の訴訟行為を妨げた場合（民訴法46条3号）
④被参加人が補助参加人のすることができない訴訟行為を故意または過失によって
　しなかった場合（民訴法46条4号）

（6）訴訟告知

　訴訟告知：訴訟係属中に、当事者から参加をすることができる第三者に対して、訴
　　　　　　訟係属の事実を通知すること（民訴法53条1項）

　簡単にいうと、当事者から参加できる者に「参加しろよ〜」と参加を促す通知が訴訟告知です。

ex. 債権者Xが保証人Yを相手方として提起した
　　保証債務履行請求訴訟において、Yは主債務
　　者Zに対して訴訟告知をすることができます。

　これは、上記（5）の参加的効力を生じさせる
ためにします。この訴訟告知を受けた者が参加し

なかった場合、その者に対して参加的効力が生じるんです（民訴法53条4項）。上記ex.において、Zは補助参加しなくても、Yが敗訴し、Yから求償請求されたら、主債務の不存在を主張することはできません。Zには参加の機会が与えられたからです。

3. 独立当事者参加

> **民事訴訟法 47 条（独立当事者参加）**
> 1　訴訟の結果によって権利が害されることを主張する第三者又は訴訟の目的の全部若しく
> 　は一部が自己の権利であることを主張する第三者は、その訴訟の当事者の双方又は一方を
> 　相手方として、当事者としてその訴訟に参加することができる。

（1）意義

　独立当事者参加：他人間の訴訟の目的となっている権利または法律関係について、
　　　　　　　　　　第三者が当事者として参加・介入すること（民訴法 47 条 1 項）
　独立当事者参加には、以下の 2 つの種類があります。

①詐害防止参加（民訴法 47 条 1 項の「訴訟の結果によって権利が害されることを主
　張する」）
ex. X が Y を相手方として、Y 名義の不動産につい
　　て所有権抹消登記請求訴訟を提起している場
　　合に、Y から抵当権の設定を受けたと主張する
　　Z が独立当事者参加をすることができます（大
　　判昭 12.4.16）。Z は、Y から抵当権の設定を受
　　けているため、Y が所有権抹消登記請求訴訟に
　　敗訴すると不安定な立場になるからです。

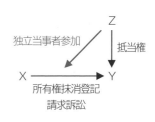

②権利主張参加（民訴法 47 条 1 項の「訴訟の目的の全部若しくは一部が自己の権利
　であることを主張する」）
ex. X が Y を相手方として、Y が占有してい
　　る不動産について所有権に基づいて明
　　渡請求訴訟を提起している場合に、Z が
　　「その不動産は X から私が譲り受けた
　　ので、私の所有物だ」と主張して独立当
　　事者参加をすることができます。

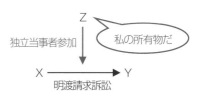

　独立当事者参加をする者は、従来の当事者の双方に対して請求を定立してもいいで
すし、一方に対してのみ請求を定立してもいいです（片面的独立当事者参加）。たと

えば、上記②の ex.において、ZはXとYの双方に所有権確認請求を定立してもいい
ですし、YがZの所有権を争っていないのであればXに対してのみ所有権確認請求を
定立してもいいです。双方に対して請求を定立すると、三面訴訟という変わった訴訟
形態となります（最大判昭42.9.27）。かつては、双方に対して請求を定立しないとい
けなかったのですが、争いのない者に対して請求を定立するのは形式的すぎますし、
紛争の実情にそぐわないということで、平成8年に改正されました。

　なお、従来の当事者の一方に対してさえ請求を定立しないのはダメです（最判昭45.
1.22）。独立当事者参加は、当事者として参加するものであり、訴えの提起の実質を
有するからです。

（2）趣旨
　三者間での紛争を一気に解決できるため、認められている制度です。

（3）手続
　独立当事者参加の申出は、書面でする必要があります（民訴法47条2項）。訴えの
提起の実質を有するからです（民訴法134条1項。P12の1.）。この参加の申出の書
面は、当事者双方に送達する必要があります（民訴法47条3項）。これもやはり、訴
えの提起の実質を有するからです（民訴法138条1項、民訴規58条1項。P18④）。
当事者双方に送達するのは、従来の当事者の一方に対してのみ請求を定立する場合で
も同じです。この書面は、参加者以外の当事者に参加することを知らせるためのもの
だからです。

　独立当事者参加の申出が可能な時期は、訴訟が事実審に係属している間です（最判
昭44.7.15）。「当事者」として参加するからです。

※補助参加の規定の準用
　独立当事者参加の申出には、補助参加の P210（a）の規定が準用されます（民訴
法47条4項）。ただし、「口頭でも OK」という点は準用されません。上記のとおり、
独立当事者参加の申出は、書面でする必要があります。

（4）時効の完成猶予・法律上の期間の遵守
　上記（1）の②の ex.のZのように、権利を譲り受けたことを主張して独立当事者
参加をしたときは、その訴訟の係属の初めにさかのぼって時効の完成猶予や法律上の
期間の遵守の効力が生じます（民訴法49条）。

（5）審判

審判については、必要的共同訴訟のP206（a）～207（c）の規定が準用されます（民訴法47条4項）。

（6）訴訟脱退

権利主張参加による独立当事者参加がされた場合、参加前の原告または被告は、相手方（参加前の被告または原告）の承諾を得て訴訟から脱退することができます（民訴法48条前段）。相手方の承諾を得る必要があるのは、訴えの取下げに相当するからです（民訴法261条2項本文。P179～180（2））。

ex. XがYを相手方として提起したYが占有している不動産についての所有権に基づく明渡請求訴訟にZが独立当事者参加した場合に、XはYの承諾を得て訴訟から脱退することができます。XがZに不動産を譲渡したことを認めた場合などに訴訟脱退することがあります。

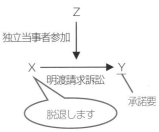

訴訟脱退があっても、脱退した当事者（X）にも判決の効力が及びます（民訴法48条後段）。

※なお、訴訟脱退をするにあたって、独立当事者参加をした者（Z）の承諾は不要です（大判昭11.5.22）。訴訟脱退があっても、脱退した当事者にも判決の効力が及ぶため、独立当事者参加をした者に不利益はないからといわれています。ただ、「その理屈なら相手方の承諾も不要なのでは？」という指摘もあります（有力説）。

③ 当事者の交替

1．当事者の交替とは？

当事者の交替：第三者が従来の当事者と入れ替わって訴訟を続行すること

当事者の交替は、以下のように分けることができます。

「任意的当事者変更」は、条文がありませんので、このテキストでは扱いません。

この[3]では、「訴訟承継（下記2.）」をみていきます。

2. 訴訟承継

　　訴訟承継：訴訟係属中に、実体的な法律関係の変動が生じたために紛争の主体が変更した場合に、訴訟の当事者を交替させること

　紛争の主体が変更するまで、弁論準備手続や証拠調べなどを行っています。その場合に、紛争の主体が変更したからといってまたゼロから訴訟を始めないといけないとなると、訴訟経済に反します。また、それまでの当事者の努力が無駄になってしまいます。そこで、訴訟を維持したまま当事者を交替させる訴訟承継の制度があるんです。

　よって、訴訟承継があると、承継人である新当事者は旧当事者がした訴訟の結果をそのまま承継し、その結果に拘束されます。旧当事者がした弁論、証拠調べなどは、すべて新当事者にも効果を生じます。旧当事者ができなくなった行為（自白に反する主張、時機に後れた攻撃防御方法の提出など）は、新当事者もできません。

　訴訟承継には、当然承継（下記（1））と特定承継（下記（2））があります。

（1）当然承継

　「当然承継」とは、新しい当事者の意思にかかわらず、当然に当事者の地位を承継させることです。当事者に相続や合併があった場合に、当然承継が生じます。

　ここで、「訴訟手続の中断と何が違うの？ 相続や合併があった場合には訴訟手続が中断するんじゃなかったっけ？（民訴法124条1項1号、2号。P87①、P88②）」と思われたかもしれません。実は、訴訟手続の中断と重なる部分もあります。しかし、異なる部分もあるため、別の概念として存在するんです。たとえば、当事者が死亡した場合、当然承継は生じますが、その当事者に訴訟代理人がいれば訴訟手続は中断しません（民訴法124条2項。P89※）。当事者が成年被後見人となって訴訟能力を喪失した場合、訴訟代理人がいなければ訴訟手続は中断しますが（民訴法124条1項3号。P88③）、相続は生じていませんので当然承継は生じません。

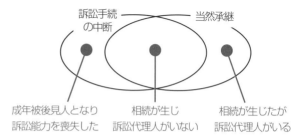

訴訟手続の中断	当然承継
成年被後見人となり訴訟能力を喪失した	相続が生じ訴訟代理人がいない	相続が生じたが訴訟代理人がいる

（2）特定承継

　「特定承継」とは、訴訟で争われている所有権が移転したり債務が移転したりした場合に、従前からの当事者または承継人の申立てによって当事者の地位を承継させることです。特定承継の手続は、「参加承継（下記（a））」と「引受承継（下記（b））」とに分かれます。

（a）参加承継：承継人自らが当事者としての地位の取得を申し立てること

　参加承継は「参加するぞ承継」と押さえてください。承継人が「参加するぞ！」と参加を申し立てるのが参加承継です。

　たとえば、XがYを相手方として貸金返還請求訴訟を提起している訴訟係属中にXがZにその貸金返還請求権を譲渡した場合、Zは、以下のように、独立当事者参加の権利主張参加（P213②）の方式で参加の申立てができ、独立当事者参加の規定（P213〜215の3.）が準用されます（民訴法49条1項、47条1項）。

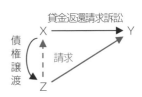

①XZ間で債権の承継原因に争いがある場合
　→　Yに対して、Xがしていた請求と同じ請求の趣旨、請求の原因に承継原因を追加して、貸金返還請求をする
　　　Xに対して、貸金返還請求権がZに帰属する旨の確認請求をする
　この場合、三面訴訟となります。

②XZ間で債権の承継原因に争いがない場合
　→　Yに対して、Xがしていた請求と同じ請求の趣旨、請求の原因に承継原因を追加して、貸金返還請求をする
　　　※Xに対しての請求はしません。
　この場合、XはYの承諾を得て訴訟を脱退することができます（民訴法49条1項、48条。P215（6））。

　上記は、権利を承継した者が参加する場合ですが、義務を承継した者（ex. Yから債務を引き受けたZ）が参加する場合も同じです（民訴法51条、47条）。

（b）引受承継：従前からの当事者が引受人の地位の取得を申し立てること

　引受承継は「引き受けろ承継」と押さえてください。従前からの当事者が「引き受けろ！」と引受けの申立てをするのが引受承継です。

　たとえば、XがYを相手方として貸金返還請求訴訟を提起している訴訟係属中にXがZにその貸金返還請求権を譲渡した場合、Yは、Zが訴訟を引き受けるように裁判所に対して申立てをすることができます（民訴法51条、50条1項）。Yは、Xに敗訴し、その後にZに訴えを提起されてZにも敗訴するという

実体に矛盾する形での判決がされる最悪の事態を避けたいんです。そこで、訴訟引受けの申立てをするわけです。この申立てを受けて裁判所は、XYとZを審尋し（民訴法50条2項）、Zに引き受けさせるかどうかの決定をします（民訴法50条1項）。

　この申立てが可能な時期は、事実審の口頭弁論の終結の時までです（最決昭37.10.12）。「当事者」の交替だからです。

　上記の申立てに対しての裁判所の判断に対しての抗告の可否は、以下のとおりです。

・申立てを却下する決定
　　→　抗告可（民訴法328条1項）

・訴訟を引き受けさせる旨の決定
　　→　抗告不可（大決昭16.4.5）
　訴訟を引き受けさせる旨の決定がされると、「本当に債権が譲渡されたのか（債務が引き受けられたのか）」などは本案の問題となるからです。

　上記は、権利を承継した者に引き受けさせる場合ですが、義務を承継した者（ex. Yから債務を引き受けたZ）がいるときに引受けの申立てをする場合も同じです（民訴法50条1項）。

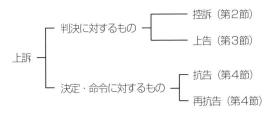

第12章　上　訴

第1節　上訴とは？

1　意義

　上訴：未確定の原裁判の取消しまたは変更を上級裁判所に対して求める当事者の訴
　　　　訟行為

　裁判官も人間です。その判断に誤りがある場合もあります。そこで、裁判所・裁判官の判断を争う制度が保障されています。

2　上訴の種類

　上訴には、右の種類があります。

　判決に対しての上訴が「控訴」「上告」、決定・命令に対しての上訴が「抗告」「再抗告」です。

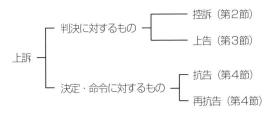

3　上訴の効果

　適法に上訴がなされると、原裁判は確定しないことになります（民訴法116条）。これは当たり前ですね。

　注意する必要があるのは、上訴によって確定せずに上級裁判所に移審される効果は、上訴した者が申し立てた不服の範囲にとどまらず、原裁判の全体に生じることです。これを「上訴不可分の原則」といいます。

ex. XがYを相手方として100万円の貸金返
　　還請求訴訟を提起して、100万円の貸金返
　　還請求の全部を認容する判決がされまし
　　た。そして、Yが100万円のうち30万円
　　についてのみ取消しを求めて控訴したと
　　きでも、100万円について確定せずに控訴
　　裁判所に移審されます。よって、Xは70
　　万円についても執行することはできませ
　　ん。

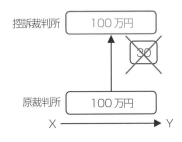

第2節　控訴

民事訴訟法281条（控訴をすることができる判決等）

1　控訴は、地方裁判所が第1審としてした終局判決又は簡易裁判所の終局判決に対してする
ことができる。ただし、終局判決後、当事者双方が共に上告をする権利を留保して控訴を
しない旨の合意をしたときは、この限りでない。

1　控訴とは？

1．意義

　控訴：第1審の判決の取消しまたは変更を求める不服申立て

　第1審裁判所が簡易裁判所であれば地方裁判所に、第1審裁判所が地方裁判所であ
れば高等裁判所に対して控訴します（民訴法281条1項本文）。

2．控訴権の発生

　控訴権が発生するには、控訴の利益が必要です。控訴の利益がないと控訴できませ
ん。

ex1. XがYを相手方として100万円の貸金返還請求訴訟を提起して、100万円の貸金
返還請求の全部を認容する判決がされた場合、請求の全部が認容されたXには控
訴の利益が認められないのに対して、Yには控訴の利益が認められます。

ex2. 予備的併合（P192②）がされた訴訟において、第1次請求が棄却されて第2次請
求が認容された場合、原告に控訴の利益が認められます。第1次請求が認容され
なかったことに不利益があるからです。

※控訴権の放棄の可否

　発生した控訴権を放棄することもできます（民訴法284条）。わざわざ放棄しなく
ても、下記 2 の控訴期間が経過すれば控訴権は消滅するのですが、処分権主義から放
棄することもできるとされています。

　ただ、第1審の判決の言渡しの前には、放棄することはできません。まだ判決の内
容が確定していない段階だからです。

2　控訴期間

　控訴は、判決書の正本または調書判決の謄本の送達を受けた日から2週間の不変期
間（P18）内に提起しなければなりません（民訴法285条本文）。ただ、その期間前（判
決言渡し後から送達前）に提起することはできます（民訴法285条ただし書）。

3　控訴状の提出

1．控訴の提起の方法

　控訴の提起は、控訴状を第1審裁判所に提出してします（民訴法286条1項）。地方裁判所の判決に対して高等裁判所に控訴する場合でも、控訴状は地方裁判所に提出するわけです。これは、第1審裁判所が控訴状の形式的な審査をするからです（下記3.）。また、控訴状を第1審裁判所に提出することにしておけば、第1審裁判所が判決確定の有無を迅速に判断でき、確定している場合には確定証明書をスピーディーに出すことができるというメリットもあります。上記[2]の2週間の控訴期間内に控訴状が第1審裁判所に提出されていなければ、判決が確定しているということです。

不服申立書の提出先

　上級裁判所に対する不服申立書の提出先は、原則として下の裁判所です。高等裁判所に対する不服申立書の提出先は、原則として地方裁判所となります。

2．控訴状の記載事項

　控訴状の必要的記載事項は、以下の①〜④の事項です。

①当事者（民訴法286条2項1号）
②法定代理人（民訴法286条2項1号）
③第1審判決の表示（民訴法286条2項2号）
④第1審判決に対して控訴をする旨（民訴法286条2項2号）

　控訴の理由は、上記に含まれていません。よって、控訴の理由が記載されていない控訴状も受理されます。控訴状に第1審判決の取消しまたは変更を求める具体的な記載がないときは、控訴人は控訴の提起後50日以内にこれらを記載した書面を控訴裁判所に提出する必要があります（民訴規182条）。提出先が控訴裁判所とされているのは、すでに事件が控訴裁判所に係属しているからです。1審で敗訴したため、依頼していた弁護士をきって、2審で別の弁護士に依頼することがあります。その場合には、弁護士が控訴期限ギリギリに依頼を受けることもあるため、「とりあえず控訴状だけを出しておこう」となることがあります。こういったときに役に立つ制度です。

3. 控訴状の審査

控訴状を受理した第1審裁判所には、控訴状の形式的事項の審査権があります。たとえば、控訴期間を経過しているかどうかといった事項は、第1審裁判所が審査します。控訴が不適法でその不備を補正することができないことが明らかであるときは、第1審裁判所が決定で控訴を却下します（民訴法287条1項）。

かつては、第1審裁判所に審査権はありませんでした。明らかに不適法な控訴であっても、控訴審への事件の送付などをする必要があり、判決の確定までに時間がかかっていました。そこで、控訴状の形式的事項は、第1審裁判所が審査するとされたんです。

※再考の可否

控訴状を受理した第1審裁判所が「やっぱ、被告の勝ちだったかな……。被告の勝ちに判決を変更しよう！」ということができるかですが、これはできません。判決には、自己拘束力（P167（1））があるからです。

P380=
「
P231
P275

4 控訴審の審理

1. 審理の対象

原裁判の全体が控訴審に移審されますが（P219<u>3</u>）、控訴審の口頭弁論は、当事者が第1審判決の変更を求める限度においてのみ行われます（民訴法296条1項）。控訴審で審理の対象となるのは、当事者の間に争いがある部分のみなわけです。

ex. XがYを相手方として100万円の貸金返還請求訴訟を提起して、100万円の貸金返還請求の全部を認容する判決がされました。そして、Yが30万円についてのみ取消しを求めて控訴し

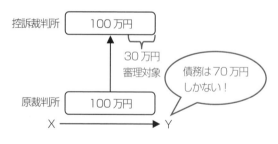

たときは、30万円についてのみ審理の対象となります。

2. 続審制

　控訴審は、第1審の続審です。控訴審では、第1審で収集された資料と控訴審で収集された資料が訴訟資料となります。

ex1. 控訴審で新たな証拠を提出することができます。

ex2. 第1審で時機に後れた攻撃防御方法として却下された攻撃防御方法を控訴審で
　　提出することができます（大判昭8.2.7、知財高判平25.4.11）。

3. 控訴審の手続

　控訴審の手続には、第1審の訴訟手続の規定が、簡易裁判所の訴訟手続に関する特則（P237〜243）を除いて原則として準用されます（民訴法297条）。

ex. 控訴審においても、弁論準備手続を行うことができます（民訴法297条、168条）。

5 　控訴審の判決

1. 種類

　控訴審の判決にも、「本案判決（下記（1））」と「訴訟判決（下記（2））」があります。

（1）本案判決

（a）控訴認容判決

　控訴裁判所は、第1審の判決が不当なときまたは第1審の判決の手続が違法なときには、第1審の判決を取り消します（民訴法305条、306条）。第1審の判決を取り消した後の裁判所の対応は、下記ⅰ〜ⅲの3つがあります。

ⅰ　自判

　「自判」とは、控訴裁判所が自ら判断を下す場合です。「それが当たり前だろ」と思われるかもしれませんが、自判以外の対応をとる場合もあるんです。

ⅱ　差戻し

　「差戻し」とは、第1審が審理をするのが適当である場合に事件を第1審に差し戻すことです。差戻しがされると、第1審が続行され、第1審裁判所が再び判決をします。その判決に対して控訴がされると、再び控訴審となることもあります。ただ、差戻し後の第1審裁判所は、差戻判決の法律上・事実上の判断に拘束されます（裁判所法4条。最判昭45.1.22）。よって、新たな証拠が出てきたりしない限り、第1審裁判所は最初にしたのと同じ結論の判決をすることはできません。

　差戻しには、以下の２つがあります。

①必要的差戻し
　控訴裁判所は、訴えを不適法として却下した第１審判決を取り消すときは、事件を第１審裁判所に差し戻さなければなりません（民訴法 307 条本文）。これを「必要的差戻し」といいます。第１審判決が却下判決だったということは、第１審の本案の審理が行われていなかったということなので、当事者の審級の利益を保障する必要があるからです。テニスにたとえると、第１審では、ラケットのサイズが規定よりも大きいという誤った判断によって失格になってしまい、ボールを打ち合っていないのです。
　ただし、事件についてさらに弁論をする必要がないときは、差し戻す必要はありません（民訴法 307 条ただし書）。ボールを打ち合った後で却下判決がされたのなら、第１審でもう一度ボールを打ち合う必要はないからです。

②任意的差戻し
　控訴裁判所は、事件についてさらに弁論をする必要があるときは、その裁量で事件を第１審裁判所に差し戻すことができます（民訴法 308 条１項）。これを「任意的差戻し」といいます。控訴裁判所が第１審の審理が不十分と判断した場合に、任意的差戻しをします。

　　ⅲ　移送
　控訴審では、第１審裁判所が管轄権を有していなかったことを争えません（民訴法 299 条１項本文）。
　ただし、専属管轄については争えます（民訴法 299 条１項ただし書）。専属管轄は、その裁判所以外で訴訟ができないからです（P40 の「専属管轄はとにかくそこで」）。なお、この「専属管轄」は、法定の専属管轄のことであり、専属的合意管轄（P41～42 の２.）は含まれません（民訴法 299 条１項ただし書かっこ書）。

　よって、控訴裁判所が第１審の判決を専属管轄違反で取り消すことはあります。控訴裁判所は、第１審の判決を専属管轄違反で取り消す場合、事件を原裁判所へ差し戻すのではなく、直接管轄権のある第１審裁判所へ移送します（民訴法 309 条）。

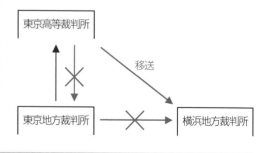

ex. 東京地方裁判所がした判決について控訴され、東京高等裁判所がこの判決を横浜
　　地方裁判所の専属管轄であったことを理由に取り消す場合、東京高等裁判所は事
　　件を東京地方裁判所に差し戻すのではなく、横浜地方裁判所へ移送します。
　東京地方裁判所に差し戻してから東京地方裁判所が横浜地方裁判所に移送してい
ては手間がかかりますし、第1審は横浜地方裁判所で審理すべきであったからです。

（b）控訴棄却判決

　これは、控訴を理由なしとして原判決を維持する判決です（民訴法302条1項）。
控訴棄却判決が確定すると、維持された第1審判決も確定します。

（2）訴訟判決

　控訴審の判決にも訴訟判決があります。
　控訴が不適法で補正が不能なときは、控訴裁判所は、口頭弁論を経ることなく判決
で控訴を却下することができます（民訴法290条）。

=P69
P248

ex. 2週間の控訴期間を過ぎた控訴の提起がされた場合

2．不利益変更禁止の原則・利益変更禁止の原則
（1）意義

　原裁判の全体が控訴審に移審されますが（P219 3 ）、控訴裁判所が判断を下せるの
は当事者から不服を申し立てられた部分のみです（民訴法304条）。

　たとえば、XがYを相手方として
100万円の貸金返還請求訴訟を提起
して、70万円の貸金返還請求を認容
する一部認容判決がされました。そ
して、Xが一部敗訴した30万円のう
ちの20万円について控訴したときは、
控訴裁判所は以下の判決はいずれも
することができません。

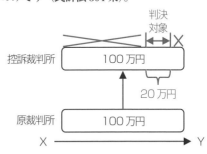

・第1審の判決で認容された70万円について取り消す判決
　たとえ控訴裁判所が「Xの貸金返還請求権は60万円しかない」と判断した場合で
も、第1審の判決で認容された70万円について取り消す判決をすることはできませ
ん。これを「不利益変更禁止の原則」といいます。
・100万円の貸金返還請求権を認容する判決
　これを「利益変更禁止の原則」といいます。

（2）趣旨

不利益変更禁止の原則・利益変更禁止の原則は、処分権主義からきています。控訴も、請求レベルには処分権主義が働くので、何を請求の対象とするかは当事者が決めます。よって、裁判所は、その範囲内でしか判断できないんです。

6 附帯控訴

1. 意義

> 附帯控訴：控訴によってすでに開始されている控訴審手続において、被控訴人が、控訴人の不服の主張によって限定されている審判の範囲を拡張して、自分に有利なように原判決の変更を求める不服申立て（民訴法293条）

附帯控訴は、簡単にいうと、「相手が控訴したなら私も！」と言って控訴審で審理される対象を拡張することです。

ex. XがYを相手方として100万円の貸
金返還請求訴訟を提起して、70万円
の貸金返還請求を認容する一部認容
判決がされました。そして、Xが一
部敗訴した30万円について控訴し
ました。その控訴審手続において、
Yは第1審の判決で認容された70
万円についても審理の対象とするよ
う附帯控訴をすることができます。

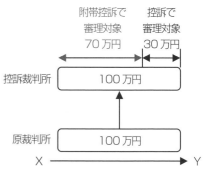

この附帯控訴のメリットは、被控訴人が自分の控訴権を放棄または控訴期間の経過によって喪失した後においてもできることです。附帯控訴は、控訴審の口頭弁論の終結までできます（民訴法293条1項）。附帯控訴の方式は、控訴の規定によります（民訴法293条3項本文、民訴規178条）。よって、附帯控訴状を提出します。ただし、附帯控訴状を、控訴裁判所に提出することができます（民訴法293条3項ただし書）。附帯控訴は、控訴審での審理が進んだ段階で提起されることもあるからです。

2. 趣旨

控訴審の口頭弁論の終結まで附帯控訴をすることを認めたのは、控訴の乱発を防ぐためです。「相手が控訴するなら控訴しよう」と考える人もいます。たとえば、上記1.のex.において、Yは「実際の債務は50万円だけど、Xが70万円で納得するのなら控訴はしないでおこう。だが、Xが控訴するなら、私もするぞ！」と考えていたと

します。このとき、もし附帯控訴ができないとなると、YはXが控訴していなくても2週間の控訴期間の経過によって控訴権が消滅しないように、念のために控訴をすることになり、控訴が乱発されることになってしまいます。

　また、控訴人は控訴審で訴えの変更をすることができるので（P194～195②）、それとのバランスから被控訴人にも控訴審の口頭弁論の終結まで附帯控訴を認めるべきだという理由もあります。

3. 控訴の利益

　附帯控訴に控訴の利益（P220 の 2.）は不要です。よって、第1審で全部勝訴した当事者も、請求を拡張するために附帯控訴をすることができます（最判昭 32.12.13）。
ex. 土地の一部明渡請求訴訟で全部勝訴した原告は、被告が提起した控訴による控訴審手続で、附帯控訴を提起することにより請求を土地の全部明渡請求に拡張することができます（最判昭 32.12.13）。

　附帯控訴は、控訴ではなく、訴えの変更に類するものと解されているからです。訴えの変更には、請求の追加的変更（P194 の 1.①）というものがありましたね。

4. 附帯控訴の付従性

　附帯控訴は、その名のとおり「控訴」に「附帯」するものです。よって、控訴が取り下げられたり不適法として却下されたりすると、附帯控訴も効力を失います（民訴法 293 条 2 項本文）。ただし、その附帯控訴が控訴の要件を備えるのであれば、独立した控訴とみなされます（民訴法 293 条 2 項ただし書）。附帯控訴が 2 週間の控訴期限内にされており、附帯控訴だけで控訴として成り立つ場合です。

　これらの規定は、たとえで記憶しましょう。干支の順番がレースで決まったというお話がありますよね。ネズミは、牛の上に乗っておりゴール直前で飛び降りて1位になったというお話です。牛が控訴でネズミが附帯控訴です。牛もコケたらネズミもコケます。しかし、ネズミもちゃんと自分で走っていたのなら、ネズミだけでゴールできます。

7 控訴の取下げ

民事訴訟法 292 条（控訴の取下げ）
1　控訴は、控訴審の終局判決があるまで、取り下げることができる。

1．意義

控訴の取下げ：控訴人による控訴の申立ての撤回（民訴法 292 条）

注意する必要があるのは、控訴の取下げとは**控訴の申立てのみ**の撤回である点です。訴えの取下げは、控訴審においてもできますが（P179（1））、訴え自体の撤回です。**訴えの取下げのほうが効果は強力**です。

2．要件

（1）可能な時期

控訴の取下げが可能な時期は、控訴審の終局判決までです（民訴法 292 条 1 項）。控訴の取下げは、控訴の申立てのみを撤回することだからです。

（2）相手方の同意の要否

控訴の取下げには、相手方の同意は不要です（民訴法 292 条 2 項の民訴法 261 条 2 項の不準用）。相手方は、第 1 審の判決で（一部）勝訴している者ですから、控訴を取り下げられても（一部）勝訴の第 1 審の判決が残るだけで不利益は生じないからです。

相手方の同意が不要なのは、相手方が附帯控訴をしているときでも同じです。附帯控訴は、あくまで「附帯」控訴なので、控訴がなくなってしまうと当然になくなってしまうんです。

3．効果

控訴の取下げがされると、控訴はさかのぼって消滅します（民訴法 292 条 2 項、262 条 1 項）。控訴の取下げは控訴の申立てのみを撤回することなので、第 1 審判決が確定します。

【訴えの取下げと控訴の取下げの比較】

	訴えの取下げ	控訴の取下げ
取下げの対象	訴え自体（P179の1.）	控訴の申立てのみ（上記1.）
可能な時期	判決が確定するまで（P179（1））	控訴審の終局判決まで(上記2.(1))
相手方の同意	一定の時点以降は必要 （P179〜180（2））	不要（上記2.（2））

第3節　上告

> **民事訴訟法311条（上告裁判所）**
> 1　上告は、高等裁判所が第2審又は第1審としてした終局判決に対しては最高裁判所に、地方裁判所が第2審としてした終局判決に対しては高等裁判所にすることができる。

1　上告とは？

　上告：原則として控訴審の終局判決に対する不服申立て

　「原則として」とあるのは、第1審の終局判決後に当事者双方がともに上告をする権利を留保して控訴をしない旨の合意をすることができ（民訴法281条1項ただし書）、その場合には第1審の終局判決に対する不服申立てとなるからです。この合意のことを「飛躍上告の合意」といいます。

　地方裁判所の終局判決に対しては高等裁判所に、高等裁判所の終局判決に対しては最高裁判所に対して上告します（民訴法311条1項）。

2　上告理由

　上告理由は、以下の表のものなどに制限されています。上告審は、原則として事実関係については審理されず、法律関係のみについて審理される法律審だからです。

	高等裁判所に対する上告	最高裁判所に対する上告
憲法違反	・判決に憲法の解釈の誤りがあるその他憲法の違反がある（民訴法312条1項） 憲法の解釈と憲法の違反も法律関係ですので、上告理由となります。	
絶対的上告理由	①法律に従って判決裁判所を構成しなかった（民訴法312条2項1号） ex. 判決が、その基本となる口頭弁論に関与していない裁判官によってされた場合（民訴法249条1項。P93（1））が当たります（最判昭32.10.4）。 ②法律により判決に関与することができない裁判官が判決に関与した（民訴法312条2項2号） ③専属管轄に関する規定に違反した（民訴法312条2項3号。P40の「専属管轄はとにかくそこで」）。 ④法定代理権、訴訟代理権または代理人が訴訟行為をするのに必要な授権を欠いた（民訴法312条2項4号） ⑤口頭弁論の公開の規定に違反した（民訴法312条2項5号） ⑥判決に理由を付さずまたは理由に食違いがある（民訴法312条2項6号）	

	高等裁判所に対する上告	最高裁判所に対する上告
その他	・**判決に影響を及ぼすことが明らかな法令違反がある**（民訴法312条3項） 　高等裁判所は全国に8か所あるため、最高裁判所への上告よりは、上告できる理由の範囲が広くなっています。ただ、法令違反があることが要求されます。上告審は法律審だからです。	・**上告受理の制度による**（民訴法318条） 　その他の事件については、最高裁判所がその裁量で上告を受理すると決定した事件のみを受理します。最高裁判所には、「調査官」という最高裁判所の裁判官を補佐する者がいるのですが、この調査官が上告受理の申立てがあった事件を仕分けして、それを基に受理するかの判断をします。どの程度受理するかは、その時期の最高裁判所の長官の方針によって変わります。 　最高裁判所がその他の事件については上告受理の制度によることにされているのは、最高裁判所は日本に1つしかなく、裁判官も15人しかいないからです。何でもかんでも持ってこられたら困るのです。

3 特別上告

　日本は3審制ですので、高等裁判所が上告審だと最高裁判所に不服申立てはできないのが原則です。しかし、高等裁判所が上告審としてした判決に憲法の解釈の誤りがあることその他憲法の違反を理由とする場合には、例外的に最高裁判所にさらに上告をすることができます（民訴法327条1項）。これを「特別上告」といいます。

　最高裁判所は法令が憲法に違反しているか（違憲か）を決定する権限がある終審裁判所なので（憲法81条）、憲法違反については最高裁判所に上訴できる途を開いておく必要があります。そのための制度が、この特別上告です。

4 手続

　上告の提起は、上告状を原裁判所に提出してします（民訴法314条1項。P221の「不服申立書の提出先」）。

　上告および上告審の手続には、控訴の手続の規定が原則として準用されます（民訴法313条）。

第4節　抗告

1　意義

抗告：決定・命令に対しての上訴

　訴訟の進行に関する事項や訴訟の派生的事項などは、終局判決とは別に上訴させ、控訴・上告よりも簡易な手続で迅速に判断をするべきという考え方から、決定・命令に対しての上訴は抗告によることとされています。

2　（最初の）抗告

　（最初の）抗告：第1審の決定・命令に対しての上訴（民訴法328条）

　判決に対する上訴でいうと、控訴に相当します。

　抗告および抗告審の手続には、控訴の手続の規定が原則として準用されます（民訴法331条）。よって、抗告は、抗告状を第1審裁判所に提出してします（民訴法331条、286条1項。P221の「不服申立書の提出先」）。

※再考の可否

　抗告状を受理した裁判所が「やっぱり判断が間違っていた！」ということができるかですが、これはできます。裁判所または裁判長は、抗告を理由があると認めるときは、その裁判を更正しなければなりません（民訴法333条）。

　これは、判決（P222※）と異なる扱いです。決定・命令は権利義務に直接の関係がないため、迅速性が重視されているんです。

P222
」
＝P275
」
P380

3　再抗告

　再抗告：抗告裁判所の決定に対しての上訴（民訴法330条）

　判決に対する上訴でいうと、上告に相当します。

　再抗告は、以下の①または②の場合にすることができます（民訴法330条）。

①抗告裁判所の決定に憲法の解釈の誤りがあるその他憲法の違反がある
②抗告裁判所の決定に影響を及ぼすことが明らかな法令違反がある

　②が上告（P229～230）と異なり、「高等裁判所への再抗告は」とされていないのは、最高裁判所は原則として抗告事件を扱わないからです。つまり、再抗告は、簡易裁判所の決定・命令に対して地方裁判所に対して抗告がされ、地方裁判所がした決定に対しての高等裁判所へのものであるという前提なのです。

　ただ、例外的に最高裁判所が抗告事件を扱うことがあります。それが、下記4と5です。

4　特別抗告

　地方裁判所・簡易裁判所の決定・命令で不服を申し立てることができないもの（ex. P48の4.（2））、および、高等裁判所の決定・命令に対しては、憲法の解釈の誤りがあることその他憲法の違反を理由とする場合には、例外的に最高裁判所に抗告をすることができます（民訴法336条1項）。これを「特別抗告」といいます。

　やはり最高裁判所は法令が憲法に違反しているか（違憲か）を決定する権限がある終審裁判所なので（憲法81条）、憲法違反については最高裁判所に上訴できる途を開いておく必要があるからです。

5　許可抗告

　高等裁判所の決定・命令に対して、高等裁判所の許可があった場合には最高裁判所に抗告することができます（民訴法337条1項本文）。これを「許可抗告」といいます。注意する必要があるのは、最高裁判所に対しての抗告ですが、許可するのは最高裁判所ではなく高等裁判所である点です。これは、最高裁判所の負担が増えないようにするため、高等裁判所が判断することとされたんです。

　かつては、この制度がありませんでした。よって、決定・命令について最高裁判所による法令解釈の統一がされないことがあるという問題点がありました。そこで、決定・命令についても、最高裁判所による法令解釈の統一がされるように、この制度ができました。

> **民事訴訟法 338 条（再審の事由）**
> 1　次に掲げる事由がある場合には、確定した終局判決に対し、再審の訴えをもって、不服を申し立てることができる。ただし、当事者が控訴若しくは上告によりその事由を主張したとき、又はこれを知りながら主張しなかったときは、この限りでない。
> 〔省略〕

1　再審の訴えとは？

再審：確定判決に対して確定判決の取消しと事件の再審理を求める不服申立て（民訴法 338 条 1 項柱書本文、348 条 3 項）

判決が確定したら、取り消すことができないのが原則です。しかし、手続に重大な瑕疵がある場合や犯罪などが関係していた場合などでも一切取り消すことができないとなると、裁判に対する国民の信頼が失われます。そこで、下記 3 の再審事由がある場合には、再審の訴えをもって不服を申し立てることができるとされています（民訴法 338 条 1 項）。

なお、相手方が虚偽の事実を主張していたなど不法行為に当たる場合には、別訴で不法行為に基づく損害賠償請求の訴えを提起することもできます（最判昭 44.7.8）。

2　管轄

取消しの対象となる確定判決をした裁判所の専属管轄です（民訴法 340 条 1 項）。

なお、1 つの事件について確定判決が 2 つあることがあります。

ex. 第 1 審の本案判決に対して控訴がされ、控訴の棄却判決がされ、上告がされないと、第 1 審の本案判決が確定するとともに、控訴の棄却判決も確定します（P225（b））。

この場合に、2 つの確定判決に対する再審の訴え（大判昭 11.7.31）が併合して提起された場合、上級裁判所（この ex. だと控訴裁判所）が併せて管轄します（民訴法 340 条 2 項）。

3　再審事由

　再審事由は 10 コもあります……。こういうのは 1 つ 1 つ記憶しようとしても難しいので、まず左の欄の大枠を押さえてください。そして、そこから考えられるようにしてください。

	再審事由
絶対的上告理由でもあるもの（P229①、②、④）	①法律に従って判決裁判所を構成しなかった（民訴法 338 条 1 項 1 号） ②法律により判決に関与することができない裁判官が判決に関与した（民訴法 338 条 1 項 2 号） ③法定代理権、訴訟代理権または代理人が訴訟行為をするのに必要な授権を欠いた（民訴法 338 条 1 項 3 号） ex1. 訴状などが補充送達（民訴法 106 条 1 項前段。P83 の i ）として、7 歳 9 か月の女の子に送達された（最判平 4.9.10） ex2. 訴状などの補充送達を受けた者が受送達者と事実上の利害関係の対立があり、受送達者に訴状などを交付しなかった（最決平 19.3.20）
犯罪など関係	④判決に関与した裁判官が事件について職務に関する罪を犯した（民訴法 338 条 1 項 4 号） ⑤刑事上罰すべき他人の行為により、自白をするに至ったまたは判決に影響を及ぼすべき攻撃もしくは防御の方法を提出することを妨げられた（民訴法 338 条 1 項 5 号） ⑥判決の証拠となった文書その他の物件が偽造または変造されたものであった（民訴法 338 条 1 項 6 号） ⑦証人、鑑定人、通訳人または宣誓した当事者もしくは法定代理人の虚偽の陳述が判決の証拠となった（民訴法 338 条 1 項 7 号）
その他	⑧判決の基礎となった民事もしくは刑事の判決その他の裁判または行政処分が後の裁判または行政処分により変更された（民訴法 338 条 1 項 8 号） ⑨判決に影響を及ぼすべき重要な事項について判断の遺脱があった（民訴法 338 条 1 項 9 号） ⑩不服の申立てにかかる判決が前に確定した判決と抵触する（民訴法 338 条 1 項 10 号）

4 再審期間

1. 原則

　再審の訴えは、判決の確定後、当事者が再審の事由を知った日から 30 日の不変期間内に提起しなければなりません（民訴法 342 条 1 項）。当事者が再審の事由を知らなくても、判決が確定した日（再審の事由が判決の確定した後に生じた場合は再審の事由が生じた日）から 5 年を経過すると、提起できなくなります（民訴法 342 条 2 項）。

　いつまでも再審の訴えを提起できる可能性が残されていると、「この確定判決も覆るかも？」と安定しないですよね。そこで、期間制限が設けられているんです。

2. 例外

　しかし、以下の①②の再審事由については、期間制限がありません（民訴法 342 条 3 項）。

①上記 3 の③のうち代理権を欠いたこと

　代理権を欠いた訴訟は、本人が関与できずに判決が確定してしまったということです。これは、いつでも取り消せないと、あまりに理不尽です。
②不服の申立てにかかる判決が前に確定した判決と抵触する（上記 3 の⑩）

　矛盾する 2 つの確定判決があるということですが、この矛盾は時間の経過によって解消されるものではないからです。

5 当事者適格

　再審の訴えを提起できるのは、取消しの対象となる確定判決の当事者と事実審の口頭弁論の終結後の承継人（包括承継人・特定承継人）です（最判昭 46.6.3）。事実審の口頭弁論の終結後の承継人も、確定判決の効力が及ぶので（民訴法 115 条 1 項 3 号。P177②）、含まれています。

※死後の認知の訴えの父の嫡出子

　父の死後に、非嫡出子が認知の訴えを提起できます。この訴えについて、父の嫡出子（非嫡出子にとっては兄弟姉妹）は再審の訴えを提起できません（最判平元.11.10）。

　この訴えの被告は、父の嫡出子ではなく検察官だからです（人事訴訟法 12 条 3 項。最判平元.4.6）。—— 民法Ⅲのテキスト第 9 編第 4 章第 1 節 2 2.（3）（a）ⅱ

6　再審の審判

再審の訴えを提起すると、以下のような流れになります。

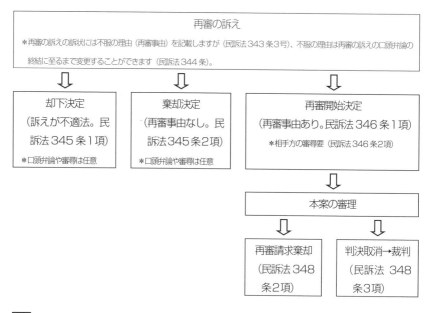

| 裁判所がすること | 当事者（またはその承継人）がすること |

再審の訴え

＊再審の訴えの訴状には不服の理由（再審事由）を記載しますが（民訴法343条3号）、不服の理由は再審の訴えの口頭弁論の終結に至るまで変更することができます（民訴法344条）。

却下決定
（訴えが不適法。民訴法345条1項）
＊口頭弁論や審尋は任意

棄却決定
（再審事由なし。民訴法345条2項）
＊口頭弁論や審尋は任意

再審開始決定
（再審事由あり。民訴法346条1項）
＊相手方の審尋要（民訴法346条2項）

本案の審理

再審請求棄却
（民訴法348条2項）

判決取消→裁判
（民訴法348条3項）

7　準再審

即時抗告をもって不服を申し立てることができる決定または命令で確定したものに対して、再審の申立てをすることができます（民訴法349条1項）。これを「準再審」といい、再審の手続に準じます（民訴法349条2項、民訴規212条）。
ex. 訴状却下の命令が確定した場合に、再審の申立てをすることができます。

第14章　簡易な手続

これまでは、原則として、地方裁判所以上での通常の訴訟手続についてみてきました。しかし、地方裁判所以上での通常の訴訟手続は、事件によっては手続が重厚すぎて利用しづらいという場合があります。そこで、一定の事件については、簡易な手続が設けられています。この第14章で、簡易な手続を4つみていきます。

第1節　簡易裁判所の特則

1　簡易裁判所の特則とは？

> **民事訴訟法270条（手続の特色）**
> 簡易裁判所においては、簡易な手続により迅速に紛争を解決するものとする。

簡易裁判所で扱われる事件は、原則として訴額140万円以下の訴訟です（P36（a））。規模の小さい訴訟ですので、「簡易な手続により迅速に紛争を解決する」とされています（民訴法270条）。

ポイント

簡易裁判所の1つの重要な役割として、本人訴訟の受け皿というものがあります。簡易裁判所では、当事者の双方が本人訴訟である事件が全体の75％程度です。本人には、地方裁判所以上での通常の訴訟手続はハードルが高いです。そこで、ハードルを下げる特則がこの第1節でみていく規定です。

学習していない知識は

民事訴訟法の簡易裁判所の特則は、民事訴訟法270条〜280条に規定されています。このテキストには、これらの条文はすべて載っています。この第14章には民事訴訟法274条と277条は載っていませんが、274条はP47⑥、P48の4.（2）で、277条はP112の2.ですでに説明しています。よって、簡易裁判所の特則として学習していない知識について問われたら、基本的には簡易裁判所に特則はないとして答えてください。ただ、民事訴訟規則にも簡易裁判所の特則があります。民事訴訟規則まですべて学習するのはやりすぎなので、まずは他の肢から判断してください。

2　訴えの提起

1. 訴えの提起の方法

　簡易裁判所においては、なんと訴えの提起を口頭ですることができるとされています（反訴についても同様です。民訴法271条、146条4項）。訴状（P12〜13）を作成するのは大変なので、本人訴訟が想定されている簡易裁判所においては口頭の訴えの提起を認めているんです。ただ、実際の簡易裁判所の運用としては、口頭で訴えの提起をされても困るので、典型的な事件ごとに訴状のひな形を用意して、当事者や債権額などを記載していくと訴状ができあがるようにして対応しています。

　なお、口頭弁論も、当事者の双方が任意に裁判所に出頭してすることができるとされています（民訴法273条前段）。そして、当事者の双方が任意に裁判所に出頭すれば、訴えの提起は口頭の陳述によってできるとされています（民訴法273条後段）。これも、実際には上記のようにひな形に記載してもらう形で対応することになるでしょう。

2. 請求の原因

　簡易裁判所の訴えの提起においては、請求の原因（P14④）に代えて、紛争の要点を明らかにすれば足ります（民訴法272条）。請求の原因は、原告の請求権を理由づける主要事実（要件事実）を漏れなく挙げる必要があります。これは、このテキストでも一部しか説明しておらず、みなさんでも司法書士試験の合格後の認定考査の試験において学習することです。それを、法律の学習経験のない本人が正確に挙げるのは困難です。よって、紛争の要点で足りるとされているんです。紛争の要点は、請求の原因ほど厳密な法律構成は必要とされません。原告の主張だけでは不明確な点は、釈明権（民訴法149条。P124〜125の1.）の行使などによって明らかにします。

3　口頭弁論

1. 準備書面

　簡易裁判所においては、口頭弁論は書面で準備する必要がありません（民訴法276条1項）。準備書面（P98 1 ）は、弁護士が何時間も、場合によっては何日もかけて作成するものです。それを本人が作成するのは大変なので、このような規定があります。

　ただし、相手方が準備をしなければ陳述することができない事項は、書面で準備するか、口頭弁論の前に直接に相手方に通知しなければなりません（民訴法276条2項）。そして、相手方が準備をしなければ陳述することができない事項は、相手方が在廷していない口頭弁論においては、準備書面に記載したか通知をしたもの以外は主張できません（民訴法276条3項）。相手方が準備をしなければ陳述することができない事項だからです。

2. 尋問・意見に代わる書面の提出

　簡易裁判所においては、以下の①～③の尋問・意見に代えて書面の提出をさせることができます（民訴法 278 条）。以下の者が裁判所に出頭する負担を軽減するためです。

①証人尋問

　当事者に異議がない場合（民訴法205 条。P142（c））という要件はありません。

②当事者尋問

　地方裁判所以上での通常の訴訟手続（P144（3））と異なり、当事者であっても書面尋問が認められます。

③鑑定人の意見

　P146（b）の書面による鑑定意見の報告は、裁判所に出頭したうえで鑑定意見の報告を書面ですることです。しかし、この③は、出頭する必要がないんです。

4　司法委員

　簡易裁判所には、「司法委員」という人がいます。司法委員とは、簡易裁判所の裁判官をサポートする人です。弁護士や大学教授であった者などが選任されます。ほとんどが年配の方です。簡易裁判所の法廷に行くと、裁判官の横に座っている年配の方がいますが、その人が司法委員です。

時期によっては司法修習生が見学で座っていることも

　簡易裁判所は、和解を試みるについて司法委員に補助させ、または、司法委員を審理に立ち合わせて事件について意見を聴くことができます（民訴法 279 条1項）。民間人の協力を得て、健全な市民の常識、感覚、社会常識などを裁判に反映させるための制度です。簡易裁判所の裁判官は、かなり司法委員の助けを借りています。簡易裁判所では、30 分で 10 件の事件の審理をしたりします。簡易裁判所では、以下のような光景があります。

裁判官「○○さん（司法委員）。当事者と別室で和解について話し合ってきてください。」

↓

司法委員と当事者が法廷から出て行き、裁判官は次の事件の審理に入る

↓

途中で司法委員が戻ってくる

↓

裁判官「○○さん（司法委員）。今度は、この当事者と別室で和解について話し合ってきてください。」

5　判決書の記載事項

　簡易裁判所においては、判決書の事実と理由（P163②③）の記載において、以下の①～③のような簡易的な記載が認められます（民訴法280条）。

①請求の原因は要旨の記載でOK
②請求の原因があるかどうかは、その有無の記載でOK
③請求を排斥する理由である抗弁は要旨の記載でOK

　簡易裁判所の事件は訴額が少額なので、精細な判決書を作成するよりも、裁判官の判決書を作成する労力を節約してどんどん判決を言い渡すことができるようにしたほうがよいだろうという考えによります。

6　訴え提起前の和解

> **民事訴訟法275条（訴え提起前の和解）**
> 1　民事上の争いについては、当事者は、請求の趣旨及び原因並びに争いの実情を表示して、相手方の普通裁判籍の所在地を管轄する簡易裁判所に和解の申立てをすることができる。

1．意義

　訴え提起前の和解：訴えを提起することなく簡易裁判所において裁判上の和解をすること（民訴法275条）
　債務名義を作成できるよう、簡易裁判所を使って和解ができるとされています。この制度が実際にどのように使われているかというと、裁判外で和解が調った場合に、債務名義を作成するために使われます。裁判上の和解なので、作成される和解調書は

確定判決と同一の効力を有するんです（民訴法 267 条。P188～189 の 4.）。

　この制度は、簡易裁判所を使って債務名義を取得できるようにした制度なので、訴額が 140 万円を超える場合においても、管轄は簡易裁判所となります。簡易裁判所は全国に 400 以上あり 1 番数が多いので、アクセスがしやすいんです。

☞「債務名義」とは？

　債務名義：請求権を証明する公の文書。強制執行において必要となる。

　金銭消費貸借契約書や和解契約書があっても強制執行（強制競売など）はできませんが、債務名義があれば強制執行ができます。

2.　手続

　当事者の一方が、相手方の普通裁判籍の所在地を管轄する簡易裁判所に和解の申立てをします（民訴法 275 条 1 項）。上記 1.で説明したとおり、裁判外で和解が調っていることがほとんどですが、訴えの提起の普通裁判籍（P37 の ⅰ）と同じく、相手方の普通裁判籍の所在地を管轄する簡易裁判所が管轄裁判所とされています。

　この申立てをする当事者は、請求の趣旨、請求の原因および争いの実情を表示しなければなりません（民訴法 275 条 1 項）。「請求の原因」も表示する必要があるのは、この訴え提起前の和解は債務名義を作成できるように簡易裁判所を利用しているのであって、P237 の「ポイント」で説明した本人訴訟のためにハードルを下げるという趣旨が当たらないからです。「争いの実情」は、和解をするために必要であるため、表示する必要があります。

3.　和解が調わない場合

　和解が調わない場合に、和解期日に出頭した当事者の双方の申立てがあるときは、裁判所は直ちに訴訟の弁論を命じます（民訴法 275 条 2 項前段）。この場合、和解の申立てをした者は、その申立てをした時に訴えを提起したものとみなされます（民訴法 275 条 2 項後段）。和解の申立てをした時に訴えを提起したものとみなされるのは、和解の申立てをした時に「権利の上に眠っていないよ！」という意思を示したといえるからです（P19 の「時効の完成が猶予されるワケ」）。

　申立人または相手方が和解の期日に出頭しないときは、裁判所は和解が調わないものとみなすことができます（民訴法 275 条 3 項）。和解をするには当事者の双方が出頭することが必要だからです。

7　和解に代わる決定

1．意義

　簡易裁判所においては、下記 3.の要件を充たす場合は、金銭の支払について、支払時期の定め、分割払の定めなどをして、金銭の支払を命じる決定をすることができます（民訴法 275 条の 2 第 1 項）。これを「和解に代わる決定」といいます。

2．趣旨

　原告の請求を認めるのなら、本来は認容判決をすべきです。しかし、認容判決をしても、被告が任意に支払わなければ、原告は強制執行をしなければならなくなります。強制執行は、時間も費用もかかります。それならば、分割払の定めなどをして原告に少し妥協してもらってでも、被告の任意の弁済を促したほうが紛争の解決になることがあります。被告も、「分割払だったら少しずつ払えば済むから払おうか」となることもあるんです。

3．要件

　簡易裁判所が和解に代わる決定をするには、以下の①〜④の要件を充たしている必要があります（民訴法 275 条の 2 第 1 項）。

①金銭の支払の請求を目的とする訴えである
　金銭の支払なら、分割払の定めなどができます。その他のたとえば、不動産の引渡しであれば、「分割で」とはなかなかいきません。
②被告が原告の主張した事実を争わず、その他何らの防御の方法をも提出しない
③被告の資力その他の事情を考慮して相当であると認められる
④原告の意見を聴く
　原告の意見を聴く必要がありますが、原告の同意は要求されていません。原告は、同意が要求されない代わりに、下記 4.の異議の申立てができます。

4．異議の申立て

　和解に代わる決定に対しては、当事者は決定の告知を受けた日から 2 週間の不変期間内に決定をした簡易裁判所に異議の申立てをすることができます（民訴法 275 条の 2 第 3 項）。この異議の申立てがあると、決定の効力が失われます（民訴法 275 条の 2 第 4 項）。よって、原告は和解に代わる決定に納得できなければ、この異議の申立てをすればいいんです。この異議の申立てがないときは、和解に代わる決定は裁判上の和解と同一の効力を有します（民訴法 275 条の 2 第 5 項）。

【地方裁判所と簡易裁判所の訴訟手続の比較】

　これまで学習してきた規定を含めて、地方裁判所と簡易裁判所の訴訟手続を比較しておきます。

	地方裁判所	簡易裁判所
事物管轄	・訴額140万円超えの訴訟 ・不動産に関する訴訟	・訴額140万円以下の訴訟
訴えの提起の方法	・訴状の提出	・訴状の提出 ・口頭 ・当事者の双方の任意出頭
請求の特定	・請求の趣旨 ・請求の原因	・請求の趣旨 ・紛争の要点
訴訟代理人	・弁護士	・弁護士 ・簡易裁判所の許可を得た者 ・認定司法書士
準備書面	必要	（原則）不要 （例外）必要
陳述擬制	・最初の期日	・最初の期日 ・続行期日
尋問・意見に代わる書面の提出	・証人尋問（当事者に異議がない場合）	・証人尋問 ・当事者尋問 ・鑑定人意見
司法委員	いない	いる
判決書の記載事項	省略不可	一定の事項の省略可

第2節　手形訴訟・小切手訴訟

1　手形訴訟・小切手訴訟とは？

　「手形」「小切手」とは、いずれも振り出すのに基本的には当座預金口座が必要であり、通常は企業が取引先などに振り出すものです。手形・小切手を受け取った者は、銀行で、手形・小切手を振り出した企業の当座預金口座から額面の支払を受ける（換金する）ことができます。ここまでは、手形と小切手で変わりはないのですが、違いは以下のとおりです。

・手形：期日まで換金できない後払い

　取引先などに支払を待ってもらう場合に使います。

・小切手：すぐに換金できる

　現金を持ち歩くのは危ないため、現金を渡す代わりに小切手を渡します。ドラマやマンガでみたことがないでしょうか。

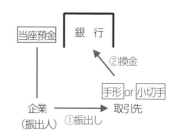

　民事訴訟法では、手形訴訟について詳細な規定を置き、小切手訴訟については手形訴訟の規定がそっくり準用されています（民訴法367条2項、民訴規221条）。よって、これ以降は手形訴訟についてのみ説明します。試験では基本的に手形訴訟について問われますが、小切手訴訟について問われてもこの第2節の知識で答えてください。

　この手形上の請求の訴えについては、手形訴訟という簡易な手続によることができます。手形上の請求をするということは、手形が不渡り（期日に振出人である企業の当座預金に残高がなく手形上の債務の履行ができないこと）になり、振出人である企業が倒産寸前と考えられるからです。半年以内に2回手形の不渡りを起こすと、銀行との取引が停止され、通常は倒産します。よって、手形訴訟には以下の2つの特徴があります。

手形訴訟の特徴

①原告を早く勝たせてあげようという考えを前提としている

　原告に早く債務名義（P241）を取得させることを目的としています。手形訴訟は、原告のための制度なわけです。上記のとおり、被告である企業が倒産寸前と考えられるからです。また、手形という証拠力の高い書証があるため、簡易迅速な手続にして

も問題ないという考えもあります。

②定型的な手続

　上記①の目的を達成するため、定型的な手続となっています。メンドーなことをしていると訴訟が早く終わらないので、定型的な手続とされているんです。

2　手形訴訟の提起

> **民事訴訟法350条（手形訴訟の要件）**
> 1　手形による金銭の支払の請求及びこれに附帯する法定利率による損害賠償の請求を目的とする訴えについては、手形訴訟による審理及び裁判を求めることができる。

1．要件

　手形訴訟で請求できるのは、「手形による金銭の支払の請求」と「これに附帯する法定利率による損害賠償の請求」に限られます（民訴法350条1項）。金銭の給付の訴えに限られるのは、手形訴訟が被告である企業が倒産寸前と考えられるため原告に早く債務名義を取得させることを目的とした制度なので、金銭の給付の訴えとなるはずだからです（上記の「手形訴訟の特徴①」）。損害金の請求が法定利率に限られるのは、定型的な手続とするためです（上記の「手形訴訟の特徴②」）。

2．申立ての方式

　手形訴訟による審理・裁判を求める旨の申述は、訴状に記載してしなければなりません（民訴法350条2項）。通常訴訟と手形訴訟では審理の方法が異なるため、裁判所としては最初に言ってもらわないと困るからです。

3．管轄
（1）事物管轄

・訴額140万円超えの訴訟　→　地方裁判所（裁判所法24条1号）
・訴額140万円以下の訴訟　→　簡易裁判所（裁判所法33条1項1号）
　事物管轄は、通常の訴訟（P36（a））と同じです。

（2）土地管轄

　被告の普通裁判籍の所在地を管轄する裁判所（民訴法4条1項。P37のⅰ）および手形または小切手の支払地を管轄する裁判所（民訴法5条2号。P38（ⅰ）②）です。

4. 反訴の可否

手形訴訟では、反訴を提起することができません（民訴法 351 条）。

定型的な手続とするため、メンドーなことといえる反訴はできないんです（P245 の「手形訴訟の特徴②」）。

3 審理

1. 期日

手形訴訟は、やむを得ない事由がある場合を除き、最初の口頭弁論期日で審理を完了しなければなりません（民訴規 214 条）。これを「一期日審理の原則」といいます。原告を早く勝たせてあげようという考えから、審理期間の短縮をはかっているんです（P244 の「手形訴訟の特徴①」）。

2. 証拠調べ

手形訴訟は、原告の第 1 審での勝訴率が極めて高いです。そこで、被告による訴訟の引き延ばしを防ぐために、証拠を以下の表の左のものに限定しています。原告が勝つだろうという前提で（P244 の「手形訴訟の特徴①」）、証拠を限定しているんです（P245 の「手形訴訟の特徴②」）。

証拠調べができる証拠（○）	証拠調べができない証拠（×）
①書証（民訴法 352 条 1 項） ex. 手形、契約書、印鑑証明書 　手形が証拠調べのメインとなります。証拠力の高い手形があるので、手形訴訟を簡易迅速に進められるからです。 ②文書成立の真否または手形の提示に関する事実についての当事者尋問（民訴法 352 条 3 項） 　「文書成立の真否」は不当な判断がされた場合の救済として、「手形の提示に関する事実」は提示（手形の所持人が手形を提示して支払を求めます）の際に文書が作成されないことが多いため、認められています。 　この①②は、ふりがなをふっているところを取って、「資金ショート」と記憶しましょう。	①文書提出命令または文書送付嘱託（民訴法 352 条 2 項前段） ②対照の用に供すべき筆跡または印影を備える物件の提出命令または送付の嘱託（民訴法 352 条 2 項後段） ③証拠調べの嘱託（民訴法 352 条 4 項前段） ④調査の嘱託（民訴法 352 条 4 項後段） ⑤証人尋問（民訴法 352 条 1 項参照） ⑥鑑定（民訴法 352 条 1 項参照） 　左の①②をゴロ合わせで記憶してください。

4　通常訴訟への移行

　手形訴訟が、通常訴訟に移行することがあります。通常の訴訟手続に移行するのは、手形訴訟の判決の前（下記1.）と手形訴訟の本案判決の後（下記2.）があります。

1．手形訴訟の判決の前

　原告は、手形訴訟を提起した後でも、手形訴訟の口頭弁論の終結にいたるまでであれば、被告の承諾を要しないで手形訴訟を通常訴訟に移行させる旨の申述をすることができます（民訴法 353 条1項）。手形訴訟は、この申述があった時に通常訴訟に移行します（民訴法 353 条2項）。被告の承諾を要しないのは、通常訴訟に移行することは被告には不利益はないと考えられるからです。手形訴訟は、原告を早く勝たせてあげようという考えを前提とした制度です（P244 の「手形訴訟の特徴①」）。通常訴訟であれば上記 3 2.の証拠の制限もなくなるので、被告は防御しやすくなります。

※被告の通常訴訟への移行の申述の可否

　被告は、通常訴訟に移行させる旨の申述をすることはできません。手形訴訟は、原告を早く勝たせてあげようという考えを前提とした制度です（P244 の「手形訴訟の特徴①」）。被告が通常訴訟に移行させられるのなら、すべて移行してしまいます。

2．手形訴訟の本案判決の後

　この2.は、右の図のどの段階のハナシをしているのかをきちんと把握していることが大事です。右の図のどの段階のハナシかを意識して、以下の説明をお読みください。

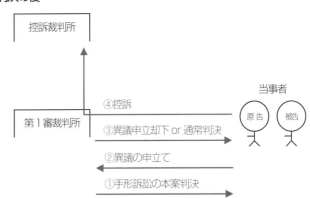

（1）異議の申立て

　手形訴訟の本案判決（上記①）に対して、すぐに控訴をすることはできません（民訴法 356 条本文）。簡易な手続による手形訴訟は、第1審だけに限られています。手

形訴訟の本案判決（P247①）に不服がある当事者は、異議の申立て（P247②）をするべきです。手形訴訟の本案判決に対して、判決書または調書判決の調書の送達を受けた日から2週間の不変期間内に、判決をした裁判所に対して書面によって異議の申立てをすることができます（民訴法357条本文、民訴規217条1項）。手形訴訟はほとんど原告が勝訴となるので、被告が異議の申立てをするのが一般的です。異議の申立てがされると、手形訴訟の本案判決の確定が遮断されます（民訴法116条1項）。

「異議」と「抗告」の違い

・異議：処分をしたその裁判所に不服を申し立てること
・抗告：処分をした裁判所の上級裁判所に不服を申し立てること

　異議の申立ては、第1審裁判所の審判を求める不服申立てです。第1審の審判を求める必要があるのは、手形訴訟では簡易な手続のみで通常訴訟を行っていないからです。早く債務名義を取得したいと望んでいた原告も、手形訴訟で勝訴していれば仮執行宣言（債務名義になります。P277②）を得ているため（民訴法259条2項本文。P165（4）①）、通常訴訟となっても問題ありません。

※異議申立権の放棄の可否
　異議申立権は、異議の申立ての前であれば放棄することができます（民訴法358条）。
＊この※の規定は、少額訴訟に準用されています（民訴法378条2項）。

（2）異議の取下げ
　異議は、通常訴訟による第1審の終局判決があるまで取り下げることができます（民訴法360条1項）。ただ、この取下げをするには、相手方の同意が必要です（民訴法360条2項）。通常訴訟になると、相手方にも通常訴訟による審判を受ける利益が生じるからです。手形訴訟で勝訴した原告にも、損害金が法定利率（民訴法350条1項。P245の1.）を超えて認められる可能性があります。
＊この（2）の規定は、少額訴訟に準用されています（民訴法378条2項）。

（3）異議の却下
P69＝
P225
　異議が不適法でその不備を補正することができないときは、裁判所は口頭弁論を経ることなく判決で異議を却下することができます（民訴法359条。P247③）。
ex. 2週間の異議申立期間を過ぎた異議の申立てがされた場合
＊この規定は、少額訴訟に準用されています（民訴法378条2項）。

　この却下判決（P247③）に対しては、控訴をすることができます（P247④）。異議を却下するということは、第1審裁判所が事件を受け付けないということですので、もう控訴裁判所に不服申立てをするしかないからです。

　この控訴を受けて、控訴裁判所が第1審裁判所の却下判決を取り消す場合には、原則として事件を第1審裁判所に差し戻します（民訴法364条本文）。この場合は、第1審裁判所で通常訴訟を行っていないからです。

（4）異議後の判決

　異議審の審理の結果、裁判所の判断が手形訴訟の本案判決と符合するときは、手形訴訟の本案判決を認可します（民訴法362条1項本文。P247③）。「認可」とは、「手形訴訟の本案判決は、そのままでいいよ」という意味です。認容してしまうと、債務名義が二重になってしまうため、認可するんです。裁判所は、手形訴訟の本案判決を認可しない場合は、手形判決を取り消します（民訴法362条2項。P247③）。
＊この規定は、少額訴訟に準用されています（民訴法379条2項）。

　上記の判決（P247③）に対しては、控訴をすることができます（P247④）。上記の判決は、通常訴訟の判決であり、第1審裁判所の最終判断だからです。

5　手形訴訟の訴訟判決と控訴の可否

　手形訴訟にも、訴訟判決があります。手形訴訟の訴訟判決に対して控訴ができるかは、却下の理由によります。

①請求の全部または一部が手形訴訟の適格を有しないこと（ex. 年8分の損害賠償を請求している）を理由とする訴え却下の判決（民訴法355条1項）
　この判決に対しては、控訴をすることはできません（民訴法356条本文）。裁判所は手形訴訟としてダメだといっているだけなので、通常訴訟を提起すべきだからです。

②一般の訴訟要件を充たしていないこと（ex. 当事者能力がない）を理由とする訴え却下の判決
　この判決に対しては、控訴をすることができます（民訴法356条ただし書）。裁判所は通常訴訟としてもダメだといっているので、控訴裁判所に不服を申し立てるしかないからです。

第3節　少額訴訟

1 少額訴訟とは？

　少額訴訟は、簡易裁判所で扱う訴訟の中でも、特に少額の 60 万円以下の金銭支払請求について、市民が代理人を頼まなくても簡単に利用できるように簡略化した特別の訴訟手続です。

少額訴訟の制度が作られた目的

　一般の方は、民事訴訟と聞くだけで「時間がかかる」「難しい法律の知識が必要」というイメージを持ちます。そこで、一般の方が民事訴訟を利用しやすいようにハードルを下げた手続の最たるものが、この少額訴訟です。一般の方が弁護士や認定司法書士に依頼をしなくても、迅速に判決を得られることを目的としています。原則として、1 日で審理を終え、判決もその日のうちに出ます。

2 少額訴訟の提起

民事訴訟法368条（少額訴訟の要件等）

1　簡易裁判所においては、訴訟の目的の価額が60万円以下の金銭の支払の請求を目的とする訴えについて、少額訴訟による審理及び裁判を求めることができる。ただし、同一の簡易裁判所において同一の年に最高裁判所規則で定める回数を超えてこれを求めることができない。

1．要件
（1）請求

　少額訴訟の対象となるのは、簡易裁判所における訴額 60 万円以下の金銭の支払の請求を目的とする訴えに限られます（民訴法 368 条 1 項本文）。

　少額訴訟は、一般の方が弁護士や認定司法書士に依頼をしなくても簡単に利用できるように簡略化した特別の手続です。よって、対象とする事件は単純で弁護士や認定司法書士による代理の必要性が乏しいものである必要があります。そこで、訴額 60 万円以下の金銭支払請求に限定されているのです。60 万円が、平均的な市民の経済感覚に照らして、あまり高額ではないと考えられたんです。

ex. フリーランスの Web デザイナーが報酬を支払ってもらえない場合に、少額訴訟によって報酬の支払請求をすることがあります。近年は、フリーランスとして働いている方が 1000 万人を超えているため、こういったトラブルが増えています。

（2）利用回数の制限

同じ原告が同じ簡易裁判所で、1年に10回を超えて少額訴訟を提起することはできません（民訴法368条1項ただし書、民訴規223条）。1年に10回を超える訴訟をするのは、通常はサラ金などの業者です。少額訴訟はサラ金などの業者のために作った制度ではないため、サラ金専門の制度とならないように制限をかけているんです。

2．申立ての方式

少額訴訟による審理・裁判を求める旨の申述は、訴えの提起の際にしなければなりません（民訴法368条2項）。少額訴訟も通常訴訟とは審理の方法が異なるため、裁判所としては最初にいってもらわないと困るからです。

訴えの提起の際、訴えを提起する簡易裁判所においてその年に少額訴訟による審判を求めた回数を届け出る必要があります（民訴法368条3項）。1年に10回という利用回数の制限があるからです。

3．反訴の可否

少額訴訟では、反訴を提起することができません（民訴法369条）。反訴が提起されると、1日で審理を終えられなくなってしまうからです。

※それに対して、一部請求、訴えの客観的併合、訴えの変更、共同訴訟などはすることができます。反訴は別の訴えを提起することですが、これらは別の訴えを提起することではないからです。

3 審理

1．期日

少額訴訟は、特別の事情（※）がある場合を除き、最初の口頭弁論期日で審理を完了しなければなりません（民訴法370条1項）。これを「一期日審理の原則」といいます。これが少額訴訟の1つの"売り"です。何度も裁判所に行くのは一般の方には負担となるので、審理を1日で終わるようにしているんです（P250の「少額訴訟の制度が作られた目的」）。

※期日を続行してまで少額訴訟手続による審判を行うほうが適切である特別な事情があれば、期日を続行することもできます（民訴法370条2項ただし書参照）。期日を続行するときに、当事者の同意は不要です。訴訟をどのように進行するかという問題だからです（P85の「裁判官は審判」）。

　一期日審理を可能にするため、当事者は、口頭弁論が続行された場合を除き、最初にすべき口頭弁論期日の前か遅くともその期日中にすべての攻撃防御方法を提出しなければなりません（民訴法370条2項）。

2．証拠調べ
（1）証拠調べの対象

　少額訴訟の証拠調べは、即時に取り調べることができる証拠に限りすることができます（民訴法371条）。一期日で審理を終えるためです。

　なお、即時に取り調べることができる証拠であれば、たとえば以下の証拠調べも可能です。

ex. 証人が在廷しているのであれば、証人尋問をすることもできます。

　手形訴訟は、証人尋問ができませんでした（P246⑤）。手形訴訟が証拠を限定していたのは、原告が勝つだろうという前提で定型化をはかっていたからです。しかし、少額訴訟は、原告・被告のどちらかが勝つだろうという前提はありません。証拠調べの制限は、一期日で審理を終えるためです。よって、即時に取り調べることができる証拠であれば構わないんです。

（2）証人尋問・当事者尋問

　少額訴訟においては、証人尋問を証人に宣誓させないですることができます（民訴法372条1項）。また、証人尋問または当事者尋問は、裁判官が相当と認める順序でします（民訴法372条2項）。宣誓や「主尋問→反対尋問→補充尋問」の流れでの尋問は、いかにも訴訟っぽいですよね。その訴訟っぽさをなくし、一般の方が利用するハードルを下げているんです。訴訟っぽさをなくすために、少額訴訟の審理はラウンドテーブル法廷で行われます。ラウンドテーブル法廷とは、裁判官、当事者などが1つの丸いテーブルを囲んで座る法廷です。

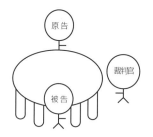

　なお、電話会議（P105）の方法による証人尋問もできます（民訴法372条3項）。

4 判決

1. 判決の言渡しの時期

　少額訴訟の判決の言渡しは、相当でないと認める場合を除き、口頭弁論の終結後に直ちにします（民訴法374条1項）。これも少額訴訟の"売り"の1つです。原則として1日で審理してもらえるだけではなく、判決ももらえるんです。

　すぐに判決を言い渡す必要があるため、判決の言渡しは判決書の原本に基づかなくてもOKです（民訴法374条2項前段）。調書判決（P163～164の2.）が認められるんです（民訴法374条2項後段、254条2項、255条）。

2. 支払猶予判決

　少額訴訟においては、裁判所は、請求を認容する判決をする場合には、被告の資力その他の事情を考慮して特に必要があると認めるときは、判決の言渡しの日から3年を超えない範囲内において、金銭の支払について、支払時期の定め、分割払の定めなどをすることができます（民訴法375条1項）。

　和解に代わる決定の趣旨（P242の2.）と同じです。時間も費用もかかる強制執行の手続を原告が執らないといけなくなるよりは、分割払の定めなどをして原告に少し妥協してもらってでも、被告の任意の弁済を促したほうがよい場合もあるからです。

5 通常訴訟への移行

　少額訴訟も、通常訴訟に移行することがあります。通常の訴訟手続に移行するのは、やはり少額訴訟の判決の前（下記1.）と少額訴訟の本案判決の後（下記2.）があります。

1. 少額訴訟の判決の前

（1）申述による移行

　被告は、最初の口頭弁論期日において弁論をしておらず、かつ、最初の口頭弁論期日が終了する前であれば、原告の同意を要しないで少額訴訟を通常訴訟に移行させる旨の申述をすることができます（民訴法373条1項）。少額訴訟は、この申述があった時に通常訴訟に移行します（民訴法373条2項）。少額訴訟は、手続がかなり簡略化されており、原則として1日で審理をして判決まで出すという思いきった制度です。よって、被告の協力も不可欠です。そこで、被告が少額訴訟によることを望まないのであれば、通常訴訟に移行させることができるのです。

※原告の通常訴訟への移行の申述の可否

　原告は、通常訴訟に移行させる旨の申述をすることはできません。少額訴訟によることは、原告が選択したことだからです。

（2）裁判所の決定による移行

　裁判所は、以下の①～④の事由がある場合には、少額訴訟を通常訴訟に移行する旨の決定をしなければなりません。①②④は当たり前の規定なので、③を意識的に記憶してください。

①「訴額60万円以下」「金銭の支払の請求」「1年に10回」のいずれかの少額訴訟の要件（P250～251の1.）を充たさないとき（民訴法373条3項1号）
②相当の期間を定めた催告があったにもかかわらず、原告が利用回数の届出（P251の2.）をしないとき（民訴法373条3項2号）
③公示送達によらなければ被告に対する最初の口頭弁論期日の呼出しをすることができないとき（民訴法373条3項3号）
　公示送達による呼出しだと機会保障がされないからです（P131の「機会保障」）。
④少額訴訟による審判を相当でないと認めるとき（民訴法373条3項4号）
ex. 医療関係訴訟は、通常は一期日での解決が困難であり、適さないと解されています。

2．少額訴訟の本案判決の後
（1）異議の申立て

　少額訴訟の本案判決に対しては、控訴をすることはできません（民訴法377条）。

▌簡易裁判所から出られない

　上記1.の通常訴訟への移行がされなかった場合には、原則（＊）として、少額訴訟が簡易裁判所を出ることはありません。
＊判決に憲法の解釈の誤りがあることその他憲法の違反があることを理由とする特別上告は、できる場合があります（民訴法380条2項）。

　少額訴訟を選択すると、原則として簡易裁判所のみで事件を解決することになります。みなさんが将来お客様から少額訴訟を提起するかご相談を受けた場合は、このリスクは説明してください。

　よって、少額訴訟の本案判決に対しては、異議の申立てをするしかないのが原則です。異議は処分をしたその裁判所に不服を申し立てることであり（P248の「『異議』と『抗告』の違い」）、簡易裁判所を出るわけではないので、異議の申立ては認められます。少額訴訟の本案判決に対して、判決書または調書判決の調書の送達を受けた日から2週間の不変期間内に、判決をした簡易裁判所に対して書面によって異議の申立てをすることができます（民訴法378条1項本文、民訴規230条、217条1項）。異議の申立てがされると、少額訴訟の本案判決の確定が遮断されます（民訴法116条1項）。

（2）異議審の審理

　異議の申立てがあった場合の異議審の審理は、少額訴訟と同じ手続のものと少額訴訟と異なる手続のもの（通常訴訟と同じ手続となるもの）に分かれます。

少額訴訟と同じ手続のもの	少額訴訟と異なる手続のもの（通常訴訟と同じ手続となるもの）
①反訴の禁止（民訴法379条2項、369条。P251の3.） ②証人尋問・当事者尋問の順序（民訴法379条2項、372条2項。P252（2）） ③支払猶予判決（民訴法379条2項、375条。P253の2.） ④控訴不可（民訴法380条1項。P254～255（1））	①一期日審理の原則（民訴法370条。P251～252の1.） 　異議審は、一期日で審理を終える必要がありません。 ②証拠調べの対象の制限（民訴法371条。P252（1）） 　異議審は一期日で審理を終える必要がないため、証拠調べの対象が即時に取り調べることができる証拠に限定されません。 ③証人尋問の際の宣誓省略（民訴法372条1項。P252（2）） ④電話会議方式による証人尋問（民訴法372条3項。P252（2）） ⑤調書判決（民訴法374条2項。P253 4 1.）

第4節　督促手続

1　督促手続とは？

督促手続は流れが大事なので、まずは手続の流れのチャート図を示します。

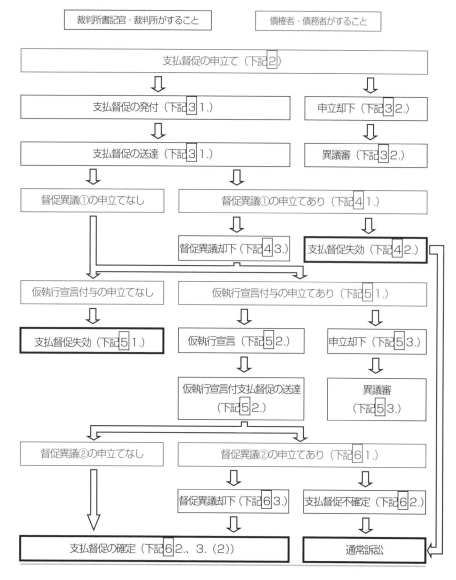

＊以下の説明をお読みになる際は、その都度このチャート図に戻って、今どこを学習しているのかを確認してください。

　　督促手続：実質的な審理をしないで、簡易裁判所の裁判所書記官が支払督促（債務
　　　　　　名義）を発する手続（民訴法382条）
　なんと簡易裁判所の裁判所書記官の書面審理のみで、債権者は支払督促という債務
名義（P241）を取得することができます。

督促手続の大枠

　債権者は、**書面のみの手続で簡易に債務名義を取得できます**。
　しかし、それでは債務者を害しますよね。そこで、**債務者はきちんと文句を言えば
簡単に崩せます**（「督促異議」といいます）。これが、支払督促の制度が認められる根
拠（存続基盤）です。文句を言うチャンスは2回あります。ただし、債務者は文句を
言わなければ、債権者に債務名義を取得されてしまいます。

② 支払督促の申立て

民事訴訟法382条（支払督促の要件）

　　金銭その他の代替物又は有価証券の一定の数量の給付を目的とする請求については、裁
　　判所書記官は、債権者の申立てにより、支払督促を発することができる。ただし、日本
　　において公示送達によらないでこれを送達することができる場合に限る。

1．要件
　支払督促の申立てをするには、以下の①②の要件を充たしている必要があります。

①金銭その他の代替物または有価証券の一定の数量の給付を目的とする請求である
　こと（民訴法382条本文）

≒P277

　「代替物」とは、基本的には不特定物債権の目的となるもの（替えがきくもの。ex.
新品のパソコン）です。支払督促は簡易裁判所の裁判所書記官の書面審理のみで発せ
られるので、誤っている危険性があります。そこで、誤って執行してしまった場合に
原状回復がしやすいこれらの請求に限定されているんです。

②債務者に対し、日本国内で、かつ、公示送達によらないで支払督促を送達できる場
　合であること（民訴法382条ただし書）

　支払督促が書面のみの手続で債権者が債務名義を取得できるとされているのは、債務者がきちんと文句を言えば簡単に崩せるからです（上記の「督促手続の大枠」）。よって、債務者が文句を言う機会を与えられている必要があるので、この②の要件があります。「公示送達によらないで」という点ですが、公示送達による呼出しだと機会保障がされなかったですよね（P131 の「機会保障」）。

※反対給付にかかる請求についての支払督促の申立ての可否
　反対給付にかかる請求とは、たとえば、売買契約に基づいて「自動車の引渡しと引換えに代金を支払え」といった請求のことです。反対給付にかかる請求であっても、支払督促の申立てをすることはできます。反対給付（上記の例だと自動車の引渡し）と引換えに支払を命じる形で、支払督促が発せられます。債権者は反対給付（上記の例だと自動車の引渡し）をせずに支払督促を得られることになりますが、反対給付をしたことは執行時に証明します（P283（3））。

2．申立ての方式
　支払督促の申立てには、その性質に反しない限り、訴えに関する規定が準用されます（民訴法 384 条）。支払督促の申立て先は、簡易裁判所の裁判所書記官です（下記 3．）。よって、申立てを口頭ですることもできます（民訴法 271 条。P238 ② 1.）。ただし、支払督促の申立書には、請求の原因の記載をする必要があり、紛争の要点（P238 の 2.）では足りません（民訴法 134 条 2 項 2 号）。督促手続は書面での審理のみなので、紛争の要点のみを記載して、あとは釈明権の行使などによって明らかにするといったことができないからです。

3．管轄
　支払督促の申立ては、請求の価額が140 万円を超えている場合でも、原則として（＊）、債務者の普通裁判籍の所在地を管轄する**簡易裁判所の裁判所書記官**に対してします（民訴法 383 条 1 項）。裁判所書記官が担当して支払督促を発するという点が特徴であり、ポイントになります。
＊以下の支払督促の申立ては、以下の地を管轄する簡易裁判所の裁判所書記官に対してもすることができます。
・事務所または営業所を有する者に対する請求であり、その事務所または営業所における業務に関するもの
　→　その事務所または営業所の所在地（民訴法 383 条 2 項 1 号）
・手形または小切手による金銭の支払の請求など
　→　手形または小切手の支払地（民訴法 383 条 2 項 2 号）

　訴えであれば、管轄違いの訴えの提起がされると管轄裁判所に移送されます（民訴法16条1項。P43の2.）。しかし、支払督促の申立てが管轄の異なる裁判所に対してされても、移送されることはなく、却下されます（民訴法385条1項前段）。移送は、決定であり（P16）、裁判所が行います。裁判所書記官には移送する権限はないんです。

3 申立てに対する裁判所書記官の処分

1. 支払督促の発付

　裁判所書記官は、支払督促の申立てを認容すべきときは支払督促を発します（民訴法382条）。この際、支払督促は債務者を審尋しないで発します（民訴法386条1項）。"裁判所書記官"なので、審尋できないのです。

　そして、裁判所書記官は、債権者と債務者に以下の方法で知らせます。

・債権者
　→　通知（民訴規234条2項）
　債権者は支払督促の申立てをした者なので、内容を把握しています。よって、送達による必要はありません。

・債務者
　→　送達（民訴法388条1項）
　支払督促は、債務者がきちんと文句を言えば簡単に崩せることを存続基盤としているので（P257の「督促手続の大枠」）、債務者には確実に送る必要があります。よって、支払督促の効力は、支払督促が債務者に送達された時に生じます（民訴法388条2項）。

　なお、債権者が申し出た場所に債務者の住所などがないため、支払督促を送達することができないときは、裁判所書記官はその旨を債権者に通知します（民訴法388条3項前段）。債権者がこの通知を受けた日から2か月の不変期間内に当初申し出た場所以外の送達をすべき場所の申出をしないときは、支払督促の申立てを取り下げたものとみなされます（民訴法388条3項後段）。支払督促は公示送達によることができません（民訴法382条ただし書。P257②）。よって、債権者が申立てを取り下げない限り、事件は係属し続けることになります。しかし、それでは簡易迅速に債務名義を取得させる督促手続の性質にそぐわないので、取下げを擬制する規定があるんです。

2．申立ての却下

（1）却下

支払督促の申立てが以下の①〜③のいずれかに該当するときは、裁判所書記官は申立てを却下しなければなりません（民訴法385条1項前段）。

①P257の①または②の要件を充たしていない
②P258〜259の3.の管轄の規定に違反している
③申立ての趣旨から請求に理由がないことが明らかである

この却下をするとき、債権者を審尋する必要はありません。やはり"裁判所書記官"だからです。この却下の処分は、相当と認める方法による告知によって効力を生じます（民訴法385条2項）。

（2）却下に対する不服申立て

支払督促の申立てが却下されると、債権者は、上記（1）の告知を受けた日から1週間の不変期間内に、処分をした裁判所書記官の所属する簡易裁判所に異議の申立てをすることができます（民訴法121条、385条3項）。「異議」ですから、不服申立て先が上級裁判所ではなく簡易裁判所となります（P248の「『異議』と『抗告』の違い」）。

P263

この異議申立てについての裁判に対して、不服申立てをすることはできません（民訴法385条4項）。異議申立てについての裁判は簡易裁判所がしますので、それに対する不服申立てをするとなると、それは地方裁判所に対してのものとなります。債権者は通常訴訟を提起することができるので、支払督促の申立てが却下されたことについて地方裁判所に対して不服を申し立てることまではできないんです。

4　督促異議①

1．申立て

上記3 1.の支払督促の送達を受けた債務者は、支払督促を発した裁判所書記官の所属する簡易裁判所に督促異議の申立てをすることができます（民訴法386条2項）。支払督促は、債務者がきちんと文句を言えば簡単に崩せることを存続基盤としています（P257の「督促手続の大枠」）。債務者が文句を言うチャンスは2回あるのですが、この支払督促の送達を受けた直後にする督促異議①は1回目のチャンスです。

２．督促異議①の効果

　債務者が１回目のチャンスできちんと文句を言えば、支払督促は督促異議の限度で効力を失います（民訴法390条）。そして、通常訴訟に移行します。請求の価額に従って、支払督促の申立ての時に、以下の裁判所に訴えの提起があったものとみなされます（民訴法395条前段）。「支払督促の申立ての時に」訴えの提起があったものとみなされるのは、債権者は支払督促の申立てをした時に「権利の上に眠っていないよ！」という意思を示しているからです（P19の「時効の完成が猶予されるワケ」）。

・請求の価額が140万円を超えている場合
　→　支払督促を発した裁判所書記官の所属する簡易裁判所の所在地を管轄する地方
　　　裁判所
・請求の価額が140万円以下の場合
　→　支払督促を発した裁判所書記官の所属する簡易裁判所

　地方裁判所に訴えの提起があったものとみなされることがあるのは、通常訴訟だからです。

３．督促異議の却下
（1）却下
　簡易裁判所は、督促異議を不適法であると認めるときは、督促異議についての請求が地方裁判所の管轄に属する場合においても、決定で督促異議を却下します（民訴法394条1項）。督促異議ですから、簡易裁判所が判断するわけです（P248の「『異議』と『抗告』の違い」）。

（2）却下に対する不服申立て
　上記（1）の決定に対しては、債務者は即時抗告をすることができます（民訴法394条2項）。督促異議が認められなければ、下記5の仮執行宣言によって債権者に債務名義を取得される可能性があるからです。

5　仮執行宣言

1. 申立て

　債務者が支払督促の送達を受けた日から 2 週間以内に上記 4 の督促異議①の申立てをしないときは、債権者は支払督促に仮執行宣言を付するよう申し立てることができます（民訴法 391 条 1 項本文）。債務者が文句を言う 1 回目のチャンスで文句を言わないと、債権者は債務名義（仮執行宣言付き支払督促）を取得できるんです。ただ、債権者にも期間制限があります。上記の 2 週間経過後から 30 日以内に申立てをしないと、支払督促は失効します（民訴法 392 条）。督促手続は債務名義を簡易迅速に取得するための制度なので、30 日も申立てをしないのなら「急いで債務名義が欲しかったわけじゃないんだね」とされてしまうんです。また、30 日経過していなくても、債務者が督促異議①の申立てをしたら支払督促は督促異議の限度で効力を失います（民訴法 390 条）。よって、債権者は通常は、債務者が 2 週間以内に督促異議の申立てをしなければ 2 週間が経過した日の朝一に、簡易裁判所に仮執行宣言の申立書を持っていきます。

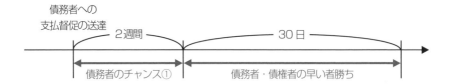

2. 仮執行宣言

　裁判所書記官は、上記 1.の規定により債権者の仮執行宣言の付与の申立てを認めるときは、支払督促に仮執行の宣言をします（民訴法 391 条 1 項本文）。

　そして、裁判所書記官は、債権者と債務者に以下の方法で知らせます（民訴法 391 条 2 項本文）。

・債権者
　→　送達
　債権者にも原則として送達する必要があるのは、仮執行宣言付き支払督促は債務名義となるので、厳格な方式で確実に送る必要があるからです。

・債務者
　→　送達

3．申立ての却下
（1）却下
　仮執行宣言の要件を充たしていない場合は、裁判所書記官は申立てを却下します。
　この却下の処分は、相当と認める方法による告知によって効力を生じます（民訴法391条3項、385条2項）。

（2）却下に対する不服申立て
　仮執行宣言の付与の申立てが却下されると、債権者は、上記（1）の告知を受けた日から1週間の不変期間内に、処分をした裁判所書記官の所属する簡易裁判所に異議の申立てをすることができます（民訴法391条3項、385条3項、121条）。「異議」ですから、不服申立て先が上級裁判所ではなく簡易裁判所となります。P260
　この異議の申立てについての裁判に対して、即時抗告をすることができます（民訴法391条4項）。「抗告」ですから、不服申立て先が上級裁判所となります（P248の「『異議』と『抗告』の違い」）。P260（2）は、地方裁判所に対しての不服申立てまではできませんでした。しかし、この段階では支払督促も発せられており、ある程度手続が進んでいるので、地方裁判所に対しての不服申立てができるんです。

6　督促異議②
1．申立て
　上記5 2.の仮執行宣言付支払督促の送達を受けた債務者は、簡易裁判所に督促異議の申立てをすることができます（民訴法393条）。債務者が文句を言うチャンス2回目です。

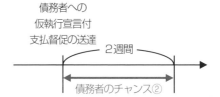

2．督促異議②の効果
　ただ、すでに支払督促に仮執行宣言が付されてしまっているので、債務者がこの督促異議②を申し立てても仮執行宣言の効力は失われません。債権者は、仮執行宣言付支払督促を債務名義として強制執行の申立てができます。督促異議②の効果は、支払督促の確定が遮断されるだけです。よって、「文句を言うチャンス1回目で文句を言おう」と肝に銘じておきましょう。支払督促の確定が遮断されると、支払督促の申立ての時に、以下の裁判所に訴えの提起があったものとみなされます（民訴法395条前段）。これは、P261の2.と同じです。

・請求の価額が140万円を超えている場合
　→　支払督促を発した裁判所書記官の所属する簡易裁判所の所在地を管轄する地方
　　　裁判所
・請求の価額が140万円以下の場合
　→　支払督促を発した裁判所書記官の所属する簡易裁判所

　それに対して、仮執行宣言付支払督促の送達を受けた債務者が2週間以内に督促異
議②の申立てをしないと、支払督促は確定判決と同一の効力を有します（民訴法396
条）。「確定判決と同一の効力」とは、執行力が生じるということであり、既判力は生
じないと解されています。訴訟とはなっていないので、実体的な判断がされていない
からです。

督促異議①と督促異議②の見分け方

　このテキストでは、「督促異議①」「督促異議②」といっていますが、試験ではどち
らも「督促異議」と記載されます。では、どのように見分けるのかですが、ポイント
は「仮執行宣言」です。P256のチャート図をご覧ください。督促異議①と督促異議
②の間に、仮執行宣言があります。よって、問題文の以下のような記載に着目して見
分けてください。
・「仮執行の宣言前」の督促異議　　　　　　　→　督促異議①
・「仮執行の宣言を付した」支払督促に対し督促異議　→　督促異議②

3. 督促異議の却下
（1）却下
　簡易裁判所は、督促異議を不適法であると認めるときは、督促異議についての請求
が地方裁判所の管轄に属する場合においても、決定で督促異議を却下します（民訴法
394条1項）。督促"異議"ですから、簡易裁判所が判断するわけです（P248の「『異議』
と『抗告』の違い」）。

（2）却下に対する不服申立て
　上記（1）の決定に対しては、債務者は即時抗告をすることができます（民訴法394
条2項）。督促異議が認められなければ、支払督促は確定判決と同一の効力を有して
しまうからです。

【簡易な手続4制度の比較】

　本章の最後に、本章でみてきた4つの制度のうち、比較できる事項を比較しておきます。

	簡易裁判所の特則	手形訴訟 小切手訴訟	少額訴訟	督促手続
訴えの提起時に明示する必要		あり		
口頭での提起・申立て	○	×	○	
管轄	簡易裁判所	簡易裁判所 地方裁判所	簡易裁判所	簡易裁判所の裁判所書記官
公示送達	○			×
反訴	○	×		
一期日審理の原則	なし	あり		
証拠調べの制限	なし	・書証 ・文書成立の真否または手形・小切手の提示に関する事実についての当事者尋問	即時に取り調べることができる証拠	
仮執行宣言	・申立て ・職権	職権		申立て
	任意的	必要的		＊
支払猶予判決	○	×	○	×
通常訴訟への移行		原告の申述	・被告の申述 ・裁判所の決定	債務者の督促異議

＊債権者の申立てが必要

― 第 2 編 ―

民事執行法
Civil Execution Act

第1章　民事執行の世界

民事執行の1つ1つの手続に入る前に、この第1章で民事執行とは何なのかを概観しましょう。

1　民事執行とは？

「民事執行」は、国家権力によって、強制的に権利を実現する制度です。民法などで「○○の効果が生じる」というハナシがありましたね。「効果」とは、それが生じたにもかかわらず相手方が任意に協力しない場合には、国家権力による強制的な権利の実現ができるということです。—— 民法Ⅰのテキスト第2編第4章 2　それを実現するのが民事執行なのです。

民事執行についても、具体例から見てみましょう。このテキストでは、以下の例を基本事例とします。

基本事例

XはYに100万円を貸し付けましたが、Yは弁済期を過ぎても100万円を返済しませんでした。そこで、XはYを相手方として訴えを提起し、Yに100万円の支払を命じる判決があり、この判決が確定しました。

＊このテキストでは基本的に、民事執行を申し立てる債権者をX、民事執行をされる債務者をYとしています。

この判決があった後、YがXに任意に100万円を支払えば紛争は解決です。しかし、Yが任意に100万円を支払わない場合、Xは民事執行の申立てをすることができます。Xは、Yが所有している不動産を強制的に売り払ってもらってその売却代金から貸金を回収したり（強制競売）、Yの給料の一部を強制的に取り上げてもらいそこから貸金を回収したり（債権執行）することができます。

2　民事執行の構造

民事執行には、以下の2つの特徴的な構造があります。

①債権者が正しいだろう（債権者が主張する権利は存在するだろう）という前提で手続が進む
②簡易迅速に手続が進む

民事執行をするには、確定判決など債権者が主張する権利が存在する確度の高い文書が必要です。確定判決などがあるので、債権者が正しいだろうという前提で簡易迅速に手続を進めるんです。

☞ **「債権者」「債務者」とは？**
　民事執行においては、民事執行を申し立てる者を「債権者」、民事執行をされる者を「債務者」といいます。民事訴訟は終了していますし、民事訴訟に基づかない執行もあるため、「原告」「被告」とはいわないんです。

3 民事執行の種類
　民事執行には、以下の種類があります。

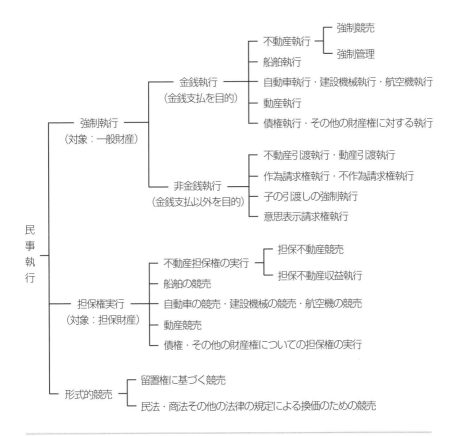

4　執行機関

1．執行を担う機関

> **民事執行法2条（執行機関）**
> 　民事執行は、申立てにより、裁判所又は執行官が行う。

　民事執行は、債権者の申立てがないと始まりません（民執法2条）。請求権があったとしても、執行を求めるかは債権者の判断によるべきだからです。債権者の申立てを受けて、民事執行は以下の①②の機関が行います（民執法2条）。

①執行裁判所

　「執行裁判所」とは、民事執行を実施する裁判所です。本案裁判所（民事訴訟が行われた裁判所）と区別して「執行裁判所」といいます。執行裁判所となるのは、原則として地方裁判所です（裁判所法25条）。よって、認定司法書士でも、原則として民事執行について代理権はないんです。

P387＝

②執行官

　「執行官」とは、地方裁判所に配属され、裁判の執行などを行う独立・単独の司法機関です（裁判所法62条1項、3項）。執行官は、特殊な国家公務員です。裁判所書記官であった人がなることが多いですが、司法書士であった人がなることもあります。平均年収は 1000 万円程度といわれています（平均年収は試験には絶対に出ませんが……）。仕事は、事務仕事と**力仕事**（動産を取り上げたり、不動産に居座る者を追い出したり）の両方があります。力仕事があるため、執行官は今のところ男性ばかりです。

　この執行裁判所と執行官が、執行の種類によって以下のように担当が分かれます。

・執行裁判所
　　→　不動産執行
　　　　債権執行
　これらは、法的判断が必要とされる執行だからです。
・執行官
　　→　動産執行
　　　　不動産引渡執行・動産引渡執行

これらは、動産を取り上げたり、不動産に居座る者を追い出したりする力ワザの執行だからです。

担当は上記のように分かれているんですが、両者がまったく独立しているわけではありません。執行裁判所が担当する執行を執行官が助けたり、執行官が担当する執行で一部の手続を執行裁判所に委ねたりすることもあります。

2. 管轄

民事執行法に規定されている裁判所の管轄は、専属管轄です（民執法19条）。 =P360

5 審理

1. 口頭弁論

> **民事執行法4条（任意的口頭弁論）**
> 執行裁判所のする裁判は、口頭弁論を経ないですることができる。

執行裁判所のする裁判は、口頭弁論を経る必要はありません（民執法4条）。執行裁判所のする裁判は、決定手続で行われるんです。判決であれば口頭弁論を開く必要があるからです（P16③）。民事執行についての裁判は、原則として書面審理なのです。 =P360

なお、口頭弁論を開くこともできますが、その場合でも裁判の形式は決定です。

これらは、簡易迅速に手続を進めるため（P268②）です。

2. 審尋

口頭弁論を開くこともできますが、口頭弁論を開くと簡易迅速（P268②）を害してしまいます。そこで、執行裁判所は、利害関係を有する者などを審尋することができるとされています（民執法5条）。

6 民事訴訟法の規定の準用

これから様々な民事執行の規定をみていきますが、民事執行の手続については、民事訴訟法の規定を準用するという規定があります（民執法20条）。よって、民事執行法に特別な規定がなければ、民事訴訟法の規定によることになります。 =P361

7　事件の記録の閲覧など

P95
└
P361＝

民事執行の事件の記録の閲覧、謄写などは、誰でも請求することができるでしょうか。

誰でも請求することはできず、法律上の利害関係を有する者に限られています（民執法 17 条）。「法律上の利害関係を有する者」とは、当事者、配当等を受けるべき債権者などです。

民事訴訟の訴訟記録は、誰でも閲覧を請求できました（民訴法 91 条 1 項。P95～96（2））。しかし、民事執行においては、債務者の財産の情報もプライバシーなので（財産もプライバシーの 1 つなんです）、事件の記録の閲覧、謄写などの請求ができるのは法律上の利害関係を有する者に限られているんです。

1 民事執行の構造における不服申立ての位置づけ

　民事執行は、債権者が正しいだろう（債権者が主張する権利は存在するだろう）という前提で手続が進むと説明しました（P268①）。しかし、「債権者が正しくない場合もあるのでは？」と思われたと思います。そうなんです。債務者に支払を命じる確定判決はあったが確定判決を受けて債務者が全額弁済しており債権者の請求権はすでにない、強制執行を開始するのに必要な書面を債権者が提出していないのに誤って強制執行が開始されたなど、債権者が正しくない場合もあります。そこで、債権者が正しくない場合には、債務者に不服申立てをさせることにしました。つまり、民事執行は、「債権者が正しいだろうという前提で手続を進め、そうでない場合は債務者に不服申立てをさせて是正する」という構造になっているんです。

*このように、不服申立ては民事執行の手続ではイレギュラーなつまずきのようなものなので、不服申立てについてはまとめて第3章第6節（P341〜346）で説明します。ただ、「執行異議」と「執行抗告」という不服申立ては、色々な箇所で出てくるので、この第2章で先に説明します（下記 3）。また、執行異議と執行抗告の位置づけもこの第2章で説明します（下記 2）。

2 実体的違法と手続的違法

　民事執行は国家権力によって強制的に私人の財産を取り上げたりしますので、実体的にも手続的にも正当なものでないといけません。実体的に違法な執行を「不当執行」、手続的に違法な執行を「違法執行」といいます。不当執行と違法執行で、以下の表のとおり不服申立ての手段が異なります。

	具体例	不服申立て	裁判形式
不当執行 （実体的違法）	判決確定後に債務者が全額弁済した	・請求異議の訴え 　（P341〜343 1） ・第三者異議の訴え 　（P345〜346 3）	判決
違法執行 （手続的違法）	必要な書面を債権者が提出していない	・執行異議（下記 3） ・執行抗告（下記 3）	決定

3 執行異議と執行抗告

> **民事執行法11条（執行異議）**
> 1　執行裁判所の執行処分で執行抗告をすることができないものに対しては、執行裁判所に執行異議を申し立てることができる。執行官の執行処分及びその遅怠に対しても、同様とする。
> **民事執行法10条（執行抗告）**
> 1　民事執行の手続に関する裁判に対しては、特別の定めがある場合に限り、執行抗告をすることができる。

1. 対象

　執行異議と執行抗告は、いずれも違法執行（手続的違法）に対する不服申立てです。その対象によって、以下の表のとおり区分けされています。

	執行異議	執行抗告
対象	・執行裁判所の執行処分で執行抗告をすることができないもの ・執行官の執行処分およびその遅怠 （民執法11条1項）	・執行裁判所の裁判であり執行抗告ができる特別の定めがあるもの（民執法10条1項）
不服申立て先の裁判所	**執行裁判所** 執行"異議"だからです（P248の「『異議』と『抗告』の違い」）。	**上級裁判所（原裁判所を経由）** 執行"抗告"だからです（P248の「『異議』と『抗告』の違い」）。

　執行抗告は、重大問題についてすることができます。具体的にどのような場合に執行抗告ができるかは基本的に各論でみていきますが、執行抗告が出てきたときは「重大問題なんだな～」という視点でみてください。ここでは、総論的な例を挙げます。
ex1. 民事執行の手続を取り消す旨の決定に対して、執行抗告をすることができます（民執法12条1項）。
　民事執行の手続を取り消されてしまうと、債権者にとっては重大問題ですよね。
ex2. 執行裁判所の執行抗告の却下の決定に対して、執行抗告をすることができます（民執法10条8項）。
　下記2.で説明しますが、執行抗告の抗告状は執行裁判所（原裁判所）に提出します。執行裁判所に却下されると、上級裁判所の判断をあおげないので重大問題ですよね。

ただ、執行抗告は、民事執行の簡易迅速という趣旨（P268②）から、対象が一部に限定されてしまっています。そこで、執行抗告ができない執行裁判所の執行処分と執行官の執行処分およびその遅怠については、執行裁判所にサクっと不服申立てができるとされました。それが執行異議です。

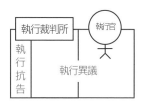

2．執行異議と執行抗告の手続の違い

	執行異議	執行抗告
不服申立書の提出先	書面・抗告状を執行裁判所（原裁判所）に提出 （P221の「不服申立書の提出先」。民執規8条1項、民執法10条2項）	
期間制限	不服の利益があればいつでも	裁判の告知を受けた日から1週間 （民執法10条2項） 手続の引き延ばしに利用されないよう、期間制限がされています。
原裁判所の再考の可否		○ （民執法20条、民訴法333条）
口頭弁論	口頭弁論を経ないで可（民執法4条） 民事執行法上の手続なので、簡易迅速に進めるために口頭弁論を経ないのが原則です。ただし、当事者などから事情を聞きたい場合は、当事者または当事者の申し出た参考人を審尋することができます（民執法20条、民訴法87条2項、187条）。	
執行の停止	執行異議・執行抗告の申立てがされても、執行裁判所・執行官の処分の執行は当然には停止しません。民事執行は、簡易迅速に手続を進めるのが趣旨だからです（P268②）。しかし、それでは困る人がいます。その救済手段として、執行の手続の停止を裁判所に求めることができるとされています（民執法11条2項、10条6項前段）。この決定に対しては不服申立てができません（民執法11条2項、10条9項）。	
国家賠償請求	違法な執行によって損害を受けた者は、執行異議・執行抗告と同時に、国に国家賠償請求を求めることもできます（国賠法1条）。	

P222
┘
=P231
┐
P380

第3章

強制執行

第1節　総則

　「強制執行」とは、その財産に対して担保権を有していない債権者が申し立てる執行です。抵当権などを有していないサラ金が不動産の競売を申し立てるといった場合をイメージしてください。

強制執行の3Step

　強制執行は、以下の3Step になっています。以下の3Step は、ものすごく大事なのでまず丸暗記してください。
＊債務名義が確定判決である場合の例です。

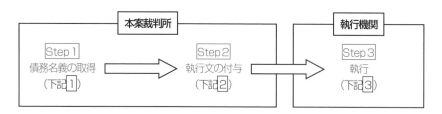

　債務名義は本案裁判所（民事訴訟が行われた裁判所）で取得し（Step 1）、執行文の付与も本案裁判所（の裁判所書記官）が行います（Step 2）。そして、執行機関（執行裁判所・執行官）は執行に専念します（Step 3）。

1　債務名義（Step 1）

1．意義

　債務名義：強制執行によって実現される債権者の請求権の存在・範囲を証明する公の文書（民執法22条柱書）

　強制執行は、債務者の財産権に対する侵害ですので、開始してもらうには確定判決などの下記2.の債務名義が必要となります。債権を証する金銭消費貸借契約書などがあるだけではダメで、強制執行の前に民事訴訟などが必要となるわけです。

2．債務名義の種類

　債務名義となるのは、以下の①〜⑪のものです。
＊④⑤は出題される確率が低いので、飛ばしていただいて大丈夫です。

①**確定判決**（民執法22条1号）

執行力がある必要があるので、給付の訴えの請求認容判決に限られます（P8）。

②**仮執行宣言付き判決**（民執法22条2号）

③**抗告によらなければ不服を申し立てることができない決定・命令**（民執法22条3号）

決定・命令でも、強制執行ができるものがあるんです。

ex. 不動産引渡命令（民執法83条。P305～306の13.）に基づいて、不動産の引渡しの
　　強制執行をすることができます。

④**仮執行宣言付き損害賠償命令**（民執法22条3号の2）

⑤**仮執行宣言付き届出債権支払命令**（民執法22条3号の3）

⑥**仮執行宣言付き支払督促**（民執法22条4号）

仮執行宣言（P262の2.）が付いたのであれば、督促異議②（P263～264 6）によっ
て支払督促の確定が遮断されても強制執行をすることができます。

⑦**訴訟費用などの裁判所書記官の処分**（民執法22条4号の2）

「訴訟費用は、被告の負担とする」といった裁判は、裁判所がします。その裁判に基づいて、
具体的な負担額は裁判所書記官が定めます（民訴法71条。P166～167の2.）。これが債
務名義となるんです。

⑧**執行証書**（民執法22条5号）

執行証書とは、公証人が作成する公正証書であり、債務者が直ちに強制執行に服する旨の陳述
が記載されているものです。執行証書があると、債権者は民事訴訟を提起しなくても強制執行の
申立てができるのです。公証人が意思確認を行うので、執行証書は信用力が高いからです。お金
を借りるときに執行証書まで作らされる債務者は、多重債務者などかなりヤバイ債務者です。

ただ、裁判所ではなく、公証人が作成する文書なので、執行力が認められるのは金銭の一定
額の支払またはその他の代替物もしくは有価証券の一定の数量の給付を目的とする請求権に
限定されます。支払督促の要件（P257①）と似ていますね。やはりこれらの請求権であれ
ば、誤って執行された場合でも原状回復がしやすいからです。　　　　　　　　　　　≒P257

⑨**確定した執行判決のある外国裁判所の判決（家事事件における裁判を含む。**民執法22条
　6号）

外国裁判所の判決は、日本でも効力を有し（民訴法118条）執行できるとの執行判決（民
執法24条）があると債務名義になります。

⑩**確定した執行決定のある仲裁判断**（民執法22条6号の2）

「仲裁」とは、当事者双方が仲裁人という人に判断を任せ、その仲裁人の判断に従う紛争解
決手続です。

⑪**確定判決と同一の効力を有するもの（**③**に掲げる裁判を除く。**民執法22条7号）

具体的には、認諾調書（民訴法267条。P185の4.）、和解調書（民訴法267条。P188
～189の4.）、調停調書などが当たります。

― Realistic 14　なんで「債務名義」って言うの？ ―

「債務名義」と言われても、イメージが湧かないと思います。これは、ドイツ語の「Schuldtitel」の訳なんです。「Schuld」は債務、「titel」は資格、権限、名義という意味です。titel を資格や権限と訳してくれればわかりやすかったんですが、名義と訳してしまったので債務名義という言葉が誕生したんです。

---

2 執行文 (Step2)

民事執行法25条 (強制執行の実施)

強制執行は、執行文の付された債務名義の正本に基づいて実施する。ただし、少額訴訟における確定判決又は仮執行の宣言を付した少額訴訟の判決若しくは支払督促により、これに表示された当事者に対し、又はその者のためにする強制執行は、その正本に基づいて実施する。

1．執行文の付与

（1）原則

　債権者は、債務名義を取得したら、強制執行の申立てをするために、原則として債務名義に執行文の付与を受ける必要があります（民執法25条本文）。

　債務名義があったとしても、強制執行の時点でも執行力があるかわからないからです。よって、基本的に債務名義を出した機関が、上訴によって判決が取り消されていないか、判決が確定しているのかなどを確認して、まだ執行力がある場合に執行文を付与します。執行文は、債権者の申立てを受けて、以下の機関が付与します（民執法26条1項）。

①執行証書以外の債務名義
　→　事件の記録の存する裁判所の裁判所書記官

　執行証書以外の債務名義（P277①～⑦、⑨～⑪）は、基本的に裁判所で作成されたものですので、その裁判所の裁判所書記官が付与します。確定判決が債務名義である場合は本案裁判所の裁判所書記官となりますが、それは本案裁判所が判決が確定しているかなどを最もよく把握しているからです。

②執行証書
　→　執行証書の原本を保存する公証人

　執行証書については、裁判所が関与していないので、裁判所に来られても裁判所は「何のこと？」となってしまいます。よって、執行証書を作成した公証役場に行くわけです。

　①②は、結局どちらも「事件の記録の存する所に行け！」ということです。債務名義を出した機関が執行力があるかを確認するとすることで、執行機関が執行に専念できる仕組みを作っているんです。

　なお、執行文とは以下のようなもので、債務名義の正本の末尾に付記されます（民執法26条2項）。具体的には、確定判決などの後ろにホッチキス止めして契印がされます。

実際の書面を見てみよう3 ── 執行文

債務名義の事件番号　令和6年（ワ）第123号

執　行　文		
債権者は、債務者に対し、この債務名義により強制執行をすることができる。		
		東京地方裁判所民事第17部 裁判所書記官　　書　記　太　郎㊞
債権者 〔原告〕	X	
債務者 〔被告〕	Y	

（2）例外
　以下の①〜③の債務名義は、例外的に執行文が不要です（民執法25条ただし書）。

①少額訴訟の確定判決
②仮執行宣言付きの少額訴訟の判決
③仮執行宣言付きの支払督促

　少額訴訟と支払督促は、簡易迅速に債務名義を取得できるようにすることが趣旨でした。それを執行においても実現するため、執行文の付与を不要としているんです。

２．執行文の種類
　執行文には、下記（１）～（４）のような種類があります。（１）が基本で、（２）～（４）はちょっと変わった執行文です。

（１）単純執行文
　単純執行文：債務名義の内容そのままの執行文
ex.「被告（Y）は、原告（X）に対し、100万円……を支払え」という確定判決に
　　基づいて、XがYの財産に対して強制執行の申立てをするときに付与を求める執
　　行文
　実務における多くは、この単純執行文です。

（２）条件成就執行文
　条件成就執行文：請求が債権者の証明すべき事実の到来にかかる場合に、債権者が
　　　　　　　　　その事実が到来したことを証する文書を提出したときに付与さ
　　　　　　　　　れる執行文（民執法27条1項）
ex.「原告（X）は被告（Y）に対し令和6年10月1日までに移転料として200万円
　　を支払え。被告は原告に対し、この金員の支払を受けたときから10日以内に本件
　　建物を明け渡せ。」という確定判決に基づいて、XがYを相手方として建物の明渡
　　しの強制執行の申立てをするときは、XはYに移転料200万円を支払ったことを
　　証する文書を本案裁判所に提出しないと執行文の付与を受けられません。
　文書の提出先が本案裁判所などであるのは、上記ex.のように本案裁判所などが出
した判決で定められた条件などなので、本案裁判所などが最もよく事情を把握してい
るからです。

（３）承継執行文
　承継執行文：債務名義に表示された当事者以外の者を債権者または債務者とする執
　　　　　　　行文（民執法27条2項）
　事実審の口頭弁論の終結後の承継人（包括承継人・特定承継人）には確定判決の効
力が及ぶので（民訴法115条1項3号。P177②）、事実審の口頭弁論の終結後に包括
承継・特定承継があった場合には、包括承継人・特定承継人を債権者または債務者と

して強制執行をすることができます。ただ、債務名義に記載されている者とは別の者が債権者または債務者となるため、承継執行文の付与を受ける必要があります。承継執行文は、以下の①または②の場合に限り付与を受けられます（民執法 27 条 2 項）。

①その者に対しまたはその者のために強制執行をすることができることが裁判所書記官もしくは公証人に明白である場合
②債権者がその者に対しもしくはその者のために強制執行をすることができることを証する文書（ex. 相続における戸籍全部事項証明書等）を提出した場合

（4）債務者不特定執行文

　　債務者不特定執行文：不動産の引渡しまたは明渡しの強制執行において、債務者を
　　　　　　　　　　　　特定しないで付与される執行文（民執法 27 条 3 項）

　不動産の引渡しまたは明渡しの強制執行だと、以下の①または②の保全処分が執行されており、不動産の占有者を特定することを困難とする事情がある場合には、なんと債務者を特定しないで執行文の付与を受けることができます。執行官が不動産から占有者を追い出す段階で占有している者を債務者として、執行できるんです。

①占有移転禁止の仮処分（P392※。民執法 27 条 3 項 1 号）
②引渡命令（P305～306 の 13.）の義務者に対する保全処分（民執法 27 条 3 項 2 号）

┃占有屋との戦い

　民事執行の歴史は、占有屋との戦いでもあります。「占有屋」とは、不良少年などを競売不動産に住まわせたりして、競売手続を妨害する者のことです。占有屋の執行妨害を排除できるよう、債権者（銀行など）に有利な法改正・判例変更がされてきました。
　上記の規定も、占有を移転させて執行妨害をする占有屋がいたためにできた規定です。たとえば、「被告（Y）は原告（X）に対し、本件建物を明け渡せ。」という確定判決に単純執行文の付与を受けただけだと、占有が Y から Z に移転されると執行ができなくなってしまうんです。「上記（3）の承継執行文の付与を受ければいいのでは？」と思うかもしれませんが、そうしたらまた占有を Z から別の者に移転させるのが占有屋です。

3．執行文の数通付与・再度付与

　執行文は、特に必要がなければ1通しか付与を受けられないのが原則です。しかし、以下の①または②の場合に限り、さらに付与を受けることができます（民執法28条）。

①債権の完全な弁済を得るため執行文の付された債務名義の正本が数通必要である場合

　「1億円を支払え」といった債務名義だと、債務者の1つの財産では足りず、複数の不動産、預貯金債権、給与債権に執行しないといけないといったことがあります。実際にも、こういったことは多いです。

②執行力ある債務名義の正本が滅失したとき

3 　強制執行の開始要件（Step3）

1．基本的な開始要件

　債権者は、原則として執行文の付与された債務名義の正本などを添付した強制執行の申立書を、執行機関である執行裁判所または執行官に提出して強制執行の開始を求めます（民執規1条、21条）。

　この前提として、債務名義の正本などが、強制執行の前または強制執行と同時に、債務者に送達されている必要があります（民執法29条前段）。債務者に防御の機会、つまり、不服申立てをする機会を与える必要があるからです。なお、確定判決については、判決の言渡し後に判決書が送達されており（P164 3 ）、これが債務名義の正本の送達となります。このように、だいぶ前に送達が済んでいる債務名義もあります。

2．特殊な開始要件

　強制執行を開始するには、以下の（1）～（4）の要件を充たしている必要があるとされることがあります。

（1）確定期限の到来

　請求が確定期限の到来にかかる場合、強制執行は期限の到来後に限り開始することができます（民執法30条1項）。

ex. 「被告は、原告に対し、令和6年11月30日限り、100万円……を支払え」という確定判決に基づいて強制執行の申立てをするには、令和6年11月30日の弁済期が到来している必要があります。

　債権者は、確定期限が到来したことを証する文書を提出する必要はありません。確定期限が到来したことは、カレンダーをみればわかるからです。

　この（1）は強制執行の開始要件（Step 3）で問題となり、執行文の付与（Step 2）の際には問題となりません。つまり、確定期限が到来していなくても執行文の付与は受けられるんです。執行裁判所や執行官もカレンダーを確認することくらいは容易なので、P276 の図でいうところの Step 2 ではなく Step 3 の段階で確認するとしても、執行裁判所や執行官の負担とならないからです。

（2）担保を立てる

　担保を立てることを強制執行の実施の条件とする債務名義による強制執行は、債権者が担保を立てたことを証する文書を提出したときに限り、開始することができます（民執法30条2項）。

ex. 仮執行宣言付判決において、債権者が担保を立てることが強制執行の開始要件とされることがありました（民訴法259条1項。P165②）。この場合、債権者は担保を供託所に供託し、供託書正本（＊）を執行裁判所や執行官に提出します。

＊供託書正本とは、供託したことを証する証明書です。

　担保を立てたかも、供託書正本などから執行裁判所や執行官が容易に判断できるので、Step 2 ではなく Step 3 の段階で確認するとされています。

（3）反対給付との引換え

　債務者の給付が反対給付と引換えにすべきものである場合、強制執行は、債権者が反対給付またはその提供のあったことを証明したときに限り、開始することができます（民執法31条1項）。

ex. 売買についての訴訟で、「被告は、原告に対し、100万円の支払と引換えに、本件自動車を引き渡せ」という確定判決があり、この確定判決に基づいて強制執行の申立てをするには、100万円の支払をしたことまたは提供をしたことを証する（たとえば、供託をしたうえで供託書正本を提出する）必要があります。

　執行文の付与（Step 2）の要件とされなかったのは、執行文の付与の要件とすると債権者は早い段階で支払または提供を要求されることになってしまいます。そこで、できる限り遅らせるため、強制執行の開始要件（Step 3）とされました。

（4）他の給付の不履行

　債務者の給付が、他の給付について強制執行の目的を達することができない場合に、他の給付に代えてすべきもの（代償請求）であるときは、強制執行は、債権者が他の給付について強制執行の目的を達することができなかったことを証明したときに限り、開始することができます（民執法31条2項）。

ex. 「被告（Y）は、原告（X）に対し、自動車を引き渡せ。引き渡せない場合には、損害賠償として100万円を支払え。」という確定判決があったとします。このとき、100万円（代償請求）について強制執行を開始するには、XはYが自動車を引き渡さなかったことを証明する必要があります。

　引き渡さ"なかったこと"を証明するのは大変だと思うかもしれませんが、自動車の引渡しの強制執行をして執行が不能となった場合には、執行調書にその旨が記載されるので（民執規13条1項7号）、証明することは容易です。よって、執行調書から執行裁判所や執行官が容易に判断できるので、Step2ではなくStep3の段階で確認するとされています。

　上記（1）～（4）について強制執行の開始要件（Step3）となる理由を説明しましたが、ゴロ合わせも示しておきます。上記（1）～（4）のふりがなをふっているところを取って、「不倫加担反対！」と記憶しましょう。

＊次の第2節から、強制執行の種類ごとの執行をみていきます。強制執行の各論です。P276の「強制執行の3 Step」でいうと、Step3に当たります。

第2節　不動産執行

1 通則

1．不動産執行の方法

　まずは「不動産執行」です。金銭債権の回収を目的とした不動産に対する強制執行には、以下の2種類があります（民執法43条1項前段）。この 1 では、以下の①②の共通事項をみていきます。

①強制競売：債務者の不動産を差し押さえて換価し、その代金によって債権者の満足を図る方法

P389

　債務者の不動産を強制的に売っぱらって、売却代金から債権を回収する方法です。
②強制管理：債務者の不動産を裁判所の選任する管理人に管理させ、収取した果実によって債権者の満足を図る方法

P389

　債務者の不動産を強制的に賃貸して賃料から債権を回収するといった方法です。売却してしまうよりも賃料収入などを得たほうがよい場合があるため、できた制度です。

　なお、この①②の方法は、併用することもできます（民執法43条1項後段）。強制競売により売却されるまでの間、強制管理により収益を受けたりする、といったことができるんです。

=P389

2．不動産執行の対象

　土地と建物は、もちろん不動産執行の対象になります。しかし、それだけでなく、不動産の共有持分、登記された地上権、永小作権、および、地上権や永小作権の共有持分も対象となります（民執法43条2項）。

　なお、債務者の所有不動産であれば、第三者が不動産を占有していても不動産執行をすることができます。

3．執行裁判所

　不動産執行を管轄する執行裁判所は、不動産の所在地を管轄する地方裁判所です（民執法44条1項）。

=P389

　不動産執行は、P276の「強制執行の3Step」でいうとStep3に当たります。競売をしたりしますので、不動産の現地調査や評価などの手続もあります（P291〜292の5.）。よって、現地の不動産の所在地を管轄する地方裁判所が管轄裁判所となるんです。

P389

2 強制競売

強制競売は流れが大事なので、まずは手続の流れのチャート図を示します。

| 裁判所・裁判所書記官などがすること | 債権者・買受人などがすること |

申立て（下記1.）

⇩

開始決定（下記2.）

⇩

差押え（下記3.）

⇩　　　　　　　　　　　　　⇩

【権利関係調査】（下記5.）　　　　　【債権関係調査】（下記6.）

| 現況調査命令 | 評価命令 | 配当要求終期決定 |

⇩　　　　　⇩　　　　　　　⇩

| 現況調査報告書作成 | 評価書作成 | 配当要求・債権届出・交付要求 |

⇩　　　　　⇩　　　　　　　⇩

売却準備 ── 物件明細書作成、売却基準価額決定（下記7.）

⇩

売却実施（下記8.）

⇩

売却許可決定（下記9.）

⇩

代金納付（下記10.）

⇩　　　　　　　　　　　　　⇩

【売却代金】　　　　　　　　　　　【所有権の移転】

| 配当、弁済金の交付（下記11.） | 登記の嘱託（下記12.） | 引渡命令（下記13.） |

上記の手続は、始まりから終わりまで大体1年程度かかります。

*以下の説明をお読みになる際は、その都度このチャート図に戻って、今どこを学習しているのかを確認してください。

1．申立て

　債権者は、原則として執行文の付与された債務名義の正本、対象不動産の登記事項証明書などを添付した不動産強制競売申立書を、執行機関である執行裁判所に提出して強制競売の開始を求めます（民執規1条、21条、23条）。この申立書には、強制執行の目的とする財産の表示、つまり、対象の不動産を特定して記載する必要があります（民執規21条3号）。これは当たり前ですね。

＝P320
P382
⌐
P312

2．開始決定
（1）開始決定の手続

民事執行法45条（開始決定等）

1　執行裁判所は、強制競売の手続を開始するには、強制競売の開始決定をし、その開始決定において、債権者のために不動産を差し押さえる旨を宣言しなければならない。

　執行裁判所は、強制競売の申立てを認めて手続を開始するには、強制競売の開始決定をし、債権者のために不動産を差し押さえる旨を宣言します（民執法45条1項）。

　そして、強制競売の開始決定は、債務者に送達します（民執法45条2項）。債務者の不動産を差し押さえるという重大な決定ですので、送達する必要があるんです。

（2）不服申立て

　強制競売の申立ての裁判に対してできる債務者・債権者の不服申立ては、以下のとおりです。

・強制競売の開始決定
　→　債務者が執行異議可（民執法11条1項前段）

　債務者が執行抗告できるかの判断基準

　債務者が自身の財産を使えないようになると、執行抗告をすることができます。
　強制競売の開始決定がされただけなら、債務者はまだ不動産から追い出されるわけではありません（P290（b））。よって、執行異議しかできません。また、その後手続が進むと執行抗告ができるから（P300（2））という理由もあります。

287

・強制競売の申立ての却下
　　→　債権者が執行抗告可（民執法45条3項）
　強制競売の申立てを受け付けてくれないということですから、債権者にとっては重大問題だからです。

（3）二重の開始決定の可否

　強制競売または担保不動産競売（抵当権などに基づく競売）の開始決定がされた不動産について、さらに強制競売の申立てがあったときは、さらに強制競売の開始決定がされます（民執法47条1項）。つまり、開始決定が二重になることがあるんです。

P322＝
「
P314

　開始決定は二重になりますが、先にされた競売の開始決定に基づいて手続が進められます。しかし、先にされた競売の申立てが取り下げられたとき、または、先にされた競売の手続が取り消されたときは、後にされた強制競売の開始決定に基づいて手続が続行されます（民執法47条2項）。競売の手続を進めていても、途中で差押債権者と債務者との間で任意売却（競売によらない売却）にする旨の話し合いがついて、差押債権者が申立てを取り下げたりすることも結構あります。そこで、また1から手続をやり直さないといけないとなると、現地に行って調査をしていたり（P291（1））した手続がすべてムダになってしまいます。そこで、先にされた競売の開始決定に基づいてされていた手続の続きから手続を続行できるようにされているんです。このために、開始決定を二重にしておくんです。たとえていうと、先にされた競売の開始決定の列車を先頭に、後にされた強制競売の開始決定の列車をつないでおきます。先頭の列車がコケてしまったら、後ろの列車がそこから先頭になるんです。

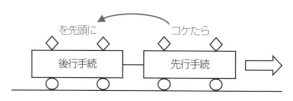

※地代・借賃の代払

　これは、建物に対し強制競売の開始決定がされた場合のハナシです。強制競売の開始決定がされた建物の所有を目的とする地上権または賃借権について債務者が地代または借賃を支払わないときは、執行裁判所は、差押債権者の申立てにより、差押債権者がその不払いの地代または借賃を債務者に代わって弁済することを許可することができます（民執法56条1項）。債務者が地代または借賃を支払わないと、建物の

敷地の所有者は地上権設定契約または賃貸借契約を解除することができます。そうなると、建物はその存立の基盤を失って収去せざるを得なくなります。それを防ぐために、差押債権者に代払の許可の申立てをすることが認められているんです。

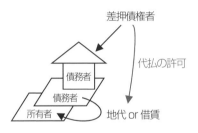

3．差押え

（1）差押えの登記

　強制競売の開始決定がされたときは、裁判所書記官は直ちに差押えの登記を嘱託します（民執法48条1項）。債務者の不動産に、以下のような登記がされます。

権　利　部　（甲　区）（所　有　権　に　関　す　る　事　項）			
順位番号	登記の目的	受付年月日・受付番号	権　利　者　そ　の　他　の　事　項
1	所有権保存	令和6年6月28日 第12456号	所有者　Y
2	差押	令和6年11月28日 第19023号	原因　令和6年11月26日東京地方裁判所強制競売開始決定 債権者　X

　そして、登記官は、差押えの登記をしたら、その不動産の登記事項証明書を執行裁判所に送付します（民執法48条2項）。

（2）差押えの効力

（a）効力発生の時期

　差押えの効力は、以下の①②の早いほうの時点で生じます。

①強制競売の開始決定が債務者に送達された時（民執法46条1項本文。P287（1））
②差押えの登記がされた時（民執法46条1項ただし書。上記（1））

　「①→②」の順でみていますが、実務では②が先にされます。①を先にしてしまうと、開始決定の送達を受けた債務者が、差押えの登記がされる前に知人に不動産の名義を移して執行妨害をしようとしたりするからです。

（b）処分制限の効力

差押えがされると、債務者が不動産を処分することが制限されます。

ex. 差押えの登記後に、債務者が差し押さえられた不動産に特定の債権者の抵当権を設定して抵当権の設定の登記をすること自体はできます。しかし、競売手続が進むと、その抵当権の登記は抹消されてしまいます（P304②）。また、差押えの登記後に登記された抵当権の抵当権者は配当を受けられません（P303②参照）。

ただし、差押えがされても、債務者は不動産を通常の用法に従って使用しまたは収益することはできます。債務者は、住み続けることができますし、不動産を賃貸しているのであれば賃料を取得し続けることができます。だから、債務者は、強制競売の開始決定に対して執行異議しかできないんです（P287〜288（2））。

（3）超過差押えの可否

「超過差押え」とは、差押債権者の債権額および執行費用を超えて複数の不動産を差し押さえることです。強制競売においては、超過差押えをすることができます。差押え後に不動産の評価などがされるので、差押えの段階では不動産がいくら以上で売れるのかがわからないからです。また、差押債権者以外にも、抵当権者や配当要求をした債権者などが配当を受けますので、1つの不動産の差押えで十分かは差押えの時点ではわからないという理由もあります。

P314

ここに注意

強制競売は、他の債権者も配当を受けますし、差押債権者が1位で配当を受けるとも限りません。たとえば、差押えの登記前に登記された1番抵当権があれば、1番抵当権の抵当権者が1位で配当を受けます。そのための抵当権ですから。

☞ 「執行費用」とは？

執行費用：強制執行の申立費用、現況調査手数料、差押登記の登録免許税（債権額の4/1000）など執行に必要となる費用

執行費用は、強制競売の申立てをする債権者がいったん負担します。いったん負担するので、強制競売の申立てを行う債権者は、予納金という名目で50〜200万円程度（債権額や裁判所によって金額が変わります）を支払う必要があります。高いですね……。ただ、執行費用を負担した債権者は、執行費用は売却代金からまっさきに回収できます。

※超過売却の可否

　ただし、超過売却をすることはできません（民執法73条、61条ただし書）。売却の段階では、不動産がいくら以上で売れるのかや差押債権者が受ける配当額が判明しているからです。

　つまり、超過しているかは、売却の時点で判断するわけです。

4．売却のための保全処分

　執行裁判所は、債務者または不動産の占有者が価格減少行為をするときは、差押債権者の申立てにより、買受人が代金を納付するまでの間、保全処分などをすることができます（民執法55条1項柱書本文）。ただし、不動産の価格の減少またはそのおそれが軽微であるときは除きます（民執法55条1項柱書ただし書）。

　「価格減少行為」とは、不動産の価格を減少させる行為またはそのおそれがある行為のことです（民執法55条1項柱書本文かっこ書）。競売を妨害するために、建物の壁を壊したりする債務者や不良少年などを競売不動産に住まわせたりする占有屋もいるんです。そういった場合に対処する規定です。

　「保全処分」とは、価格減少行為の禁止、不動産の執行官への引渡し、不動産の執行官による保管、占有移転禁止などの処分のことです（民執法55条1項1～3号）。

　この保全処分の申立てができるのが、「差押債権者」という点がポイントです。差押えをした債権者である必要があり、強制競売の開始決定前の一般債権者が申立てをすることはできません。強制競売の開始決定前は、強制競売ができるかも不明の段階だからです。

5．権利関係調査
（1）現況調査

　執行裁判所は、執行官に対し、不動産の形状、占有関係その他の現況について調査を命じます（民執法57条1項）。執行官が現地に行って不動産を確認するわけです。

　現況調査をした執行官は、「現況調査報告書」というものを作成し、執行裁判所に提出します（民執規29条1項）。

（2）評価

　執行裁判所は、評価人を選任し、不動産の評価を命じます（民執法58条1項）。評

価人には、通常は不動産鑑定士が選任されます。「不動産鑑定士」とは、不動産の鑑定や価格の評価のプロです。

　不動産の評価をした評価人は、「評価書」というものを作成し、執行裁判所に提出します（民執規30条1項）。

6. 債権関係調査

　上記5.の権利関係の調査と並行して、債権関係の調査が行われます。

　裁判所書記官は、配当要求の終期を定め、公告します（民執法49条1項、2項）。配当要求ができる債権者は、この終期までに配当要求をすることができます。

　また、裁判所書記官は、配当要求の終期を定めたら、差押えの登記前に登記されている抵当権者などに債権届出の催告をします（民執法49条2項）。「債権額などはいくらですか〜？」と抵当権者などに問い合わせるわけです。これが、民法Ⅰのテキスト第2編第10章第1節 7 3.（1）（a）※、および、不動産登記法Ⅱのテキスト第3編第2章第7節 4 4.①ⅱの催告です。

7. 売却準備

　上記5.の権利関係の調査と上記6.の債権関係の調査の結果が出揃ったら、売却の準備に入ります。具体的には、「物件明細書の作成」（下記（1））と「売却基準価額の決定」（下記（2））がされます。

（1）物件明細書の作成

　裁判所書記官は、物件明細書を作成します（民執法62条1項柱書）。物件明細書は、上記5.（1）の現況調査報告書と上記5.（2）の評価書とともに公開されます（民執法62条2項）。これら3つを「3点セット」といいます。この3点セットは、競売物件の購入を考えている人は、執行裁判所で閲覧することができますし、「BIT不動産競売物件情報サイト」というサイトで見ることもできます（民執規31条）。

　物件明細書には、以下の①〜③の事項が記載されます。

①不動産の表示（民執法62条1項1号）
　これは当たり前ですね。
②不動産にかかる権利の取得および仮処分の執行で売却により効力を失わないもの
　（民執法62条1項2号）

これは、下記（a）で説明します。

③売却により設定されたものとみなされる地上権の概要（民執法62条1項3号）

これは、下記（b）で説明します。

（a）売却に伴う権利の消滅

売却前に不動産を目的として存在していた権利には、売却により消滅する権利と、消滅しない権利（買受人に引き受けられる権利）があります。

	売却により消滅する権利	売却により消滅しない権利 （買受人に引き受けられる権利）
担保物権	①抵当権（民執法59条1項） ②使用収益しない旨の特約のある質権（民執法59条1項） ③先取特権（民執法59条1項）	①留置権（民執法59条4項） ②使用収益しない旨の特約のない質権（左の①～⑤のいずれにも対抗することができる質権。民執法59条4項）
差押え 仮差押え	④差押え（民執法59条3項） ⑤仮差押え（民執法59条3項）	
利用権	⑥上記①～⑤のいずれかに対抗することができない利用権（民執法59条2項）	③左の①～⑤のいずれにも対抗することができる利用権（民執法59条2項参照）
仮処分	⑦上記①～⑤のいずれかに対抗することができない仮処分（民執法59条3項）	④左の①～⑤のいずれにも対抗することができる仮処分（民執法59条3項参照） ただし、仮処分の内容によっては、消滅することがあります。

考え方と思い出し方

原則として、売却前に不動産を目的として存在していた権利は消えます。これを「消除主義」といいます。よって、消えない（買受人に引き受けられる）権利のほうを以下のように思い出せるようにしてください。

①留置権

②対抗することができる使用収益しない旨の特約のない質権

③対抗することができる利用権

④対抗することができる仮処分

これらの権利は買受人に引き受けられるので、ふりがなをふっているところを取って買受人が「りょーかいした！」と言っているシーンを思い浮かべて記憶しましょう。

　……と説明してきましたが、利害関係人が、下記（2）の売却基準価額が定められる時までに、上記の表（差押え、仮差押え、仮処分は除きます）と異なる合意をした旨の届出をしたときは、その合意に従います（民執法59条5項）。

　「買受人が納得するの？」と思われると思いますが、この合意は物件明細書にも記載されます。よって、買受人もその合意の内容を知ったうえで買い受けます。

（ｂ）法定地上権

　以下の①〜④の要件を充たすと、強制競売による売却によって法定地上権が成立します（民執法81条）。

①土地上に建物が存在する
②土地と建物が債務者の所有である
　仮差押えが差押えに移行した場合、この②の要件（民執法81条前段）は、仮差押え時に充たしていれば、差押え時に充たしていなくてもOKです（法定地上権が成立します。最判平28.12.1）。
③土地・建物の一方または双方に差押えがされた
　民事執行法81条には「土地又は建物の差押え」

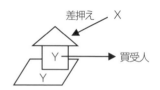

【建物の売却の例】

とあるのですが、土地と建物の双方に差押えがされた場合にも下記④の事態は起こるので、土地と建物の双方に差押えがされた場合も含むと解されています。
④売却により土地・建物の所有者を異にするに至った
　土地・建物の所有者が別人にならなければ、土地利用権（法定地上権）は必要ないからです。

　「抵当権」ではなく「差押え」ですが、抵当権の実行によって成立する法定地上権とほとんど同じ要件ですね。── 民法Ⅱのテキスト第4編第5章第7節[3]2. やはり建物は社会全体の財産でもあり収去することは社会経済上の損失といえるので、法定地上権を成立させて建物を収去しなくて済むようにしているんです。また、法定地上権が成立することは物件明細書にも記載されますので、買受人も把握しています。

（2）売却基準価額の決定

　執行裁判所は、評価人の評価（P291〜292（2））に基づいて、「売却基準価額」（売却の額の基準となるべき価額）を定めます（民執法60条1項）。この売却基準価額か

ら2割引いた額（8/10の額）が「買受可能価額」となります（民執法60条3項）。
競売物件を買い受けようとする人は買受可能価額以上で買受けの申出をする必要が
あるので、この買受可能価額が売却の最低価額となります。

　このように、2つの基準となる価額があるのは、次の理由によります。「売却基準
価額」は、安く売却されるのを防止するためにあります。安くしか売れないと、債権
者が回収できる額が少なくなりますし、債務者が弁済しなければならない債務額が多
く残ってしまいます。しかし、売却価額を固定すると、買い手がつかなくなってしま
います。そこで、2割引いた「買受可能価額」があります。

─ Realistic 15　本音 ─

　……と説明しましたが、「それなら、最初から買受可能価額だけ定めればいいのでは？」と
思われた方もいると思います。執行裁判所の本音は、買い手がつくように相場よりも安い価格
で競売にかけたいのです。しかし、評価人となる不動産鑑定士は公示価格などの評価もしてい
るため、適正でない評価はできません。そこで、適正価額である「売却基準価額」と、買い手
がつくように定められた「買受可能価額」の2つができたんです。

※無剰余換価

　執行裁判所は、以下の①または②の場合には、以下の①または②の旨を差押債権者
に通知します。

①差押債権者の債権に優先する債
　権がなく、買受可能価額が手続
　費用（執行費用のうち共益費用）
　の見込額を超えない場合（民執
　法63条1項1号）

②差押債権者の債権に優先する債
　権があり、買受可能価額が手続
　費用と優先する債権の見込額の
　合計に満たない場合（民執法63
　条1項2号）

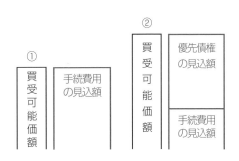

　そして、差押債権者がこの通知を受けた時から1週間以内に以下のことなどをしな
いと、強制競売の手続は取り消されます（民執法63条2項柱書本文）。
・上記①②のいずれにも該当しない（剰余の見込みがある）ことを証明する（民執法
　63条2項柱書ただし書）

・手続費用と優先する債権の見込額の合計額以上の額で自ら買い受ける旨の申出をして、この額に相当する保証を提供する（民執法63条2項1号）

　これは、要は「差押債権者が手続費用以外の配当を受けられないのなら、基本的に強制競売の手続は取り消しますよ」ということです。差押債権者が手続費用以外の配当を受けられない強制競売は、意味がないからです。優先する債権の債権者（ex. 抵当権者）は、配当を受けられるかもしれませんが、優先する債権の債権者は「不動産価額が上がったときに競売したい」と考えているかもしれません。手続費用以外の配当を受けられない差押債権者が選択したタイミングで売却をするべきではないんです。

8．売却実施
　売却の準備が調ったら、いよいよ売却の実施です。

（1）売却の実施方法
　裁判所書記官が、以下の①〜④の中から売却の実施方法を定めます（民執法64条1項）。

①期日入札（民執法64条2項、民執規34条）
②期間入札（民執法64条2項、民執規34条）
　①は期日に、②は期間内（1週間程度です）に最高価で入札した者が買受人となります。
③競り売り（民執法64条2項、民執規50条）
　これは、オークション形式です。競り売り期日において、「500万！」「600万！」などと申出をして買受けの申出の額を競り上げさせます（民執規50条1項）。
④特別売却（民執規51条）
　これは、先着順（早い者勝ち）の方法です。

　かつては、①の方法によっていました。しかし、①だと（③も）、期日に買受けの申出をしたい者が集まることになり、暴力団関係のコワモテの人が「今日はこれを持って帰らんかい！」と現金を渡して、一般の人を帰らせたりしていました。そこで、今は、通常は②の方法によります。②では売れなかった場合に④の方法によるというのが、一般的です。

（2）買受けの申出
（a）買受けの申出ができない者
　買受けの申出ができない者がいます。

買受けの申出ができる者（○）	買受けの申出ができない者（×）
①債権者（※） ②保証人 ③物上保証人 ④第三取得者（民法390条）	①債務者（民執法68条） 　債務者は、買受けの申出ができるのなら、その資力をもって債権者に弁済すべきだからです。

※債権者は、たとえば、以下のような場合に買受人となります。

ex1. 右の図のように、債権者が債務者の土地と隣接している公道に面していない土地を所有している場合に、債権者が公道に面している債務者の土地を買い受けることがあります。この買受けによって、債権者の土地が、公道に面している土地となるので、価値が高騰するんです。これ、やり方によっては地上げなんですがね……。

債権者
債務者

公道

ex2. 不動産の共有持分の競売（P285の2.）の場合に、他の共有者が債権者であり、他の共有者が買い受けることがあります。他の共有者とその不動産をともに使うのは普通は嫌なので、他の共有者くらいしか買い手がいないことが多いんです。

（b）暴力団員などに該当しない旨の陳述
i　意義
　買受けの申出をする者は、以下の①②のいずれにも該当しない旨を陳述する必要があります。

①買受けの申出をしようとする者が暴力団員または暴力団員でなくなった日から5年を経過しない者である（民執法65条の2第1号）
②自己の計算において（支出で）買受けの申出をさせようとする者が暴力団員または暴力団員でなくなった日から5年を経過しない者である（民執法65条の2第2号）
　この②は、買受けの申出をする者は暴力団員などでないが、買受けの申出をする者に暴力団員などが指示を出している場合です。

「『暴力団員などです』と正直に言うの？」と思われると思いますが、虚偽の陳述をすると、刑事罰（6か月以下の懲役〔＊〕または 50 万円以下の罰金）に処せられます（民執法 213 条 1 項 3 号）。

＊令和4年6月の改正により、懲役刑と禁錮刑は拘禁刑に一本化されることになりました。この改正は、令和4年6月から3年以内に施行されます。

ii　趣旨

官民で暴力団を排除する取組みが行われていて、不動産取引でも暴力団の排除が行われています。暴力団事務所は全国に約 1700 か所ありますが、そのうちの約 200 か所が競売を通して暴力団事務所となっており、暴力団が競売を利用している現状があります。そこで、このような規定ができたんです。

iii　その後の手続

執行裁判所は、原則として、最高価買受申出人（最も高値で入札した人）が暴力団員などであるかの調査を警察に嘱託します（民執法 68 条の 4）。そして、執行裁判所は、最高価買受申出人が暴力団員などであると認めるときは、売却不許可決定をします（民執法 71 条 5 号）。

※法人の場合

法人の場合、上記の規定は役員について適用されます（民執法 65 条の 2、68 条の4、71 条 5 号ロ）。役員が、暴力団員などであるかが問題となります。

（c）保証の提供

買受けの申出をしようとする者は、売却基準価額の 2 割の額の保証を提供しなければなりません（民執法 66 条、民執規 39 条 1 項）。

この保証は、買受人となった場合には代金の一部に充てられ（民執法 78 条 2 項）、買受人とならなかった場合には返還されます。しかし、買受人となったにもかかわらず代金を納付しないときは、この保証は没収されてしまいます（民執法 80 条 1 項）。このようなペナルティーを課すことで、冷やかし入札を防止しているんです。

（d）次順位買受けの申出

以下の①②の要件を充たす場合には、最高価買受申出人（1 位の人）に次いで高額の買受けの申出をした次順位買受申出人（2 位の人）は、1 位の人についての売却許可決定が 1 位の人が代金を納付しなかったことによって効力を失うときは、自分の買受けの申出について売却を許可すべき旨の申出をすることができます（民執法 67 条）。

これを「次順位買受けの申出」といいます。この申出ができるのは2位の人であり、3位以下の人はできません。なお、2位の人の申出も、実際にはほとんどありません。

①売却の実施の終了までに、執行官に対して申し出る
②2位の人の買受けの申出の額が、⟨ⅰ⟩買受可能価額以上で、かつ、⟨ⅱ⟩1位の人の申出の額から買受けの申出の保証の額を引いた額以上である

　これならば、1位の人が代金を納付した場合以上の納付額となるから構わないということです。なぜなら、上記（ｃ）のとおり、1位の人の申出の保証額は没収されて代金に充てられるからです。
　この②の要件がわかりにくいと思いますので、要件を充たす場合と充たさない場合をみていきましょう。

※売却基準価額1000万円、買受可能価額800万円とします。保証の額は、売却基準価額の2割の額なので200万円となります。

	1位の人の申出額	2位の人の申出額	次順位買受けの申出の可否
case①	900万円	750万円	× 2位の人の申出額（750万円）が買受可能価額（800万円）以上でない（上記◇を充たさない）からです。
case②	1100万円	850万円	× 2位の人の申出額（850万円）に保証の額（200万円）を加えても、1位の人の申出の額（1100万円）以上とならない（上記◈を充たさない）からです。
case③	1000万円	800万円	○ 2位の人の申出額（800万円）が買受可能価額（800万円）以上であり（上記◇を充たし）、2位の人の申出額（800万円）に保証の額（200万円）を加えると、1位の人の申出の額（1000万円）以上となる（上記◈を充たす）からです。

9．売却許可決定
（1）売却決定期日
　期間入札であれば入札期間の経過後に、執行裁判所は売却決定期日を開きます。その期日において、執行裁判所は売却の許可または不許可を言い渡します（民執法 69 条）。最高価買受申出人が暴力団員などであったなど、民事執行法 71 条各号のいずれかの事由があるときは、売却不許可決定がされます。

（2）不服申立て
　売却の許可または不許可の決定に対してできる債務者・債権者の不服申立ては、以下のとおりです。

・売却の許可の決定
　→　債務者が執行抗告可（民執法 74 条 1 項）
　許可の決定が出ると、買受人が代金を納付すれば不動産の所有権が債務者から買受人に移転します。債務者が自身の財産を使えなくなってしまうので、執行抗告ができるんです（P287 の「債務者が執行抗告できるかの判断基準」）。

・売却の不許可の決定
　→　債権者が執行抗告可（民執法 74 条 1 項）
　不許可の決定が出ると、原則として改めて売却手続を実施しなければならなくなるので、債権者にとっては重大問題だからです。

※執行官の誤りにより入札が無効と判断された者
　最高価で買受けの申出をしたにもかかわらず、執行官の誤りにより入札が無効と判断されて他の者が最高価買受申出人と定められたことがありました。この場合、最高価で買受けの申出をした者は、執行抗告をすることができます（最決平 22.8.25）。本来買受人となれていたはずなのに、執行官の誤りによって入札が無効と判断されたからです。

（3）買受申出後の強制競売の申立ての取下げの可否
　強制競売の申立てをした債権者は、買受けの申出がある前であれば申立てを取り下げられます。
　それに対して、買受けの申出があった後に強制競売の申立てを取り下げるには、原則として、以下の①～③の者の同意を得なければなりません（民執法 76 条 1 項本文）。

①最高価買受申出人

②買受人

　①②は、どちらも１位の人のことですが、売却許可決定がされる前だと「最高価買受申出人」といい、された後だと「買受人」といいます。売却許可決定がされた後でも、１位の人（②）と２位の人（③）の同意があれば取り下げられるんです。

③次順位買受申出人

　①〜③の者は、保証の提供をしているからです。２位の人（③）の同意も必要なのは、２位の人も買受人となる可能性があるからです（P298〜299（d））。

※３位以下の人は、次順位買受けの申出ができないので、提供した保証は返還されています。よって、同意も不要です。

　なお、上記①〜③の者は、もちろん存在しなければ同意は不要です。

ex. 入札者が１人しかいない場合に、買受人となったその人が代金納付の期限までに代金の納付をしないときは、強制競売の申立てをした債権者は誰の同意もなく申立てを取り下げられます。

（4）最高価買受申出人または買受人のための保全処分

　執行裁判所は、債務者または不動産の占有者が価格減少行為をするまたはするおそれがあるときは、最高価買受申出人または買受人の申立てにより、引渡命令の執行までの間、保全処分などをすることができます（民執法77条１項）。強制競売の開始決定後にこのような申立てができたのは、差押債権者でした（P291の4.）。しかし、この時点では、間もなく不動産が最高価買受申出人または買受人のものとなるので、これらの者がこの申立てをすることができるんです。

10. 代金納付

　売却許可決定が確定すると、裁判所書記官は代金の納付期限を定めます。買受人は、この納付期限までに代金を執行裁判所に納付しなければなりません（民執法78条１項）。買受人が買受けの申出の保証として提供した金銭は代金に充てられるので（民執法78条２項）、買受申出額から保証の額を引いた額を納付することになります。

　買受人は、代金を納付した時に不動産を取得します（民執法79条）。

　買受人が納付期限までに代金を納付しないときは、売却許可決定は効力を失います（民執法80条１項前段）。

11. 配当、弁済金の交付

(1) 配当の要否

売却代金は、以下の①②のいずれかの方法で債権者などに分配されます。

①配当

下記②のいずれにも当たらない（債権者が2人以上であり、かつ、売却代金で各債権者の債権および執行費用の全部を弁済することができない）場合、配当期日において裁判所書記官が配当表を作成し、配当表に基づいて配当がされます（民執法85条5項、84条1項）。債権者同士で争いになっているので、民法などに基づく分配額の計算をする必要があるからです。

②弁済金の交付

以下のいずれかの場合には、執行裁判所は売却代金の交付計算書を作成して、債権者に弁済金を交付し、剰余金があれば債務者に交付します（民執法84条2項）。
・債権者が1人である場合
・債権者が2人以上であり、かつ、売却代金で各債権者の債権および執行費用の全部を弁済することができる場合

これらの場合、債権者同士で争いにならないため、民法などに基づく分配額の計算をする必要がないからです。剰余金が債務者に交付されるのは、売却されたのは債務者の不動産だからです。

※配当異議

上記（1）①の配当表に不服のある債権者および債務者は、配当期日において異議の申出をすることができます（民執法89条1項）。これを「配当異議」といいます。債権者は「私の配当額はもっと高いだろ」、債務者は「この債権者の債権額はそんなに高くはない」などと異議を述べることが考えられます。

この配当異議の申出がされると、一時的に配当が留保されます。そして、配当異議の申出をした債権者、および、執行力のある債務名義の正本を有しない債権者に対して（＊）配当異議の申出をした債務者は、「配当異議の訴え」という訴えを提起しなければなりません（民執法90条1項）。配当異議の申出による配当の留保は一時的なものだからです。「訴え」ということは判決手続になるのですが、それは「私の配当額はもっと高いだろ」などは実体上のハナシだからです。

＊債務名義の正本を有する債権者に対しては、請求異議の訴えを提起すべきです（P341〜342の1.）。

（2）配当、弁済金の交付を受けられる債権者

　債権者のすべてが配当、弁済金の交付を受けられるわけではありません。配当、弁済金の交付を受けたければ、原則として汗をかく（登記や差押えの申立てなどをする）必要があります。

　配当、弁済金の交付を受けられるのは、以下の表の①〜④の債権者です。①②の債権者は差押えの登記前に登記されている必要があり締切りが早いのに対して、③④の債権者は配当要求の終期までに競売の申立て・配当要求をすればよく締切りが遅いです（P286）。

| 差押えの登記 | 配当要求の終期 |

差押えの登記前に登記されている 必要がある債権者	配当要求の終期までに競売の申立て（③）・ 配当要求（④）をする必要がある債権者
①**仮差押債権者**（民執法 87 条1項3号） ②**抵当権、質権（売却により消滅するもの）、先取特権（右の③④の債権者が有する一般の先取特権を除く）を有する債権者**（民執法 87条1項4号） 　差押えの登記後に登記された権利の債権者は、「配当を受け取っておいて、後でいくらかバックしてやるよ」と債務者に近づいてきた債務者とグルである者かもしれないからです。 　ただ、②の債権者は、その権利が仮差押えの登記後に登記されたものだと、仮差押債権者が本案訴訟で勝訴したら配当、弁済金の交付を受けられません（民執法 87条2項）。仮差押えが差押えに移行するので、「差押えの登記後」として扱われるからです。	③**差押債権者**（民執法 87条1項1号） 　差押えは債務名義も必要であり、差押債権者は汗をかいたといえます。 ④**配当要求をした債権者**（民執法 87条1項2号） 　配当要求ができる債権者は、以下のⅰ〜ⅲの債権者です（民執法 51条1項）。 ⅰ　執行力のある債務名義の正本を有する債権者 ⅱ　強制競売の開始決定にかかる差押えの登記後に登記された仮差押債権者 ⅲ　文書（私文書も含まれます）によって一般の先取特権を有することを証明した債権者 　債務名義を取ったり（ⅰ）仮差押えをしたり（ⅱ）して汗をかいています。**一般の先取特権を有する債権者（ⅲ）は厚かましく配当要求ができます。**一般の先取特権で担保される債権は少額ですし、従業員の給料債権など特に保護すべきものだからです。ⅰ〜ⅲの者がこの後の強制執行における配当要求ができる者の基準となるので、ふりがなをふっているところを取って、「イカサマ要求ではない」と記憶しましょう。

12. 登記の嘱託
（1）原則
　買受人が代金を納付したら、裁判所書記官は以下の①～③の登記を嘱託します。

①買受人の取得した権利（通常は所有権）の移転の登記（民執法82条1項1号）
②売却により消滅した権利または売却により効力を失った権利の取得もしくは仮処分にかかる登記の抹消（民執法82条1項2号）
③差押えまたは仮差押えの登記の抹消（民執法82条1項3号）
　②③は、P293～294（a）の権利のうち、売却により消滅する権利の登記の抹消です。

　裁判所書記官は、以下のような嘱託情報を登記所に送ります。

※債務者Yが所有している不動産に、Xの差押えの登記、Aの抵当権の登記がされており、競売によってBが買い受けた場合の嘱託情報です。

登記の目的	所有権移転
	1番抵当権抹消
	2番差押抹消
原　　　因	令和7年12月10日（＊）売買
権　利　者	B
義　務　者	所有者　　Y
	抵当権者　A
	差押権者　X
添付情報	登記原因証明情報（売却許可決定があったことを証する情報）
	住所証明情報（Bの住民票の写し）
課税価格	金1000万円
登録免許税	金20万1000円
内訳	移転登記分　金20万円
	抹消登記分　金1000円

＊年月日は、買受人の代金納付日を記載します。代金を納付した時に買受人が不動産を取得するからです（民執法79条。P301の10.）。

（2）例外
　以下の①②の場合には、上記（1）の嘱託情報を登記の申請の代理を業とすることができる者（司法書士など）で申出人の指定するものに渡して、その司法書士などが嘱託情報を登記所に提供します（民執法82条2項）。

①買受人が不動産の上に抵当権（根抵当権も含むと解されています）を設定する
②買受人および買受人から不動産の上に抵当権の設定を受けようとする者（銀行など）が、代金の納付の時までに申出をした

　かつては、買受人に融資した銀行が競売不動産についての抵当権の設定の登記を受けるには、上記（1）の嘱託情報が嘱託されるのを待つ必要がありました。そうすると、所有権の移転の登記と抵当

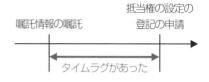

権の設定の登記の間にタイムラグができてしまい、その間に別の抵当権の設定の登記の申請がされるなどの危険性がありました。そのため、銀行が買受人に融資することをためらうことが多く、買受人も困っていたんです。しかし、この（2）の方式なら、司法書士などが以下の2件の登記を同時に申請するので、タイムラグが生じません。
1/2　上記（1）の嘱託情報の登記
2/2　抵当権の設定の登記

― Realistic 16　横浜ローン方式 ―

　この（2）は、横浜地方裁判所など一部の地方裁判所で採用されていた方式です（「横浜ローン方式」といわれていました）。それが、平成10年の改正によって制度化されたんです。

---

13. 引渡命令
（1）意義

　買受人に不動産の所有権が移転したにもかかわらず、ゴネて退去しない債務者や賃借人（買受人に対抗できない者）などもいます。そこで、代金を納付した買受人は、執行裁判所に対して、これらの者に不動産を買受人に引き渡すべき旨を命じるよう申し立てることができます（民執法83条1項本文）。これを「引渡命令」といいます。引渡命令がされるのは、買受人に対抗することができる権原（正当に使える権利。ex. P293の表の右の①～③の権利）により占有している者以外の者です。かつては、債務者に対抗することができる権原により占有している者に対しても、引渡命令ができませんでした。しかし、占有屋が、債務者と組んで、債務者から賃借権の設定を受けて債務者に対抗することができる権原により占有している者となり、執行妨害をしていました。そのため、買受人に対抗できる権原がないとダメであると平成8年に改正されました。

（2）趣旨

引渡命令は、買受人が不動産の占有者から引渡しを受けるために不動産の明渡請求訴訟を提起しなければならないのは大変なので、買受人が簡易迅速に決定手続で占有を取得できるようにするためにできた制度です。

※土地上に競売の対象とはされていない建物が存在する場合の引渡命令の可否

競売の対象とされた土地上に競売の対象とはされていない建物など土地の定着物が存在する場合であっても、土地の引渡命令を発することができます（最決平11.10.26）。

土地上に建物などが存在すると、土地の引渡しを受けられないかもしれません。しかし、だからといって引渡命令を発せられないとなると、買受人のために簡易迅速に決定手続で占有を取得できるようにした引渡命令の趣旨に反します。

（3）期間制限

買受人は、代金を納付した日から原則として6か月を経過したときは、上記（1）の申立てをすることができません（民執法83条2項）。

簡易迅速に決定手続で占有を取得できるようにするためにできた制度なので、申立ても早めにしないといけないんです。この期間をすぎたら不動産の明渡請求訴訟（通常の民事訴訟）による必要があるので、早めに申立てをしましょう。

（4）不服申立て

引渡命令の裁判に対してできる占有者・買受人の不服申立ては、以下のとおりです。

・引渡命令の決定
　→　占有者が執行抗告可（民執法83条4項）

引渡命令が出ると、占有者は不動産から強制的に追い出されることになるため、執行抗告ができるんです（P287の「債務者が執行抗告できるかの判断基準」）。

・引渡命令の却下または棄却の決定
　→　買受人が執行抗告可（民執法83条4項）

引渡命令が認められないということですから、買受人にとっては重大問題だからです。

3 強制管理

> **民事執行法93条（開始決定等）**
> 1　執行裁判所は、強制管理の手続を開始するには、強制管理の開始決定をし、その開始決定において、債権者のために不動産を差し押さえる旨を宣言し、かつ、債務者に対し収益の処分を禁止し、及び債務者が賃貸料の請求権その他の当該不動産の収益に係る給付を求める権利（以下「給付請求権」という。）を有するときは、債務者に対して当該給付をする義務を負う者（以下「給付義務者」という。）に対しその給付の目的物を管理人に交付すべき旨を命じなければならない。

1．強制管理とは？

　強制管理は、強制競売と同じく差押えはします。しかし、不動産を売却せず、管理人に不動産を管理させて、その不動産の賃料収入などから債権者が弁済を受けます。ただ、実際にはほとんど使われていません。ほとんどが強制競売になります。強制管理が稀に使われる例としては、「不動産価格が下がっている時期なので、すぐには競売せず、競売までの間の時間を埋めるために強制管理をしよう」というくらいです。

　強制管理には、強制競売の規定の多くが準用されています（民執法 111 条）。よって、以下では、強制管理に特有の規定を中心にみていきます。

2．開始決定
（1）開始決定の手続

　執行裁判所は、強制管理の申立てを認めて手続を開始するには、強制管理の開始決定をし、債権者のために不動産を差し押さえる旨を宣言し、かつ、債務者に対し収益の処分を禁止し、および、債務者が賃貸料の請求権などの給付請求権を有するときは債務者に対して給付をする義務を負う者（給付義務者）に対して給付の目的物を管理人に交付すべき旨を命じます（民執法93条1項）。

　不動産の賃料収入などから債権を回収するのが強制管理なので、債務者の収益の処分を禁止して、すでに賃借人などがいるのであれば支払先を管理人に変更するわけです。

　そして、強制管理の開始決定は、債務者と（いれば）給付義務者に送達します（民執法93条3項）。債務者の不動産の収益権を奪うという重大な決定ですので、送達す

る必要があるんです。給付義務者（ex. 賃借人）がいれば給付義務者にも送達する必要があるのは、支払先が管理人に変わるからです。給付義務者に対する開始決定の効力は、開始決定が給付義務者に送達された時に生じます（民執法93条4項）。

（2）不服申立て

　強制管理の申立ての裁判に対してできる債務者・債権者の不服申立ては、以下のとおりです。

・強制管理の開始決定
　　→　債務者が執行抗告可（民執法93条5項）
　強制競売の開始決定に対しては、債務者は、まだ不動産から追い出されるわけではないため、執行異議しかできませんでした（P287～288（2））。それに対して、強制管理の開始決定がされると、管理人が不動産を管理することになり、債務者が追い出されることもあります。よって、債務者は執行抗告ができます（P287 の「債務者が執行抗告できるかの判断基準」）。

・強制管理の申立ての却下
　　→　債権者が執行抗告可（民執法93条5項）
　強制管理の申立てを受け付けてくれないということですから、債権者にとっては重大問題だからです。

（3）二重の開始決定の可否

　強制管理または担保不動産収益執行（抵当権などに基づく管理）の開始決定がされた不動産について、さらに強制管理の申立てがあったときは、さらに強制管理の開始決定がされます（民執法93条の2）。つまり、強制管理も、開始決定が二重になることがあるんです。
　これは、その後の手続も理由も強制競売（P288（3））と同じです。先行手続がダメになったときは、後行手続に基づいて

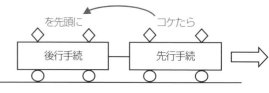

手続が続行されます（民執法111条、47条2項）。これができるように、開始決定を二重にしておきます。

3．管理人

（1）選任

　強制管理には、債務者の不動産を管理して賃貸したりする「管理人」が必要です。執行裁判所が、強制管理の開始決定と同時に管理人を選任します（民執法94条1項）。管理人には、執行官や弁護士が選任されることが多いです。ただ、執行官や弁護士が賃借人を探すのは大変なので、管理人は実際の不動産の管理を不動産管理会社に委託することが多いです。

（2）権限

　管理人は、強制管理の開始決定がされた不動産について、管理、収益の収取、および、収益の換価をすることができます（民執法95条1項）。

　また、管理人は、不動産について、債務者の占有を解いて自らこれを占有することができます（民執法96条1項）。債務者がいたら賃貸などができないからです。

4. 配当、弁済金の交付を受けられる債権者

　配当、弁済金の交付を受けられるのは、以下の表の①〜⑤の債権者です。5つもあって1コ1コ記憶するのは大変ですよね。①〜⑤は、要は期間の満了までに管理型の執行の申立てをした債権者です。こう記憶しましょう。締切りは、1つだけです。

執行裁判所
の定める
期間の満了

執行裁判所の定める期間の満了までに管理型の執行の申立てをした債権者
①強制管理の申立てをした債権者（民執法107条4項1号イ）
②一般の先取特権の実行として担保不動産収益執行の申立てをした債権者（民執法107条4項1号ロ）
③担保不動産収益執行の申立てをした者であって、その申立てが最初の強制管理の開始決定にかかる差押えの登記前に登記がされた担保権に基づく債権者（民執法107条4項1号ハ）
④強制管理の方法による仮差押えの執行の申立てをした仮差押債権者（民執法107条4項2号）
⑤配当要求をした債権者（民執法107条4項3号） 　配当要求ができる債権者は、以下のⅰ・ⅱの債権者です（民執法105条1項）。 ⅰ　執行力のある債務名義の正本を有する債権者 ⅱ　文書（私文書も含まれます）によって一般の先取特権を有することを証明した債権者 　強制競売（P303④）と異なり、「仮差押債権者」が入っていませんが、それは上記④によって配当、弁済金の交付を受けられるからです。差押えの登記後に登記された仮差押債権者でも、強制管理の方法による仮差押えの執行の申立てをすれば配当、弁済金の交付を受けられます。

第3節　動産執行

1　動産執行とは？

1.　意義

　テレビドラマなどで、執行官が債務者の家にいきなり入ってきて、タンスやテレビに紙を貼っていくシーンを見たことがあると思います。実際の動産執行の方法はテレビドラマほど派手ではありませんが、あのシーンをイメージしてください。

― Realistic 17　動産執行は効果的ではないことが多い ―

　動産執行は、債権者の債権の満足のために効果的ではないことが多いです。債務者の家や事業所などに、価値のある動産があるかどうかはわかりません。普通の家や事業所には、そんなに価値のある動産ってないんです。みなさんのご自宅には、価値のある動産がありますでしょうか。私の自宅には、ほとんどありません。また、一般家庭で価値のある動産というと、グランドピアノが典型例ですが、運び出すのに専門の業者に依頼する必要があり、費用がかかってしまうこともあります。よって、動産執行は有用性の高いものではなく、単に債務者に対する嫌がらせ目的で使われることもあります……。家や事業所に執行官が来たら嫌ですよね。

　ただ、予納金が5万円弱程度で済み、期間も数週間程度で終わるというメリットはあります。

2.　動産執行の対象

　動産執行の対象となる動産か、別の執行方法の対象となる動産か問題となる動産があります。

動産執行の対象となる動産（○）	動産執行の対象とならない動産（×）
①未登録の自動車	①登録された自動車（民執規86条）
②登記することができない土地の定着物（ex. 庭石。民執法122条1項かっこ書）	②登録された航空機（民執規84条）
③土地から分離する前の天然果実で1月以内に収穫することが確実であるもの（民執法122条1項かっこ書）	③登録された建設機械（民執規98条）
④裏書の禁止されている有価証券以外の有価証券（民執法122条1項かっこ書）	④登録された小型船舶（民執規98条の2）

これらは「登録（登記）された」が共通点です。登録（登記）
されたこれらの財産は、別の執行方法が規定されています。

2 動産執行の手続

動産執行の手続の流れは、以下のとおりです。

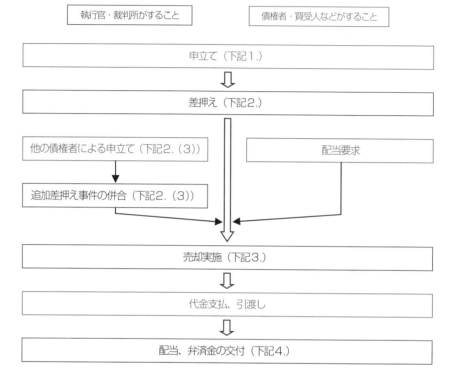

1. 申立て

債権者は、原則として執行文の付与された債務名義の正本などを添付した動産執行申立書を、執行機関である動産の所在地の執行官に提出して動産執行の開始を求めます（民執規1条、21条、99条）。この申立書には、差し押さえるべき動産が所在する場所（ex. 債務者の住所）を記載する必要がありますが（民執規99条）、差し押さえるべき動産を特定する必要はありません。債務者の家にどんな動産があるのかは、債権者にはわからないことが多いからです。他人の家にどんな物があるのか知っていたら怖いですよね……。

P287
└
P382＝
┌
P320

2. 差押え

> **民事執行法122条（動産執行の開始等）**
> 1　動産（登記することができない土地の定着物、土地から分離する前の天然果実で1月以内に収穫することが確実であるもの及び裏書の禁止されている有価証券以外の有価証券を含む。以下この節、次章及び第四章において同じ。）に対する強制執行（以下「動産執行」という。）は、執行官の目的物に対する差押えにより開始する。

（1）差押えの方法
（a）原則
　債務者の占有する動産の差押えは、執行官が動産を占有して行います（民執法123条1項）。債務者から動産を取り上げるのが原則なわけです。当然、素直に応じない債務者もいます。そこで、執行官は、債務者の住居などに立ち入り、債務者の占有する金庫などについて目的物を捜索することができます（民執法123条2項前段）。必要があるときは、閉鎖した戸、金庫などを開くために必要な処分をすることもできます（民執法123条2項後段）。解錠技術者と一緒に債務者の家に行ったりすることもあります。

（b）例外
　執行官は、相当と認めるときは、差し押さえた動産を債務者に保管させることができます（民執法123条3項前段）。この場合、封印などの方法で差し押さえた動産に差押えの表示をしなければなりません（民執法123条3項後段）。差押目録というものを作成して壁に貼ったりします。このように差し押さえた動産を債務者に保管させる場合、執行官は相当と認めるときは債務者の使用を許可することができます（民執法123条4項）。実際の動産執行では、このように動産を債務者に保管させて使用を許可することが多いです。

（2）債務者以外の者が占有する場合の差押え
　動産を第三者が占有している場合には、その第三者が動産の提出を拒まないのであれば差し押さえることができますが（民執法124条）、第三者が動産の提出を拒んだら差し押さえることができません。
　動産執行を行うのは執行官ですが、執行官には実質的審査権がないからです。

P288
└
┌
P322

（3）二重の差押えの可否

　執行官は、差押えまたは仮差押えの執行をした動産をさらに差し押さえることができません（二重の差押えの禁止。民執法125条1項）。動産に対する差押えは、上記（1）のとおり、執行官が現実に動産を把握するものだからです。

　差押えまたは仮差押えの執行を受けた債務者に対して、その差押えの場所についてさらに動産執行の申立てがあった場合、執行官はまだ差し押さえていない動産があるときは差し押さえ、差し押さえるべき動産がないときはその旨を明らかにして、その動産執行事件と先の動産執行事件とを併合します（民執法125条2項）。

（4）超過差押えの可否

P290
└

　動産の差押えは、差押債権者の債権額および執行費用を超えてすることはできません（民執法128条1項）。動産の差押えは、上記（1）（a）のとおり債務者から動産を取り上げることもあるので、不必要にいくつもの動産を差し押さえると債務者に必要以上の負担を強いることになるからです。

　差押え後に差押債権者の債権額および執行費用を超えることが明らかとなったときは、執行官は超える限度において差押えを取り消します（民執法128条2項）。一部の動産の差押えを取り消して債務者に返還したりします。

　なお、実際には、差押債権者の債権額に足らないことのほうが多いです。

（5）売却の見込みのない差押物

　差し押さえた動産について相当な方法による売却の実施をしてもなお売却の見込みがないときは、執行官はその差押えを取り消すことができます（民執法130条）。売れないことも結構あるんです。売れる見込みが立たない動産についてまで、差押えを維持することは債務者に大きな負担となるため、このような規定があるんです。

（6）差押禁止動産

　債務者が所有している動産のすべてを差し押さえることができるわけではありません。「差押禁止動産」というものがあります（民執法131条各号）。債務者や同居の親族の生活に欠くことができない衣服・寝具、仏像、位牌、現金66万円（標準的な世帯の2か月間の必要生計費）などは差押えができません。

　ただし、差押禁止動産の範囲は拡大または縮小することができます。執行裁判所は、債務者の申立てを受けて差押えの全部もしくは一部の取消しを命じること（拡大）、または、債権者の申立てを受けて差押禁止動産の差押えを許すこと（縮小）ができます（民執法132条1項）。たとえば、お店を営んでいる債務者に対する差押えの場合、

お店の商品を差し押さえられてしまうと営業ができなくなってしまいます。そこで、差押えの取消しがされることがあります。

3. 売却実施

売却の準備が調ったら、いよいよ売却の実施です。

（1）売却の実施方法

執行官が、以下の①〜③の中から売却の実施方法を決めます。

①入札（民執法 134 条）
②競り売り（民執法 134 条）
③特別売却（民執規 121 条）

この③は、執行官がその動産を買いたい人を探し出して個別交渉をしたりする売却方法です。

動産は、オークション形式である②の競り売りの方式によることが多いです。

（2）手形、小切手などの有価証券を差し押さえた場合

執行官は、手形、小切手などの有価証券を差し押さえた場合、その支払のための提示または支払の請求の期間の始期が到来したときは、債務者に代わって手形、小切手などの提示または支払の請求をしなければなりません（民執法 136 条）。これらの有価証券は、期間内に提示または支払の請求をしないと、証券上の権利が失権してしまいます。それを防ぐため、これらの有価証券を取り上げた執行官が代わりにするわけです。

執行官は、有価証券を売却したときは、債務者に代わって裏書または名義書換えに必要な行為をすることができます（民執法 138 条）。これらは有価証券を売却するために必要な行為なので、債務者の代わりにできるとされているんです。

4. 配当、弁済金の交付
（1）配当の要否

差し押さえた動産を売却して得た代金などは、以下の①②のいずれかの方法で債権者などに分配されます。

①配当

　下記②のいずれにも当たらない（債権者が2人以上であり、かつ、売却して得た代金などで各債権者の債権および執行費用の全部を弁済することができない）場合、配当となります。

　動産執行の配当は、まず債権者間で協議をします。

・この協議が調った場合

　　→　それに従って執行官が配当（民執法139条2項）

　協議に従って配当をするだけなので、執行官が機械的に配当できます。

・この協議が調わなかった場合

　　→　執行官はその事情を執行裁判所に届け出る（民執法139条3項）

　　→　執行裁判所が配当をする（民執法142条1項）

　執行官ができる機械的な配当のレベルを超えるので、執行官の手には負えず、執行裁判所に任せます。

②弁済金の交付

　以下のいずれかの場合には、執行官は、債権者に弁済金を交付して、剰余金があれば債務者に交付します（民執法139条1項）。

・債権者が1人である場合

・債権者が2人以上であり、かつ、売却して得た代金などで各債権者の債権および執行費用の全部を弁済することができる場合

　これらの場合には、債権者同士で争いがないので、執行官が機械的に弁済金を交付できます。

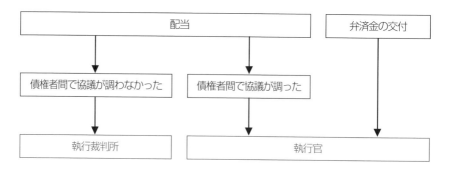

（2）配当、弁済金の交付を受けられる債権者

　配当、弁済金の交付を受けられるのは、以下の①②の債権者です（民執法140条）。

①差押債権者

　差押えの申立てをしたわけですから、当たり前ですね。

②以下の時期までに、配当要求をした債権者
・売得金（差し押さえた動産を売却して得た金銭）については執行官が交付を受けるまで
・差押金銭（金銭を差し押さえた場合）については差押えをするまで
・手形などの支払金については支払を受けるまで
　要は、「執行官が金をもらうまで」ということです。
　配当要求ができるのは、以下のi・iiの債権者です（民執法133条）。
i　先取特権者（一般の先取特権者および動産の先取特権者）
ii　質権者
　動産は通常は少額なので、優先権のある債権者に限定されています。一般の先取特権者（i）は、やはり厚かましく配当要求ができます。動産の先取特権者（i）と質権者（ii）は、その動産を目的として担保物権を有しているため、配当要求ができます。ふりがなをふっているところを取って、「サシで勝負」または「どうさんしっこう」と記憶しましょう。

― Realistic 18　質権者が配当要求？ ―

　質権者は普通は動産を占有していますので、P313（2）でみたとおり、提出を拒めば執行官に動産を渡す必要はありません。よって、質権者が配当要求をするという事案は、非常に珍しいです。しかし、質権者が提出を拒まずに動産を渡した場合には、配当要求をすることになります。なお、質権者は、動産の占有を失っても、質権を失うわけではありません。失うのは対抗力です（民法352条）。―― 民法IIのテキスト第4編第4章第2節22.

第4節　債権執行

1 債権執行とは？

1. 意義

　債権執行は、債権者が債務者の預貯金債権を差し押さえることをイメージするとわかりやすいです。預貯金債権を差し押さえられた「債務者（差押債務者）」は、自らの預貯金を引き出すことができなくなります。そして、その預貯金債権から「債権者（差押債権者）」が債権を回収します。この例で言うと、銀行などの金融機関を「第三債務者」といいます（民執法 144 条 2 項本文かっこ書）。なお、債権者の債務者に対する債権を「執行債権」、債務者の第三債務者に対する債権を「被差押債権」といいます。債権執行は、執行費用が通常は 1 ～ 2 万円程度ですみ、多く使われています。

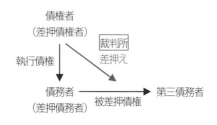

2. 債権執行の対象

　債権執行の対象となる債権は、以下の①または②の債権です（民執法 143 条）。

①金銭の支払を目的とする債権

　上記 1.で挙げた預貯金債権や、企業の取引先に対する売掛債権などが当たります。

②動産などの引渡しを目的とする債権

　債務者が所有している動産を第三者が占有している場合、第三者が動産の提出を拒むと動産執行ができませんでした（P313（2））。そのとき、第三者に占有の権原がなければ、債務者の第三者に対する動産の引渡請求権を差し押さえ、執行官にその動産を引き渡すべきことを請求することができます（民執法 163 条 1 項）。その後は、動産執行の方法によって換価をすることになります。

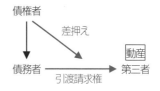

3. 執行裁判所

　債権執行を管轄する執行裁判所は、以下の①があれば①、①がなければ②となります（民執法 144 条 1 項）。

①債務者の普通裁判籍の所在地を管轄する地方裁判所

　債務者の家などの近くになるわけですが、それはやはりいきなり差押えをされる債務者のことを考えてのことです。

②差し押さえるべき債権の所在地を管轄する地方裁判所

　普通裁判籍がないことはほとんどないのですが、債務者が外国人である場合などはまれにあります。「差し押さえるべき債権の所在地」ですが、債権は物理的に存在するわけではありませんが、差し押さえるべき債権は原則としてその債権の債務者（第三債務者）の普通裁判籍の所在地にあるものとされます（民執法144条2項本文）。

P390

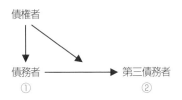

2 債権執行の手続

　債権執行の手続の流れは、以下のとおりです。

裁判所がすること	債権者・第三債務者などがすること

申立て（下記1.）

⇩

債権差押命令（下記2.）

⇩　　　　　　　　　　　⇩

取立て （下記3.（1））	転付命令、譲渡命令など （下記3.（2））

⇩　　　⇩　　　⇩

第三債務者の 支払（下記3. （1）（a））	取立訴訟 （下記3. （1）（b））	第三債務者の供託 （下記3.（1）（c））

⇩　　　⇩

配当	弁済金 の交付

＊以下の説明をお読みになる際は、その都度このチャート図に戻って、今どこを学習しているのかを確認してください。

319

1. 申立て

P312
└
P287＝
P382

　債権者は、原則として執行文の付与された債務名義の正本などを添付した債権差押命令申立書を、執行機関である執行裁判所に提出して債権執行の開始を求めます（民執規1条、21条、133条）。この申立書には、強制執行の目的とする財産の表示、つまり、対象の被差押債権を特定して記載する必要があります（民執規21条3号）。債権者は、債権差押えの申立てをするにあたって、被差押債権を特定する必要があるわけです。これは当たり前ですね。

― Realistic 19　預貯金債権の特定 ―

　預貯金債権は、「○○銀行の○○支店」まで特定する必要があります（最決平23.9.20）。これが、けっこう大変です。債権者がそこまで把握していないときは、債務者の家の近くの金融機関の支店宛てで片っ端から差押えの申立てをしたが、すべて空振り（債務者の債権がなく差押えができない）に終わることもあります。

　ただ、現在では、弁護士会照会（P101のRealistic 8）をすれば、一部の金融機関は債務者がどの支店に口座を有しているのかを検索してくれるようになっています。

---

2. 差押え

民事執行法143条（債権執行の開始）

　金銭の支払又は船舶若しくは動産の引渡しを目的とする債権（動産執行の目的となる有価証券が発行されている債権を除く。以下この節において「債権」という。）に対する強制執行（第167条の2第2項に規定する少額訴訟債権執行を除く。以下この節において「債権執行」という。）は、執行裁判所の差押命令により開始する。

（1）差押命令
（a）内容

　差押命令は、債務者と第三債務者に対して以下の①②の命令を内容とするものとなります（民執法145条1項）。

┌
P390

①債務者
　→　債権の取立てその他の処分（ex. 債権譲渡）を禁止する
②第三債務者
　→　債務者への弁済を禁止する

（b）審尋の可否

　執行裁判所は、差押命令を発するにあたって、債務者と第三債務者を審尋することはできません（民執法 145 条 2 項）。差押命令の前に債務者が差し押さえられることを知ると預貯金債権であれば引き出してしまいますし、第三債務者が知ると債務者に知らせてしまい、差押えが空振りになってしまうからです。

（c）送達

　差押命令は、債務者と第三債務者に送達します（民執法 145 条 3 項）。
　上記（a）のとおり、差押命令は債務者と第三債務者それぞれに対する命令を内容とするものなので、それぞれに送達する必要があるんです。

（d）効力発生の時期

　債権の差押えの効力は、差押命令が第三債務者に送達された時に生じます（民執法 145 条 5 項）。債務者に送達された時ではないので、ご注意ください。
　これは、第三債務者をインフォメーションセンターとするという考えによります。

（e）不服申立て

　差押命令の申立ての裁判に対してできる債務者・債権者の不服申立ては、以下のとおりです。

・差押命令
　→　債務者、第三債務者が執行抗告可（民執法 145 条 6 項）
　差押命令により債務者は被差押債権を処分することができなくなります。預貯金債権を差し押さえられたら、ＡＴＭで下ろしたりできなくなります。よって、債務者は執行抗告ができます（P287 の「債務者が執行抗告できるかの判断基準」）。

・差押命令の申立ての却下
　→　債権者が執行抗告可（民執法 145 条 6 項）
　差押命令の申立てを受け付けてくれないということですから、債権者にとっては重大問題だからです。

（2）第三債務者の陳述の催告

　債務者の家の近くの金融機関の支店宛てで片っ端から債権の差押えの申立てをしたりすることがあります。このように、債権執行は、被差押債権が存在するのか、存在したとしていくらの債権なのかといったことがわからないことも多いです。そこで、差押債権者は、裁判所書記官に、差押命令を送達するに際して、第三債務者に対して差押命令の送達の日から2週間以内に被差押債権の存否や債権額などについて陳述すべき旨を催告してもらうよう申し立てることができます（民執法147条1項、民執規135条1項）。

　この申立ては、差押命令を送達する前にする必要があります（通常は差押命令の申立ての際に併せてします）。この催告書は、差押命令に同封するからです。

（3）差押えの範囲

（a）基本

ⅰ　執行債権と執行費用を超える差押え

　執行裁判所は、差し押さえるべき債権の全部について差押命令を発することができます（民執法146条1項）。

ex. 執行債権と執行費用の合計額が60万円で被差押債権が100万円である場合でも、100万円全額について差押命令を発することができます（もちろん60万円でもOKです）。

　債権執行によって、被差押債権から債権を回収するのは差押債権者だけであるとは限らないからです。他の債権者が配当要求をしてくることもあります（民執法154条1項。P330③）。そのため、上記ex.でいうと、差押債権者の債権額と執行費用である60万円だけを差し押さえても不十分かもしれないんです。

　ただ、この場合、さすがに債務者の他の債権を差し押さえることはできません（民執法146条2項）。差押債権者の債権額と執行費用が60万円なのに、100万円の債権に加えて、債務者の他の債権を差し押さえるのはやりすぎですよね。差し押さえられた債務者は、ATMで下ろせなくなったりするわけですから。

P314
L
P288=

ⅱ　二重の差押えの可否 ── 差押えの競合

　ある債権者が差し押さえた債権を他の債権者が差し押さえることもできます。被差押債権は、差押債権者だけが目的とする財産ではないからです。

　差押えはかぶっても OK です。差押えや仮差押えの執行がかぶることを「競合」といいます。競合が生じると、差押えまたは仮差押えの執行の効力は被差押債権の全部に及びます（民執法149条）。競合が生じるのは、以下のような場合があります。

ex1. Xの申立てにより、YのZ銀行に対する預金債権100万円のうち60万円が差し押さえられました。その後、Wの申立てにより、YのZ銀行に対する預金債権100万円のうち60万円が差し押さえられました。この場合、XとWの差押えの効力は預金債権100万円の全部に及びます（民執法149条前段）。

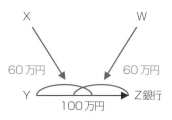

ex2. Xの申立てにより、YのZ銀行に対する預金債権100万円が差し押さえられました。その後、Wの申立てにより、YのZ銀行に対する預金債権100万円のうち60万円が差し押さえられました。この場合、Wの差押えの効力も預金債権100万円の全部に及びます（民執法149条後段）。

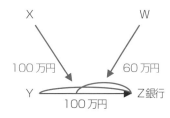

　差押えまたは仮差押えの執行の効力を被差押債権の全部に及ぼすのは、債権者平等の原則を図るためです。どういうことかというと、競合が生じたということは債権者みんなハッピーはありません。そこで、被差押債権の全部に効力を及ぼして、原則として債権額に応じて按分したほうが債権者平等が図られるだろうということです。

（b）継続的給付の差押え

　被差押債権が給料その他継続的給付にかかる債権だと、差押えの効力は差押えの後に受けるべき給付にも及びます（民執法151条）。

ex. 執行債権の額が100万円で被差押債権が給料債権月額20万円である場合、差押えの効力は今月分の給料債権だけでなく、翌月分、翌々月分……の給料債権にも及びます。

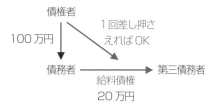

　今月分の給料債権、翌月分の給料債権、翌々月分の給料債権は、別の債権です。しかし、毎月差押えをしないといけないとなると、あまりに大変です。そこで、このように継続的に給付される債権は、1回

差押えをしておけばよいとされているんです。

（ｃ）扶養義務等にかかる定期金債権を請求する場合の特例
ⅰ　執行債権

強制執行を開始するには、執行債権は原則として期限が到来している必要があります（民執法 30 条 1 項。P282～283（1））。

しかし、例外的に、執行債権が以下の①～④の義務にかかる定期金債権である場合に、その一部に不履行があれば、定期金債権のうち確定期限が到来していないものも執行債権として、債権執行を開始することができます（民執法 151 条の 2 第 1 項）。

①夫婦間の協力義務・扶助義務（民法 752 条、民執法 151 条の 2 第 1 項 1 号）
②婚姻費用の分担義務（民法 760 条、民執法 151 条の 2 第 1 項 2 号）
③子の監護に関する義務（民法 766 条、749 条、771 条、788 条、民執法 151 条の 2 第 1 項 3 号）
④親族間の扶養義務（民法 877 条～880 条、民執法 151 条の 2 第 1 項 4 号）

これらの義務にかかる債権は、生活費・子の養育費などですので、支払がされないと債権者が生活できなくなってしまいかねません。また、毎月少額の債権が生じるので、期限が到来するごとに債権執行を申し立てるのは債権者の負担が大きいです。離婚したシングルマザーをイメージしてください。元夫から子の養育費が振り込まれなくなった場合に、毎月、元夫の給料債権を差し押さえないといけなかったら負担が大きいですよね。そこで、1 月分でも期日までに支払われなければ、翌月以降の養育費の請求権を執行債権として債権執行ができるんです。これは、子の養育費などは支払われないことが社会問題となっているため請求しやすい方向になっている（P72 の「扶養料、子の養育費などは請求しやすい方向に」）ということの現れでもあります。

ⅱ　被差押債権

この特例によって差し押さえることができる被差押債権は、上記ⅰの執行債権の確定期限の到来後に弁済期が到来する給料その他継続的給付にかかる債権に限られます（民執法 151 条の 2 第 2 項）。上記

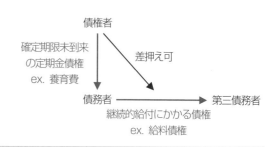

324

ⅰの執行債権が将来債権なので、その引当てとなる被差押債権も将来債権だと考えられるからです。翌月の養育費の支払は、翌月の給料からされるだろうということです。

※間接強制の可否

　金銭債権についての強制執行は、原則として間接強制の方法によることができません。「間接強制」とは、「債務者は、債権者に対し、令和 6 年 11 月 1 日から令和 7 年 3 月 31 日まで毎月末日限り金 20 万円の金員を支払え。債務者が各月ごとの金員の全額を期限内に支払わないときは、各月分全額の支払がされないごとに各金 10 万円を支払え。」といった決定のことです。間接強制は「履行しないと○○円を支払え」という懲罰的な決定であり、債務者にあまりに重い負担となるため、原則として間接強制の方法によることができないんです。

　しかし、上記ⅰの①～④の金銭債権についての強制執行は、債権者の申立てがあるときは、間接強制の方法によることができます（民執法 167 条の 15 第 1 項本文）。やはり子の養育費などは請求しやすくなっているんです。

（d）差押禁止債権
ⅰ　意義・趣旨
以下の①～③の債権は、3／4 の額の差押えが禁止されています。

①債務者が国および地方公共団体以外の者から生計を維持するために支給を受ける継続的給付にかかる債権（民執法 152 条 1 項 1 号）
　これは、たとえば、生活困窮者を支援する慈善団体から受ける給付が当たります。
　なお、「国および地方公共団体から受ける支給が除かれているけど、生活保護費とかは全額差し押さえられるってこと？」と思われるかもしれませんが、そうではありません。生活保護費などは別の法律で規制されているんです。よって、「国及び地方公共団体以外の者から」とされているんです。
②給料、賃金、俸給、退職年金および賞与ならびにこれらの性質を有する給与にかかる債権（民執法 152 条 1 項 2 号）
③退職手当およびその性質を有する給与にかかる債権（民執法 152 条 2 項）

　これらの債権は、債務者の生活のベースとなるものなので、すべてを債権者が取り上げてしまうと、債務者が生活できなくなってしまいます。よって、1／4 の額しか差押えができません。

　なお、①②については、3／4の額を超えても（月給だと）33万円を超える部分は
差押えができます（民執法施行令2条）。つまり、月給1000万円の債務者なら、967
万円を差し押さえていいわけです。「月33万円あれば生活できるでしょ」ということ
です。月33万円の生活をしていないでしょうが、生活レベルを下げてください……。

ⅱ　差押禁止の範囲の緩和

　執行債権がP324のⅰの債権である場合、上記ⅰの差押禁止部分は1／2となります
（民執法152条3項）。つまり、より多く差押えができるんです。やはり子の養育費
などは請求しやすくなっているんです。

ⅲ　差押禁止の範囲の変更

　執行裁判所は、債務者または債権者の申立てをうけて、債務者および債権者の生活
の状況その他の事情を考慮して、差押禁止の範囲の拡張または減縮をすることができ
ます（民執法153条1項）。
ex1. 債務者の「家族が多数いて収入のあるのは私だけです」という申立てをうけて、
　　差押禁止の範囲が拡張されることがあります。
ex2. 債権者の「債務者には収入の高い配偶者がいるから、もう少し差し押さえても生
　　活に困らないはずだ」という申立てをうけて、差押禁止の範囲が減縮されること
　　があります。
　これらの変更がされた後、事情の変更があったときは、執行裁判所は、申立てによ
りこの変更をさらに変更することもできます（民執法153条2項）。

　このような差押禁止の範囲の変更の規定があるんですが、債務者がこの制度を知ら
ないことが多く、あまり活用されていませんでした。そこで、令和元年の改正で、債
務者にこの制度を周知するため、裁判所書記官は、差押命令を送達するに際し、債務
者に対して差押命令の取消しの申立てをすることができる旨などを教示しなければ
ならないとされました（民執法145条4項）。

3. 債権の回収

　債権執行は、不動産執行や動産執行と比べ、**債権者が動かないといけないことが多**
いです。不動産執行や動産執行のように、強制執行の申立てをすれば、執行裁判所や
執行官が不動産や動産を売却したりして配当金や弁済金を交付してくれるわけでは
ありません。被差押債権を差し押さえただけでは、債権者は債権を回収できません。
差し押さえた後に債権を回収するには、大きく分けると「取立て」（下記（1））と「転

付命令、譲渡命令など」（下記（2））の方法があります。

（1）取立て
（a）意義
　金銭債権を差し押さえた債権者は、債務者に
対して差押命令が送達された日から1週間を経
過したときは、差押債権者の債権および執行費用
の額を限度として被差押債権を自ら取り立てる
ことができます（民執法155条1項）。

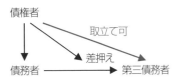

　不動産や動産は売っぱらってみないといくらで売れるかわかりません。それに対し
て、債権は額が明確です。よって、差押債権者が迅速に執行債権を回収できるよう、
差押債権者に直接の取立権を認めたのです。
　このように、差押債権者自ら取立てができるので、被差押債権について債権証書（ex.
金銭消費貸借契約書）があるときは、債務者は差押債権者に対して債権証書を引き渡
さなければなりません（民執法148条1項）。弁済をした者は、債権証書の返還を請
求できます（民法487条）。──民法Ⅲのテキスト第5編第6章第1節23.（6）①　よって、差
押債権者が第三債務者から債権証書の返還を請求されることがあるので、差押債権者
は債権証書がないと困るんです。

　差押債権者が取立てをするのに、債務者に対して差押命令が送達されてから1週間
待つ必要があるのは、債務者は差押命令に対して執行抗告をすることができるので
（民執法145条6項。P321（e））、執行抗告をするチャンスを与えるためです。執行
抗告ができる期間は、1週間です（民執法10条2項。P275の2.）。
　なお、被差押債権が差押禁止債権（P325〜326のⅰ）である場合、上記の「1週間」
の期間が「4週間」となります（民執法155条2項）。差押禁止債権は、債務者が差
押禁止の範囲の変更の申立てをすることができます（P326のⅲ）。しかし、申立てを
する前に1週間が経過して、差押債権者に取立てをされてしまうことが多かったです。
そこで、この制度をより活用してもらうため、令和元年の改正で差押債権者が待つ必
要がある期間が4週間とされました。

※差押命令の取消し
　差押債権者は、第三債務者から支払を受けずに上記（a）の金銭債権を取り立てる
ことができることとなった日から2年を経過したときは、支払を受けていない旨を執

行裁判所に届け出る必要があります（民執法 155 条 5 項）。差押債権者がこの届出または支払を受けた旨の届出を 2 年を経過した後 4 週間以内にしないときは、執行裁判所は差押命令を取り消すことができます（民執法 155 条 6 項）。

　債権の差押えはするが、差押債権者が取立てをせずに差押えが放置されてしまうことがあります。第三債務者は債務者への支払が禁止されたまま債務を管理し続ける必要があり、第三債務者の負担が増してしまいます。取立てをせずに放置するような差押債権者を保護する必要もないため、令和元年の改正で、この差押命令の取消しの制度が新設されました。

（b）取立訴訟

ⅰ　意義

　上記（a）の差押債権者の取立てに、第三債務者が応じて支払ってくれれば、それで民事執行は終了です。第三債務者が銀行などだと、通常は支払ってくれます。しかし、第三債務者が債務者の古い付き合いのある取引先であり支払ってくれないといったこともあります。そういったときには、差押債権者は第三債務者を相手方として「取立訴訟」という民事訴訟を提起できます（民執法 157 条）。

ⅱ　参加命令

　差押債権者が取立訴訟を提起したときは、第三債務者は、受訴裁判所に対して、他の債権者で第三債務者への訴状の送達の時までに被差押債権を差し押さえた者に共同訴訟人として原告に参加すべきことを命じてもらうよう申し立てることができます（民執法 157 条 1 項）。

　取立訴訟の判決の効力は、上記の申立てを受けて取立訴訟に参加すべきことを命じられた差押債権者で参加しなかった者にも及びます（民執法 157 条 3 項）。差押債権

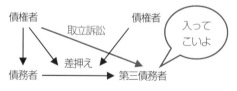

者は、自ら差押命令を得てすでに執行に着手しているので、第三債務者の参加要請には応じるべき義務があるからです。第三債務者は、この効力を及ぼさせるために上記の申立てをします。第三債務者からすると、「メンドーだから、まとめてかかってこい！参加しないなら取立訴訟の判決に従えよ。」ということです。

　第三債務者への訴状の送達の時までに差し押さえた債権者に限定されているのは、第三債務者への取立訴訟の訴状の送達の時よりも後に差押えをした債権者は、被差押

債権から配当を受けることができないので（民執法165条2号。P330のⅲ）、無視してよいからです。

ⅲ　口頭弁論の要否

　取立訴訟の裁判は、口頭弁論を経ないですることができます（民執法157条2項）。取立訴訟は判決手続による民事訴訟なのですが、民事執行法上の訴えなので迅速性を重視して、例外的に口頭弁論を経ないですることができるんです。

（c）第三債務者の供託

　差押えがされたら、第三債務者は、供託することができますし（下記ⅰの「権利供託」）、状況によっては供託しなければなりません（下記ⅱの「義務供託」）。

ⅰ　権利供託

　第三債務者は、債務者とは関係がありますが、本来は債務者の債権者とは関係ありません。巻き込まれただけなんです。よって、「差押命令なんてきてメンドーだな……」と思ったら、供託することができます（民執法156条1項）。これが「権利供託」です。

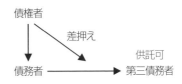

　権利供託がされた場合、基本的に弁済金の交付によって差押債権者に供託金が支払われます。

ⅱ　義務供託

　差押えの競合が生じるなど、配当を行わなければならない場合は、供託しなければなりません（民執法156条2項）。これが「義務供託」です。第三債務者が民法などに基づく分配額の計算をするのは、無理があるからです。

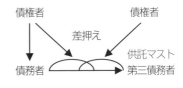

銀行ならできるかもしれませんが、第三債務者は債務者の取引先の中小企業などであることもあります。

　義務供託がされた場合、配当によって差押債権者に供託金が支払われます。

　なお、第三債務者が供託しなければならないのに任意に供託しない場合、いずれの差押債権者も取立訴訟を提起することができます（民執法157条4項参照）。

ⅲ　配当、弁済金の交付を受けられる者

配当、弁済金の交付を受けられるのは、以下の時などまでに後記①〜③のいずれかのことをした債権者です（民執法165条）。

・取立訴訟の訴状が第三債務者に送達された時（民執法165条2号）
　これ以降も債権者の参加を許すと、労力を使って取立訴訟まで提起した差押債権者を害するからです。
・第三債務者が権利供託または義務供託による供託をした時（民執法165条1号）
　供託により、配当、弁済金の交付をする金銭が供託された金銭に確定するからです。

①差押え
②仮差押えの執行
③配当要求
　配当要求ができる債権者は、以下のⅰ・ⅱの債権者です（民執法154条1項）。
ⅰ　執行力のある債務名義の正本を有する債権者
ⅱ　文書によって先取特権を有することを証明した債権者
　強制競売（P303④）と異なり、「仮差押債権者」が入っていませんが、仮差押債権者は上記②にありますとおり、配当要求をしなくても配当を受けられるからです。

（2）転付命令、譲渡命令など

　債権者が被差押債権を差し押さえた後に債権を回収するには、上記（1）の差押債権者が取り立てる方法以外に、転付命令（民執法159条）、譲渡命令、売却命令、管理命令など（民執法161条）の方法があります。債権の内容は多様なので、換価方法も様々なものがあるんです。このテキストでは以下、重要な転付命令を取り上げます。

（a）意義

　執行裁判所は、差押債権者の申立てを受けて、執行債権の支払に代えて券面額（名目額）で金銭債権である被差押債権を差押債権者に転付する命令を発することがで

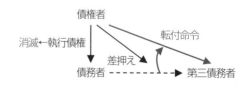

きます（民執法159条1項）。これを「転付命令」といいます。転付命令は、いわば代物弁済のための債権譲渡です。差押債権者が「執行債権の支払の代わりに、債務者

の被差押債権をもらうよ。あとは、自分で取り立てるから。」というのが、転付命令です。

　転付命令は、債務者および第三債務者に送達します（民執法159条2項）。債務者や第三債務者は不服申立てができ（下記（c））、第三債務者にとっては債権者が債務者から差押債権者に変わるという重大な決定ですので、送達する必要があるんです。
　転付命令が第三債務者に送達される時までに、被差押債権について、他の債権者が差押え、仮差押えの執行または配当要求をしたときは、転付命令は原則として効力を生じません（民執法159条3項）。転付命令は、差押債権者が被差押債権を独占します。よって、他の債権者が入ってきたときは、認められないんです。

（b）譲渡制限の意思表示のある被差押債権の差押え・転付命令の可否

　被差押債権について譲渡制限の意思表示（譲渡禁止特約など）があり、債権者が譲渡制限の意思表示があることを知っていても、差押えも転付命令もすることができます（民法466条の4第1項）。被差押債権が預貯金債権であっても同じです（民法466条の5第2項）。譲渡禁止特約などがあると差押えや転付命令ができないのなら、債務者は第三債務者が協力してくれるのなら簡単に強制執行を免れられてしまいます。また、預貯金債権には通常は譲渡禁止特約がありますし、そのことをみんな知っています。そのせいで、差押えや転付命令ができなかったらおかしいですよね。

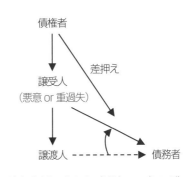

　ただ、債権の譲受人が譲渡制限の意思表示について悪意または重過失である場合に、譲受人の債権者がその債権に強制執行をしたときは、債務者は、履行を拒むことができ、譲渡人に対する弁済などの事由をもって差押債権者に対抗することができます（民法466条の4第2項）。……といわれても、わかりにくいですよね。債権の譲受人が譲渡制限の意思表示について悪意または重過失であると、債務者は譲受人からの履行の請求を拒めました（民法466条3項）。—— 民法Ⅲのテキスト第5編第5章第1節￼2.（3）（c）ⅰ　よって、債務者はその譲受人の債権者の強制執行も拒めるんです。差押債権者に差押債務者（譲受人）以上の権利は認められないからです。

（c）不服申立て

　転付命令の申立ての裁判に対してできる債務者・債権者の不服申立ては、以下のとおりです。

・転付命令
　　→　債務者、第三債務者、他の債権者が執行抗告可（民執法159条4項）
　転付命令は、被差押債権を債権者が取得するという重大な効力が生じます。第三債務者は債権者が変わりますし、他の債権者は被差押債権から債権を回収できなくなります。よって、債務者だけでなく、第三債務者や他の債権者も執行抗告ができるんです。

・転付命令の申立ての却下または棄却の決定
　　→　差押債権者が執行抗告可（民執法159条4項）
　転付命令の申立てを受け付けてくれないまたは認めてくれないということですから、債権者にとっては重大問題だからです。

（d）効力

　転付命令は、確定しなければ効力を生じません（民執法159条5項）。転付命令が確定した場合、差押債権者の執行債権および執行費用は、被差押債権が存在する限り、券面額（名目額）で弁済されたものとみなされます（民執法160条）。「被差押債権が存在する限り」とは、被差押債権が存在すれば、第三債務者が無資力であっても弁済されたことになってしまうということです。「その後、第三債務者から回収できるかは執行裁判所は知らないよ」ということです。転付命令は、リスクがある方法なんです。

3　少額訴訟債権執行

> **民事執行法167条の2（少額訴訟債権執行の開始等）**
> 1　次に掲げる少額訴訟に係る債務名義による金銭債権に対する強制執行は、前目の定めるところにより裁判所が行うほか、第2条の規定にかかわらず、申立てにより、この目の定めるところにより裁判所書記官が行う。
> 　一　少額訴訟における確定判決
> 　二　仮執行の宣言を付した少額訴訟の判決
> 　三　少額訴訟における訴訟費用又は和解の費用の負担の額を定める裁判所書記官の処分
> 　四　少額訴訟における和解又は認諾の調書
> 　五　少額訴訟における民事訴訟法第275条の2第1項の規定による和解に代わる決定

1．少額訴訟債権執行とは？

　債権者は、以下の①～⑤の債務名義による金銭債権に対する強制執行は、裁判所書記官に申立てをし、簡易裁判所の裁判所書記官が行う「少額訴訟債権執行」によることができます（民執法167条の2第1項～3項）。簡易裁判所の裁判所書記官が行うので、認定司法書士も請求の価額が140万円以下である少額訴訟債権執行については代理権があります（司書法3条1項6号ホ）。裁判所書記官が行うという点が特徴であり、ポイントになります。

①少額訴訟における確定判決（民執法167条の2第1項1号）
②仮執行宣言付き少額訴訟の判決（民執法167条の2第1項2号）
③少額訴訟における訴訟費用または和解の費用の負担の額を定める裁判所書記官の処分（民執法167条の2第1項3号）
④少額訴訟における認諾調書または和解調書（民執法167条の2第1項4号）
⑤少額訴訟における和解に代わる決定（民執法167条の2第1項5号）

　①～⑤は、すべて少額訴訟において成立した債務名義です。少額訴訟の趣旨は、簡易迅速でした。それを執行段階でも実現しようとしたのが、この少額訴訟債権執行です。裁判所書記官が、簡略化された手続で債権執行をしてくれるんです。

2．通常の債権執行への移行

　しかし、裁判所書記官では手に負えなくなった場合には、地方裁判所の通常の債権執行に移行します。少額訴訟債権執行は、「裁判所書記官で済むのなら簡易迅速に債

権執行を実現する（上記1.）。裁判所書記官では手に負えなくなったら、通常の債権執行に移行する（この2.）。」という構造となっているんです。「裁判所書記官では手に負えなくなった場合」とは、具体的には以下の①～③の場合です。

①転付命令、譲渡命令などの命令を求める申立てがなされた場合（民執法167条の10第1項、2項）

　転付命令、譲渡命令などは執行裁判所が発するものなので、裁判所書記官では手に負えません。

②配当を実施すべき場合（民執法167条の11第1項、2項、4項、5項）

　債権者同士で争いになっているので、裁判所書記官では手に負えません。

③執行裁判所（裁判所書記官の所属する簡易裁判所。民執法167条の3）が相当と認めた場合（民執法167条の12第1項）

　この移行の決定に対しては、不服を申し立てることができません（民執法167条の10第4項、167条の11第6項、167条の12第2項）。地方裁判所で十分な手続が行われることになるので、文句は言えないんです。

3. 不服申立て

　移行の決定に対しては不服を申し立てることができませんので、この不服申立ては移行の決定がされた場合ではなく、少額訴訟債権執行の裁判所書記官の執行処分がされた場合です。

　簡易裁判所の裁判所書記官が行った執行処分に対しては、執行裁判所（裁判所書記官の所属する簡易裁判所）に執行異議の申立てをすることができます（民執法167条の4第2項）。「異議」ですから、不服申立て先が上級裁判所ではなく簡易裁判所となります（P248の「『異議』と『抗告』の違い」）。

　この執行異議の申立ては、執行処分の告知を受けた日から1週間の不変期間内にしなければなりません（民執法167条の5第3項）。簡易裁判所の裁判所書記官の処分なので執行異議をしますが、通常の債権執行であれば執行抗告をすべきところです。よって、不服申立ての期間は執行抗告（民執法10条2項。P275の2.）に合わせられているんです。

　この執行異議の申立ての裁判に対しては、執行抗告をすることができます（民執法167条の5第4項）。これは簡易裁判所の裁判なので、上級裁判所（地方裁判所）への不服申立てである執行抗告ができるんです。

第5節　非金銭執行

　「非金銭執行」とは、金銭債権の回収を目的としていない強制執行です。不動産の引渡しの強制執行などが当たります。本節では、非金銭執行をみていきます。

間接強制はすべて OK

　先に、本節の共通点であり、よく出題される知識をまとめておきます。このテキストのこの第5節で扱う強制執行はすべて間接強制によることができます（民執法 173 条1項、172条1項、174条1項2号）。かつては、間接強制が認められていなかった強制執行もありましたが、強制的に物を取り上げたりする直接強制よりも間接強制のほうが適切な場合もあるので、間接強制ができる場合が広げられました。
　間接強制とは、以下のような決定です。

　1．債務者は、債権者に対し、別紙物件目録記載の建物を明け渡せ。
　2．本決定送達の日から 10 日以内に第1項の義務を履行しないときは、上記期間経過の日の翌日から履行済みに至るまで1日につき 10 万円の割合による金員を支払え。

1　物の引渡請求権の強制執行

1．不動産の引渡し・明渡しの強制執行

民事執行法 168 条（不動産の引渡し等の強制執行）

1　不動産等（不動産又は人の居住する船舶等をいう。以下この条及び次条において同じ。）の引渡し又は明渡しの強制執行は、執行官が債務者の不動産等に対する占有を解いて債権者にその占有を取得させる方法により行う。

　これは、「被告は、原告に対し、別紙物件目録記載の建物を明け渡せ。」といった確定判決などに基づいて行う強制執行です。
　不動産の引渡しまたは明渡しの強制執行は、執行官が債務者の不動産に対する占有を解いて債権者に占有を取得させる方法によって行われます（民執法 168 条1項）。執行官が債務者やその家族などを追い出すわけです。
　債権者に占有を取得させる方法によるので、債権者または債権者の代理人（弁護士など）が執行の場所に出頭する必要があります（民執法 168 条3項）。たとえば、建物の明渡しだと、その場で鍵を取り替えて、債権者または債権者の代理人に新しい鍵を渡したりするんです。

― Realistic 20　「引渡し」と「明渡し」の違い ―

これまでも「引渡請求」と「明渡請求」といった言葉が出てきましたが、これらは微妙に意味が異なります。

・引渡し：物の占有を移転すること

・明渡し：引渡しのうち不動産から立ち退くこと

よって、「動産の明渡し」はありません。

引渡し
不動産・動産
明渡し
不動産

---

2. 動産の引渡しの強制執行

> **民事執行法169条（動産の引渡しの強制執行）**
>
> 1　第168条第1項に規定する動産以外の動産（有価証券を含む。）の引渡しの強制執行は、執行官が債務者からこれを取り上げて債権者に引き渡す方法により行う。

　これは、「被告は、原告に対し、別紙物件目録記載の自動車を引き渡せ。」といった確定判決などに基づいて行う強制執行です。

　動産の引渡しの強制執行は、執行官が債務者から動産を取り上げて債権者に引き渡す方法により行われます（民執法169条1項）。執行官が債務者の所に行って、動産を取り上げて債権者に渡してくれるわけです。

※目的物を第三者が占有する場合

　強制執行の目的物である不動産または動産を第三者が占有している場合、第三者がその不動産または動産を債務者に引き渡すべき義務を負っているときは、執行裁判所が、債務者の第三者に対する引渡請求権を差し押さえ、請求権の行使を債権者に許す旨の命令を発する方法により行われます（民執法170条1項）。

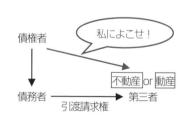

債権者　　　　　　私によこせ！

債務者　　　　不動産 or 動産
　　引渡請求権　　第三者

　第三者に対して差押命令が送達された日から1週間を経過したときは、債権者は第三者に対して不動産または動産の引渡しを請求できます（民執法170条2項、155条1項）。引渡請求権を差し押さえる点が債権執行に類似するので、債権執行の規定（P327（a））が準用されているんです。

2　作為請求権または不作為請求権の強制執行

> **民事執行法171条（代替執行）**
> 1　次の各号に掲げる強制執行は、執行裁判所がそれぞれ当該各号に定める旨を命ずる方法により行う。
> 　一　作為を目的とする債務についての強制執行　　債務者の費用で第三者に当該作為をさせること。
> 　二　不作為を目的とする債務についての強制執行　　債務者の費用で、債務者がした行為の結果を除去し、又は将来のため適当な処分をすべきこと。

作為請求権・不作為請求権とは、以下のような請求権です。

・作為請求権：債務者に一定の行為をすることを要求できる請求権
ex1. 土地の所有者から違法に建物を建てた者に対する建物の収去の請求
ex2. 賃借人から賃貸人に対する建物の修繕の請求
ex3. 隣接する土地の所有者に対する樹木の伐採の請求

・不作為請求権：債務者に一定の行為をしないことを要求できる請求権
ex1. 道の通行を妨害する者に対する通行を妨害しないことの請求
ex2. 騒音を出す近隣住民に対する騒音を出さないことの請求
ex3. つきまとい行為をする者に対する住居への訪問や電話をしないことの請求

作為請求権と不作為請求権の執行方法は、以下の①②のように分かれます。

①第三者が義務を履行できる場合
　→　代替執行（民執法171条1項）
　　　間接強制（民執法173条1項、172条1項）
②第三者が義務を履行できない場合
　→　間接強制（民執法172条1項）

「代替執行」とは、第三者に義務を履行させ、その費用を債務者に支払わせることです。

ex. 「建物を収去しろ」という確定判決があったにもかかわらず債務者が建物を収去しない場合、解体業者に建物を解体させて、その費用を債務者に請求することができます（民執法171条1項1号）。

　不作為請求権だと、第三者が義務を履行できる場合がなさそうにも思えますが、あります。

ex. 「道の通行を妨害してはならない」という確定判決があったにもかかわらず債務者が道に妨害物を置いた場合、業者に妨害物を撤去させて、その費用を債務者に請求することができます（民執法171条1項2号）。

3　子の引渡しの強制執行

1. 意義・趣旨

　別居中の夫婦が家庭裁判所で離婚調停を行っている場合に、審判前の保全処分によって得た債務名義に基づいて子の引渡しを求めたりすることがあります。かつては、子の引渡しの強制執行の規定がなく、子の引渡しの強制執行は動産執行の規定を類推適用して行われていました。明文規定がなかったため、誘拐に近いような方法で執行が行われたこともあり、子にとってトラウマになってしまうなど様々な問題がありました。そこで、令和元年の改正で明文規定が置かれました。

2. 執行方法

　子の引渡しの強制執行は、以下の①または②のいずれかの方法で行います。

①間接強制による方法（民執法174条1項2号）
②執行裁判所が決定により執行官に子の引渡しを実施させる方法（民執法174条1項1号）

　この②は、執行官が子のところに行って引渡しを実現する方法です。この②の方法によることの申立ては、以下のいずれかに該当するときでなければすることができないとされています。

・間接強制によることの決定が確定した日から2週間を経過したとき（民執法174条2項1号）
・間接強制を実施しても、債務者が子の監護を解く見込みがあるとは認められないとき（民執法174条2項2号）
・子の急迫の危険を防止するため直ちに強制執行をする必要があるとき（民執法174条2項3号）

　子にとってトラウマにならないよう、できる限り上記①の間接強制によって、任意

の引渡しを実現するべきだからです。しかし、間接強制を実施しても引渡しの見込みがない場合や間接強制を実施していては子の身に危険が及ぶこともあるため、間接強制が常に必要とはされていません。

3. 執行官の権限

　執行官は、債務者（引き渡す親）による子の監護を解くために、以下の①～④のような行為をすることができます。

①債務者に対し説得を行う（民執法175条1項柱書）
②その場所に立ち入り子を捜索する、閉鎖した戸を開くため必要な処分をする（民執法175条1項1号）
③債権者（引渡しを受ける親）または代理人（弁護士など）と子を面会させる、債権者またはその代理人と債務者を面会させる（民執法175条1項2号）
④その場所に債権者またはその代理人を立ち入らせる（民執法175条1項3号）

　かつては、明文がなかったため、執行官が現場で「どこまでしていいのか？」と悩んでしまうことが多かったんです。そこで、執行官の権限の明文規定が置かれました。
　なお、執行官が債務者による子の監護を解くために必要な行為をするには、債権者または代理人がその場所に出頭する必要はありますが（民執法175条5項、6項）、債務者がその場所にいる必要はありません。引き渡す親がいなくても、子を連れて行けるようにしているんです。

4　間接強制の手続

1. 審尋の要否

　執行裁判所は、間接強制の決定をするには、申立ての相手方を審尋しなければなりません（民執法172条3項）。
　これは、民事執行法では例外的な規定です。民事執行では、審尋をするかは原則として任意です（民執法5条。P271⑤2.）。しかし、間接強制の決定は、「1日につき10万円の割合による金員を支払え」といった決定ですので、債務者にとって重大な利害関係があります。よって、債務者に防御の機会を与えるため、必ず審尋する必要があるんです。また、債権執行のように債務者にバレないようにしないといけないという事情（P321（b））もありません。
　なお、執行裁判所は、事情の変更があったときは、申立てにより間接強制の決定を変更することができます（民執法172条2項）。

2．不服申立て

　間接強制の申立ての裁判に対してできる債務者・債権者の不服申立ては、以下のとおりです。

・間接強制の決定
　　→　債務者が執行抗告可（民執法 172 条 5 項）
　「1 日につき 10 万円の割合による金員を支払え」といった決定ですので、債務者にとって重大な利害関係があるからです。

・間接強制の申立ての却下
　　→　債権者が執行抗告可（民執法 172 条 5 項）
　間接強制の申立てを受け付けてくれないということですから、債権者にとっては重大問題だからです。

3．不作為請求権の場合の違反行為の存在の要否

　不作為請求権についての強制執行において間接強制の決定をするには、債務者が不作為義務に違反したことが必要でしょうか。
　実は不要とされています。債権者は、債務者が不作為義務に違反するおそれがあることを立証すれば足ります（最決平 17.12.9）。
　必要とすると、たとえば、つきまとい行為をする者に対する住居への訪問や電話をしないことの請求において、実際に住居への訪問や電話がないと間接強制ができなくなってしまいます。債権者からすると怖すぎますよね。また、この場合の間接強制は「債務者が住居への訪問や電話をしないことに違反したときは、違反 1 回につき 10 万円を支払え」といった内容なので、債務者は違反をしなければ支払う必要はありません。

4．間接強制の決定により支払われた金銭

　間接強制の決定により支払われた金銭は、債務不履行による損害賠償債務の弁済に充てられます。そのうえで、以下の扱いとなります。
・債権者に生じた損害額が支払われた額を超える場合
　　→　債権者は超過額について損害賠償の請求をすることができます（民執法 172 条
　　　　4 項）。これは当たり前ですね。
・支払われた額が債権者に生じた損害額を超える場合
　　→　債権者は超過分を返す必要はありません。間接強制は罰の要素があるので、超
　　　　過分は不当利得とはならないからです。

第6節　不服申立て・各論

　不服申立てのうち、執行異議と執行抗告はP274～275 3 でみて、これまでも様々な箇所で出てきました。この第6節では、その他の不服申立てをみていきます。

　まず、強制執行の冒頭でみた以下の3 Step の図で、それぞれの不服申立てが強制執行でいうとどの段階でのものなのかを確認しましょう。
＊執行異議と執行抗告についても記載しておきます。

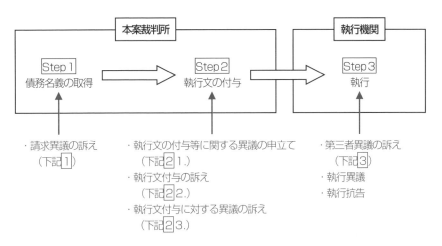

1　請求異議の訴え

民事執行法35条（請求異議の訴え）

1　債務名義（第22条第2号又は第3号の2から第4号までに掲げる債務名義で確定前のものを除く。以下この項において同じ。）に係る請求権の存在又は内容について異議のある債務者は、その債務名義による強制執行の不許を求めるために、請求異議の訴えを提起することができる。裁判以外の債務名義の成立について異議のある債務者も、同様とする。

1．意義

　請求異議の訴え：債務者が提起する、債務名義の請求権の存在または内容について
　　　　　　　　　異議をとなえて強制執行の不許を求める訴え（民執法35条1項）
　上記の図のとおり、Step1に対して文句を言う訴えです。

ex. 債務者に支払を命じる確定判決はあったが、確定判決を受けて債務者が全額弁済
　　しており、債権者の請求権はすでにないにもかかわらず強制執行がされそうな場
　　合、債務者は請求異議の訴えを提起して強制執行の不許を求めることができます。
　　請求異議の訴えは、執行文の付与（Step2）の前でも、執行（Step3）の開始の前
でも、提起できます。債務名義（Step1）について文句を言う訴えだからです。

2. 管轄裁判所

　管轄裁判所は、債務名義の内容によって変わります（民執法35条3項、33条2項）。
ex1. 債務名義が確定判決だと、第1審裁判所（本案裁判所）が、管轄裁判所となりま
　　　す（民執法35条3項、33条2項1号）。
ex2. 債務名義が執行証書だと、債務者の普通裁判籍の所在地を管轄する裁判所が、管
　　　轄裁判所となります（民執法35条3項、33条2項5号）。

3. 異議事由

　請求異議の訴えの異議事由となるもの、ならないものは以下の表のとおりです。

異議事由となるもの（○）	異議事由とならないもの（×）
①確定判決については事実審の口頭弁論の終結後に生じたもの（民執法35条2項） ex. 事実審の口頭弁論の終結後に弁済したという主張はできます。	①確定判決については事実審の口頭弁論の終結前に生じたもの（民執法35条2項参照） ex. 事実審の口頭弁論の終結前に弁済したという主張はできません。
これは、既判力の時的限界（P172のⅰ）によるものです。	
②裁判以外の債務名義（執行証書、認諾調書、和解調書、調停調書など）については成立についての異議（民執法35条1項後段） 　口頭弁論を経て慎重にされる裁判と違って、裁判以外の債務名義は成立過程で瑕疵が生じやすいからです。 ex. 債務者が、執行証書の執行受諾の意思表示が無権代理人によるものであったという主張をすることができます。	②仮執行宣言付き判決、仮執行宣言付き支払督促など（民執法35条1項前段かっこ書） 　これらの債務名義は、上訴や督促異議で争うことができるからです。つまり、「民事執行法上の訴えを提起するのではなく、民事訴訟の本案で言え！」ということです。

4．複数の異議事由

　異議事由が複数ある場合、債務者は同時にこれを主張しなければなりません（民執法35条3項、34条2項）。

=P344

　請求異議の訴えは、判決手続による民事訴訟なのですが、民事執行法上の訴えなので迅速性が重視されるからです。

5．執行の停止

　請求異議の訴えが提起されても、執行は当然には停止しません。民事執行は、簡易迅速に手続を進めるのが趣旨だからです。

2 執行文に関する不服申立て

　この2では、執行文（P278〜282 2）に関する不服申立てをまとめてみていきます。P341の図のとおり、Step2に対する不服申立てです。

1．執行文の付与等に関する異議の申立て

（1）意義

　　執行文の付与等に関する異議の申立て：執行文の付与等に関して債権者、債務者が
　　　　　　　　　　　　　　　　　　　　する異議の申立て（民執法32条1項）

・執行文の付与が拒絶された場合
　→　債権者が異議の申立て可
ex. 判決が確定しているにもかかわらず、執行文の付与が拒絶された場合
・執行文が付与された場合
　→　債務者が異議の申立て可
ex. 判決が確定していないにもかかわらず、執行文が付与された場合

（2）申立裁判所

　執行文の付与等に関する異議の申立ては、以下の裁判所に対してします（民執法32条1項）。

①裁判所書記官の処分（P278①）
　→　その裁判所書記官の所属する裁判所
②公証人の処分（P278②）
　→　その公証人の役場の所在地を管轄する地方裁判所

2．執行文付与の訴え

　　執行文付与の訴え：条件成就執行文の付与において要求されるその事実が到来した
　　　　　　　　　　ことを証する文書（P280（2））、または、承継執行文の付与に
　　　　　　　　　　おいて要求されるその者に対しもしくはその者のために強制執
　　　　　　　　　　行をすることができることを証する文書（P281②）を提出する
　　　　　　　　　　ことができないときに、債権者が執行文の付与を求める訴え（民
　　　　　　　　　　執法33条1項）

　これは、「執行文（を）付与（して〜）の訴え」です。たとえば、外国の相続がか
らみ、相続を証する文書を提出することができないときがあります。そのような場合、
債権者は執行文付与の訴えを提起して、執行文の付与を求めることができます。

3．執行文付与に対する異議の訴え

（1）意義

　　執行文付与に対する異議の訴え：条件成就執行文または承継執行文が付与された場
　　　　　　　　　　　　　　　　合に、これらの執行文が付与されたことに異議の
　　　　　　　　　　　　　　　　ある債務者が強制執行の不許を求める訴え（民執
　　　　　　　　　　　　　　　　法34条1項）

　これは、「執行文（が）付与（されたこと）に対する異議の訴え」です。この場合、
債務者は上記1.の執行文の付与等に関する異議の申立てをすることもできます。しか
し、執行文の付与等に関する異議の申立ては、決定手続によるため、原則として書面
審理のみであるという制約があります（民執法32条3項）。そこで、債務者は、執行
文の付与等に関する異議の申立てをすることなく、直ちにこの判決手続による執行文
付与に対する異議の訴えを提起することができます。

（2）複数の異議事由

P343＝　　異議事由が複数ある場合、債務者は同時にこれを主張しなければなりません（民執
法34条2項）。

　やはり、執行文付与に対する異議の訴えも、判決手続による民事訴訟なのですが、
民事執行法上の訴えなので迅速性が重視されるからです。

3　第三者異議の訴え

> **民事執行法38条（第三者異議の訴え）**
> 1　強制執行の目的物について所有権その他目的物の譲渡又は引渡しを妨げる権利を有する第三者は、債権者に対し、その強制執行の不許を求めるために、第三者異議の訴えを提起することができる。

1．意義

第三者異議の訴え：強制執行の目的物について所有権その他目的物の譲渡または引渡しを妨げる権利を有する第三者（または債務者）が強制執行の不許を求める訴え（民執法38条1項）

　民事執行は、債権者が正しいだろうという前提で手続が進みます。債務者の登記、占有などがあれば、それが本当に債務者の所有物なのかは調べずに進んでしまうんです。しかし、債務者の所有物でない物に執行してしまうこともありますよね。そのような場合には、事後的に第三者に文句を言わせることにしているんです。

ex. 債務者の自宅に動産執行がされた場合に、債務者が友人から借りていた高級腕時計があり、その高級腕時計も差し押さえられてしまいました。この場合、その友人は第三者異議の訴えを提起して高級腕時計に対する動産執行の不許を求めることができます。

　第三者異議の訴えというくらいですから、この ex.のように、第三者が「それ、私の物です！」と主張するのが典型例です。しかし、債務者も提起できる場合があると解されています。

ex. 不動産の引渡しの強制執行において、債務名義に表示されていない不動産について引渡しの執行がされそうな場合、債務者は第三者異議の訴えを提起できると解されています。債務名義に表示されていない不動産について引渡しの執行がされるのはおかしいですから、債務者でも「その強制執行はおかしいです！」と言えるんです。

　なお、本章は強制執行（一般財産に対する執行）を扱っていますが、この第三者異議の訴えは担保権実行（担保財産に対する執行）においても認められます（民執法194条）。担保権実行でも、第三者の所有物に執行してしまうことはあるからです。

　第三者異議の訴えは、執行（Step 3）の開始後から終了前まで提起できます。「それ、私の物です！」と主張するのが第三者異議の訴えですので、執行の開始後に提起できます。執行が終了すると提起できなくなるのは、民事執行は基本的には、文句を言わないと進んでいってしまい、文句を言える時期を過ぎてしまうと言えなくなってしまうからです。

2．管轄裁判所

　管轄裁判所は、原則として執行裁判所です（民執法38条3項）。第三者異議の訴えは、債務名義や執行文について文句を言うわけではなく、第三者が自分の物に間違って執行されていることについて文句を言います。よって、実際に執行手続を行う裁判所で審理するべきです。

3．勝訴判決の効力

　第三者異議の訴えにおいて第三者（または債務者）が勝訴すると、その目的物に対して執行をすることができなくなります。

　ただ、債権者は、同じ債務名義に基づいて、債務者の他の財産に対して強制執行をすることはできます。第三者異議の訴えにおいて第三者（または債務者）が勝訴したとしても、それは執行の対象を間違えたにすぎず、債務名義の効力には影響がないからです。

【本節の不服申立ての比較】

		提訴権者 （申立権者）	手続の種類
請求異議の訴え		債務者	判決手続
執行文に関する不服申立て	**執行文の付与等に関する異議の申立て**	債権者 債務者	決定手続
	執行文付与の訴え	債権者	判決手続
	執行文付与に対する異議の訴え	債務者	
第三者異議の訴え		第三者 債務者	

第4章　担保権実行

第1節　総則

　「担保権実行」とは、その財産に対して担保権を有している債権者が申し立てる執行です。抵当権を有している銀行が不動産の競売を申し立てるといった場合をイメージしてください。

　前章の強制執行を開始するには、債務名義が必要でした（民執法 22 条柱書。P276 の 1.）。担保権がないので、請求権の存在・範囲を証明する公の文書（確定判決など）が必要だったんです。それに対して、担保権実行は担保権の換価機能によって執行をするので、担保権の存在を証することができれば、債務名義がなくても執行を開始できます（民執法 181 条 1 項、190 条 1 項、193 条 1 項）。たとえば、担保不動産競売（不動産の強制競売の担保権バージョン）であれば、以下の①〜④のいずれかの文書を提出すれば、開始されます。

①担保権の存在を証する確定判決などの謄本（民執法 181 条 1 項 1 号）
②担保権の存在を証する公正証書の謄本（民執法 181 条 1 項 2 号）
③担保権の登記（仮登記を除く）に関する登記事項証明書（民執法 181 条 1 項 3 号）
　なんと抵当権が登記された登記事項証明書でも OK なんです。だから、銀行は担保権を設定するんです。
④一般の先取特権はその存在を証する文書（私文書も含まれます。民執法 181 条 1 項 4 号）

　このように執行の開始までは大きく異なるのですが、**執行の開始後の担保権実行の手続のほとんどは、前章で学習した強制執行と同じです。**不動産を目的とする担保権の実行には強制競売・強制管理の規定が（民執法 188 条）、動産を目的とする担保権の実行には動産執行の規定が（民執法 192 条）、債権を目的とする担保権の実行には債権執行の規定が（民執法 193 条 2 項）準用されているからです。

　よって、この第 4 章では、特に重要な不動産を目的とする担保不動産競売に絞って、強制競売と異なる点を中心にみていきます。**この第 4 章で取り上げない知識は、ほとんどが前章で学習した強制執行と同じです。**

第2節　担保不動産競売

「担保不動産競売」は、強制競売の担保権バージョンです。抵当権や根抵当権などに基づく不動産の競売です。

1 開始決定に対する不服申立て

担保不動産競売の申立ての裁判に対してできる債務者・債権者の不服申立ては、以下のとおりです。

・担保不動産競売の開始決定
　→　債務者が執行異議可（民執法11条1項前段）

・担保不動産競売の申立ての却下
　→　債権者が執行抗告可（民執法188条、45条3項）

ここまでは、強制競売と同じです（P287〜288（2））。

強制競売と異なる点は、執行異議・執行抗告において、債務者や不動産の所有者が、手続の違法だけではなく、実体の違法、具体的には担保権の不存在または消滅も主張できることです（民執法182条）。執行異議・執行抗告においては、原則として手続の違法しか主張できませんでした（P273 2）。これは、その例外です。担保権実行は、債務名義を不要としているため、P276のStep1で実体の違法を主張できませんでした（Step1がありませんでした）。そのため、執行異議・執行抗告において、実体の違法を主張できるんです。

なお、債務名義が不要なので、債務者は請求異議の訴え（P341〜343 1）は提起できません。請求異議の訴えは、債務名義の請求に異議を唱える訴えだからです。

2 売却のための保全処分

債務者または不動産の占有者が価格減少行為をするときは、買受人が代金を納付するまでの間、執行裁判所が保全処分などをすることができるのは、強制競売と同じです（民執法188条、55条1項、187条1項。P291の4.）。

強制競売と異なる点は、保全処分などをするよう申立てができるのが、差押債権者に限らない、つまり、担保不動産競売の開始決定前でも、抵当権者などは申立てがで

きる点です（民執法 187 条 1 項本文）。一般債権者は、その不動産に特定の権利を有しているわけではありません。それに対して、担保権者はその不動産を担保に取っています。ですから、担保不動産競売の開始決定前でも、「私が競売の申立てをしようとしている不動産に不良少年がいるから、執行官に保管させて！」といった要求ができるわけです。

3　代金納付による不動産取得の効果

買受人が代金を納付した時に不動産を取得するのは、強制競売と同じです（民執法 188 条、79 条。P301 の 10.）。

では、買受人が代金を納付して不動産を取得した後、実は担保権が不存在であったまたは消滅していたことが判明した場合、買受人の不動産の取得はどうなるでしょうか。買受人の不動産の取得に影響はありません（民執法 184 条）。債務者は「抵当権がなかったので、競売はおかしかったんだ！」と主張したいのですが、債務者には上記 1 の執行異議など担保権の不存在または消滅を主張する機会がありました。それに対して、買受人は、サイト上で見たりして（P292）買い受けた人です。買受人を保護する必要性のほうが高いですよね。

4　配当異議

配当異議の規定も担保不動産競売に準用されますので（民執法 188 条、89 条、90 条）、配当異議の手続は強制競売と同じです（P302※）。

ただ、担保不動産競売だと、債権者と債務者だけでなく、物上保証人所有の不動産の競売の場合には物上保証人も配当異議の申出をすることができます（最判平 9. 2.25）。

第5章　債務者の財産状況の調査

　突然ですが、金銭債権をめぐる民事紛争で、最強である人は誰でしょうか。それは、財産のない人です。サッカーにたとえると、財産のない人は自陣のゴールがないようなものです。相手が、いくらメッシやクリスティアーノ・ロナウド（有能な弁護士）を連れてきても、ゴールがなければ得点を取られない（金銭債権の回収をされない）のです。金銭債権をめぐる民事紛争では、ゴール（財産）まで考える必要があるわけです。このゴールを探すのは、基本的には債権者の役目です。強制執行の申立てにおいては、対象財産またはその場所を特定する必要がありました（民執規 21 条３号、99 条。P287 の１、P312 の１、P320 の１.）。しかし、債務者の財産を探し出すのは容易ではありません。そこで、民事執行法には、裁判所が間に入って債務者の財産を探し出す制度があります。それが「財産開示手続（下記 1 ）」と「第三者からの情報取得手続（下記 2 ）」です。

1 　財産開示手続

1．財産開示手続とは？

　財産開示手続は、金銭債権の債権者の申立てを受けて、裁判所が財産開示期日を開き、その期日において、債務者に財産の開示をさせる制度です。これは、平成 15 年に新設された制度です。しかし、以下の２つの問題点がありました。

①要件が厳しすぎた

　債務者のプライバシー侵害との調整が必要とされるためです。財産も、プライバシーの１つです。

②債務者の罰則が軽かった

　罰則が過料（行政罰）しかありませんでした。

　そのため、あまり使われていませんでした。そこで、令和元年に改正がされ、要件が少し緩和され（①）、債務者の罰則が重くされました（②）。

2．執行裁判所

　財産開示手続を管轄する執行裁判所は、債務者の普通裁判籍の所在地を管轄する地方裁判所です（民執法 196 条）。財産開示手続は、財産開示期日に債務者に出頭してもらわなければなりません。よって、出頭しやすいように、債務者の家などの近くを執行裁判所としたのです。

3．申立権者

　財産開示手続の実施も、債権者であれば誰でも申し立てられるわけではありません。申立てができるのは、以下の（1）と（2）の債権者です。

（1）以下の①または②に該当する執行力のある債務名義の正本を有する金銭債権の債権者（民執法197条1項本文）

　財産開示手続は、強制執行をするために債務者の財産を探し出す制度なので、強制執行の申立てができる執行力のある債務名義の正本を有する債権者である必要があります。かつては、仮執行宣言付き判決など、不確定な債務名義と誤っている可能性がある債務名義は除かれていました。しかし、使いやすい制度にするため、令和元年の改正で、債務名義を有する債権者であれば構わないと要件が緩和されました。

　金銭債権の債権者である必要があるのは、非金銭執行や担保権実行なら対象財産は判明しているからです。

①申立ての日より6か月未満内に強制執行または担保権実行がされたが、申立人が完全な弁済を得ることができなかった（民執法197条1項1号）
②知れている財産に対する強制執行を実施しても、申立人が完全な弁済を得られないことの疎明があった（民執法197条1項2号）

　財産開示手続は債務者のプライバシーを侵害するものなので、財産開示手続をしなくても債権者が金銭債権の回収ができるのなら、すべきではないんです。

　上記の要件を充たした場合でも、執行力のある債務名義の正本に基づく強制執行を開始することができないときは、財産開示手続の申立ては認められません（民執法197条1項ただし書）。これは、P282〜284 3 の強制執行の開始要件（ex. 債務名義の正本などの債務者への送達）を充たせということです。やはり財産開示手続は強制執行をするために債務者の財産を探し出す制度なので、強制執行を開始できる要件を充たしていないといけないんです。

（2）上記（1）の①または②に該当する（②の「強制執行」は「担保権実行」になります）一般の先取特権を有することを証する文書を提出した債権者（民執法197条2項）

　一般の先取特権は、債務者の総財産を目的として成立します。抵当権者などのように、特定の財産を目的としているわけではありません。よって、債務者の財産を探し出す必要がある場合があるため、担保権者ですが申立権者として認められているんです。

※財産開示手続の制限

　上記（1）と（2）で申立てができる債権者がかなり限定されましたが、財産開示手続はさらに制限がかかります（もう少し要件を緩和したほうがいいのではと思います……）。

　財産開示手続は、原則として、3年以内に再度行うことができません（民執法197条3項柱書本文）。いったん財産が開示されたのであれば、3年以内に債務者が新たに多額の財産を取得することはあまりないと考えられるからです。

　ただ、例外的に、以下の①～③の場合には、3年経過していなくても、再度財産開示手続を行うことができます。

①債務者が財産開示期日において一部の財産を開示しなかった場合（民執法197条3項1号）
②債務者が財産開示期日の後に新たに財産を取得した場合（民執法197条3項2号）
　①②はいずれも、財産開示期日に開示していない財産があるからです。
③財産開示期日の後に債務者と使用者との雇用関係が終了した場合（民執法197条3項3号）
　雇用関係が終了したのなら、新しい雇用先に対する新たな給与債権があるだろうと考えられるからです。

4．不服申立て

　財産開示手続の実施の申立ての裁判に対してできる債務者・債権者の不服申立ては、以下のとおりです。

・財産開示手続の実施の決定
　→　債務者が執行抗告可（民執法197条5項）
　財産開示手続は、債務者のプライバシーである財産の開示を強制することだからです。

・財産開示手続の申立ての却下

→　債権者が執行抗告可（民執法 197 条 5 項）

　財産開示手続の実施の申立てを受け付けてくれないということですから、債権者にとっては重大問題だからです。

【執行異議・執行抗告の可否のまとめ】

　これでこのテキストで扱う執行異議・執行抗告の例は出揃いましたので、執行異議・執行抗告の可否をここでまとめておきます。

			債務者など	債権者
強制競売	申立て	開始決定	執行異議	
		却下		執行抗告
	売却許可決定	許可の決定	執行抗告	
		不許可の決定		執行抗告
強制管理の申立て		開始決定	執行抗告	
		却下		執行抗告
債権の差押命令の申立て		差押命令	執行抗告	
		却下		執行抗告
転付命令の申立て		転付命令	執行抗告	
		却下または棄却		執行抗告
間接強制の申立て		間接強制の決定	執行抗告	
		却下		執行抗告
担保不動産競売の申立て		開始決定	執行異議 ＊実体の違法も主張可	
		却下		執行抗告 ＊実体の違法も主張可
財産開示手続の実施の申立て		実施の決定	執行抗告	
		却下		執行抗告

5．財産開示期日

　執行裁判所は、財産開示手続の決定が確定したときは、財産開示期日を指定します（民執法198条1項）。

　この財産開示期日には、以下の①②の者を呼び出します。

①申立人（民執法198条2項1号）
②債務者（債務者に法定代理人がある場合には法定代理人、債務者が法人である場合には代表者。民執法198条2項2号）

　この②の者を「開示義務者」といいます。

　開示義務者は、財産開示期日に出頭して、債務者の財産について陳述しなければなりません（民執法199条1項）。

6．財産開示事件の記録の閲覧などの制限

　財産開示事件の記録のうち財産開示期日に関する部分についての閲覧、謄写などは、以下の①～④の者しかできません。やはり財産に関する情報はプライバシーだからです。

①申立人（民執法201条1号）
②執行力のある債務名義の正本を有する金銭債権の債権者（民執法201条2号）
③一般の先取特権を有することを証する文書を提出した債権者（民執法201条3号）
④債務者または開示義務者（民執法201条4号）

　①④の者は当たり前ですね。②③は、財産開示手続の実施の申立てができる債権者なので（P351～352の3.）、閲覧、謄写などが認められます。

7．罰則

　開示義務者は、正当な理由なく出頭しない、宣誓しない、もしくは、陳述すべき事項について陳述を拒む、または、虚偽の陳述をすると、刑事罰（6か月以下の懲役〔＊〕または50万円以下の罰金）に処せられます（民執法213条1項5号、6号）。かつては、過料（行政罰）しかなく、財産開示手続を無視する債務者が多かったです。そこで、令和元年の改正で刑事罰に処すことにしました。これで無視する債務者が減ると思われます。

＊令和4年6月の改正により、懲役刑と禁錮刑は拘禁刑に一本化されることになりました。この改正は、令和4年6月から3年以内に施行されます。

2 第三者からの情報取得手続

1. 第三者からの情報取得手続とは？

第三者からの情報取得手続とは、以下のような流れで進む制度です。

①一定の要件を充たす債権者が執行裁判所に申立てをする

②執行裁判所が登記所や銀行など（これが「第三者」です）に対して債務者の財産の情報を提供するように命じる

③登記所や銀行などが債務者の財産の情報を提供する

④執行裁判所がその提供された情報を債権者に知らせる

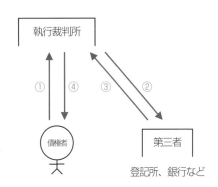

財産開示手続はありますが、あまり使われていませんでした。債務者が財産を隠し通せれば逃げ得ともいえる状況となってしまっていました。そこで、令和元年の改正で、財産開示手続を実効性のあるものとするとともに、債権者からの申立てを受けて登記所や銀行などの第三者から債務者の財産の情報を取得する手続が新設されました。それがこの「第三者からの情報取得手続」です。

2. 執行裁判所

第三者からの情報取得手続を管轄する執行裁判所は、以下の①があれば①、①がなければ②となります（民執法204条）。

①債務者の普通裁判籍の所在地を管轄する地方裁判所

債務者の防御の便宜のため、債務者の普通裁判籍の所在地を管轄する地方裁判所が執行裁判所とされています。

②情報の提供を命じられるべき者（第三者）の所在地を管轄する地方裁判所

3．情報の提供を命じられる第三者

　情報の提供を命じられる第三者は、以下の表のとおり債務者の財産によって変わります。

財産	情報の提供を命じられる第三者
①債務者の不動産	・**登記所**（民執法205条） 　ただし、この①の債務者の不動産についての情報の提供を命じるには、財産開示期日における手続が実施された場合においては、その財産開示期日から3年以内に限られます（民執法205条2項）。
②債務者の給与債権など	・**市町村**（特別区を含む。民執法206条1項1号） ・**日本年金機構など**（民執法206条1項2号） 　市町村や日本年金機構などは、住民税や年金などの徴収をするため、債務者の勤務先の情報を把握しているからです。 　ただし、この②の債務者の給与債権などについて情報の提供を命じることを申し立てられるのは、P324①～④の義務にかかる請求権、または、人の生命もしくは身体の侵害による損害賠償請求権について執行力のある債務名義の正本を有する債権者に限られます（民執法206条1項柱書）。
③債務者の預貯金債権	・**銀行など**（民執法207条1項1号）

　情報の提供を命じられた第三者は、執行裁判所に対し書面で情報の提供をしなければなりません（民執法208条1項）。

― 第 3 編 ―

民事保全法
Civil Provisional
Remedies Act

第1章　民事保全の世界

　民事保全の1つ1つの手続に入る前に、この第1章で民事保全とは何なのかを概観しましょう。

1　民事保全とは？

　「民事保全」は、民事訴訟を提起しても判決確定まで時間がかかり権利を実現できなくなる可能性がある場合に、裁判所に暫定的な保全措置を求める制度です。

　……といわれても、イメージが湧かないですよね。具体的にみていきましょう。民事保全には、以下の①～③の3つの種類があります。

☞「債権者」「債務者」とは？

　民事保全においても、民事執行と同じく、民事保全を申し立てる者を「債権者」、民事保全の執行をされる者を「債務者」といいます。

＊このテキストでは基本的に、民事保全を申し立てる債権者をX、民事保全をされる債務者をYとしています。

①仮差押え

　これは、金銭債権を保全するため、債務者の財産を仮に差し押さえる民事保全です。

ex. XがYを相手方として100万円の貸金返還請求訴訟を提起しようとしている場合に、Xは勝訴してもYに財産がなければ強制執行をすることができません。そこで、Yの不動産や預貯金債権に仮差押えをしておけば、Yが不動産の名義を友人などに移しても貸金返還請求訴訟に勝訴後に差し押さえて競売できたり、Yが預貯金を引き出したりできなくなります。

②係争物に関する仮処分

　これは、特定物に対する請求権を保全するため、債務者に対して現状の変更を禁止する民事保全です。

ex1. XがYから不動産を購入した場合に、Yが代金を受け取ったのにもかかわらずXに所有権の移転の登記をしようとしなかったとします。XがYを相手方として所有権移転登記請求訴訟を提起しても、事実審の口頭弁論の終結前に、Yが第三者に不動産を売って登記を移してしまえば、Xは勝訴しても、その第三者に対して所有権の移転の登記を請求できません。そこで、この不動産に仮処分の登記をしておけば、所有権移転登記請求訴訟に勝訴すれば、その第三者の登記を抹消して所有権の移転の登記ができます。

ex2. XがYを相手方として、建物の明渡請求訴訟を提起しても、Yが事実審の口頭弁論の終結前に建物の占有をZに移転してしまえば（Zがさらに建物の占有を移転することもあります）、Xが得た勝訴判決は執行できない判決になってしまいます。そこで、Xは占有移転禁止の仮処分をしておけば、Yを相手方とする勝訴判決で、Zなどに対して建物の明渡請求の強制執行ができます（民保法62条1項）。

③仮の地位を定める仮処分

これは、債権者の現在の危険・不安を除去するため、確定判決に基づく執行をしたのと同様の目的を達成させる民事保全です。簡単にいうと、債権者を仮に勝ったことにする（仮に勝ったという地位を定める）民事保全です。

ex1. 芸能人XがY出版社を相手方として事実誤認の記事が掲載された週刊誌の出版の差止訴訟を提起しても、確定判決を待っていては週刊誌が発売されてしまい、Xの名誉が害されてしまいます。そこで、出版差止めの仮処分をしておけば、民事訴訟の前に週刊誌の出版の差止めをすることができます。

ex2. Xが不当解雇された勤務先Yを相手方として解雇無効確認訴訟を提起しても、確定判決を待っていては、その間の収入が得られず生活に困窮してしまいます。そこで、従業員としての地位保全の仮処分をしておけば、従業員としての地位が保全され、その間の収入が得られます。

ex3. Xが電力会社Yを相手方として原発運転差止訴訟を提起しても、確定判決を待っていては、その間は原発が停止しません。そこで、原発運転差止めの仮処分をしておけば、原発を停止させられます。ただ、原発訴訟の中には、民事保全手続がメインとなっているものがあり、「本来の民事保全手続の使い方ではないのでは？」という批判もあります。

ex4. 無効の抵当権に基づいて抵当権が実行されようとしているとき、抵当権の実行を禁止する仮処分をしておけば、抵当権の実行ができなくなります。

この①～③の民事保全を比較すると、以下の表のとおりです。

	仮差押え	係争物に関する仮処分	仮の地位を定める仮処分
目的	金銭	特定物に対する請求権	仮に勝ったという地位
被保全権利	金銭債権	金銭債権以外の債権	
後の強制執行	想定している		想定していない

2 民事保全の特質

民事保全には、以下の4つの特質があります。特に①②が大事です。

①迅速性（緊急性）

民事保全は、判決確定までに時間がかかり債権者が権利を実現できなくなる可能性があるので、申し立てます。たとえば、週刊誌の出版差止めの仮処分では、週刊誌が発売されてしまえば債権者の名誉が傷つけられますので、一刻の猶予もありません。このように、緊急性があるので、民事保全手続は迅速に進める必要があるんです。

②密行性

債務者に民事保全を察知されると、債務者に妨害され、民事保全ができなくなるかもしれません。たとえば、不動産の仮差押えや仮処分をしようとしていたところ、債務者に察知されて友人などに所有権の移転の登記をされてしまえば、仮差押えや仮処分ができなくなってしまいます。よって、民事保全は、債務者にバレないようにコソコソとする必要があるんです。

③暫定性（仮定性）

これは、民事保全は本案訴訟の決着がつくまでの暫定的なものであるということです。

④付随性（従属性）

これは、民事保全は、本案訴訟の存在を予定し、本案訴訟に従たる関係にあるということです。

3 管轄

P271＝ 民事保全法に規定されている裁判所の管轄は、専属管轄です（民保法6条）。

よって、民事保全事件は、事件の著しい遅滞を避けるために必要があるときでも、管轄権を有しない他の裁判所に事件を移送することはできません（民保法7条、民訴法17条、20条1項）。

4 審理

> **民事保全法3条（任意的口頭弁論）**
> 民事保全の手続に関する裁判は、口頭弁論を経ないですることができる。

民事保全の裁判も、口頭弁論を経る必要はありません（民保法3条）。民事保全の
P271＝ 裁判は、決定手続で行われるんです。判決であれば口頭弁論を開く必要があるからで

す（P16③）。民事保全の裁判も、原則として**書面審理**なのです。これは、上記 2 の①の迅速性（緊急性）と②の密行性からきています。口頭弁論を開くと時間がかかりますし、債務者にバレてしまいます。

　なお、口頭弁論を開くこともできますが、その場合でも裁判の形式は決定です。

5 民事訴訟法の規定の準用

　民事保全の手続についても、民事訴訟法の規定を準用するという規定があります（民保法7条）。よって、民事保全法に特別な規定がなければ、民事訴訟法の規定によることになります。

=P271

　ただ、民事訴訟法のすべての規定が準用されるわけではありません。たとえば、文書提出命令の規定（P150～155（b））は準用されません。文書提出命令は、民事保全の迅速性（P360①）にそぐわないからです。

6 事件の記録の閲覧など

　民事保全の事件の記録の閲覧、謄写などは、誰でも請求することができるでしょうか。

P95
」
=P272

　誰でも請求することはできず、法律上の利害関係を有する者に限られています（民保法5条本文）。「法律上の利害関係を有する者」とは、債権者、債務者などです。民事保全は密行性（P360②）があるからです。

7 民事保全の構造

　民事保全は、まず「**保全命令**」（仮差押命令または仮処分命令）が発令され、これに基づいて「**保全執行**」（仮差押えの登記、仮処分の登記など）がされるという2Stepとなります。**保全命令は民事訴訟のミニバージョン、保全執行は民事執行のミニバージョン**といえます。だから、このテキストでは「民事訴訟法→民事執行法→民事保全法」の順序で学習しているんです。

　以下、第2章で保全命令を、第3章で保全執行をみていきます。

第2章　保全命令

第1節　総則

　この第1節の総則では、保全命令のうち仮差押え、係争物に関する仮処分および仮の地位を定める仮処分の3つの民事保全に原則として共通する規定をみていきます。3つの民事保全に共通する規定かは、条文に単に「保全命令」とあるかで判断できます。下記 1 の民事保全法2条1項のように、条文に単に「保全命令」とあれば3つの民事保全に共通して適用されます。この「3つの民事保全に共通して適用されるか？」は、よく出題される視点です。3つの民事保全に共通して適用される条文なのに、「仮の地位を定める仮処分は異なる」といったひっかけの肢が出題されることがあります。

＊よって、お持ちの六法の民事保全法の条文に、「保全命令」の文言のみマーカーを引いてください。マーカーが引かれている条文が、3つの民事保全に共通して適用される規定です。

1 意義

> **民事保全法2条（民事保全の機関及び保全執行裁判所）**
> 1　民事保全の命令（以下「保全命令」という。）は、申立てにより、裁判所が行う。

　保全命令は、債権者の申立てを受けて裁判所が行います（民保法2条1項）。
　債権者の申立てが必要なのは、民事保全に以下の考え方があるからです。

当事者自らが動くべき

　民事保全法の手続は、**基本的に当事者自らが動く必要があります。**よって、**職権ではなく申立て**により手続が進んでいきます。

　裁判所が行うのは、民事訴訟のミニバージョンだからです。

2 管轄裁判所

　保全命令の事件は、以下の①②の裁判所が管轄裁判所となります（民保法 12 条 1 項）。

①本案の管轄裁判所

　本案の管轄裁判所とは、基本的には第1審裁判所です（民保法12条3項本文）。ただし、本案が控訴審に係属するときは、控訴裁判所となります（民保法12条3項ただし書）。民事保全は訴訟中でも可能なので、本案が控訴審の途中であることもあるんです。

②仮に差し押さえるべき物または係争物の所在地を管轄する地方裁判所

　「仮に差し押さえるべき物……の所在地を管轄する地方裁判所」とは、たとえば、不動産の仮差押えをするのであれば、その不動産の所在地を管轄する地方裁判所となります。「係争物の所在地を管轄する地方裁判所」とは、たとえば、不動産の所有権移転登記請求権を保全する係争物に関する仮処分であれば、その不動産の所在地を管轄する地方裁判所となります。

　民事保全は本案訴訟に付随する性質があるので（P360④）、①が管轄裁判所となります。また、迅速に保全執行ができるよう（P360①）、②も管轄裁判所とされています。

【民事保全の手続の流れ】

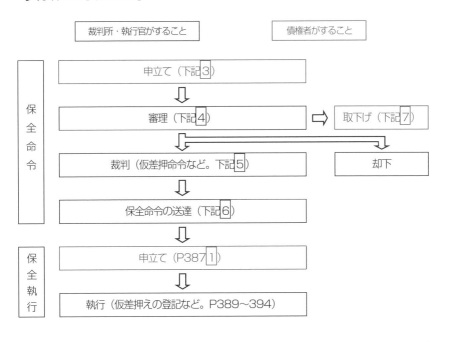

3 申立て

債権者は、以下の①〜③の事項を明らかにして、保全命令の申立てをします（民保法13条1項）。保全命令の申立ては、書面（申立書）によってしなければなりません（民保規1条1号）。

①保全命令の申立ての趣旨

これは、民事訴訟の請求の趣旨（P14③）に相当します。

ex. 保全命令の申立書に、「債務者所有の別紙物件目録記載の建物は、仮に差し押さえる」などと記載します。

②保全すべき権利または権利関係

これは、民事訴訟の請求の原因（P14④）に相当します。

ex. 保全命令の申立書に、債権者が債務者に対して貸金返還請求権を有している旨などを記載します。

③保全の必要性

これも、民事訴訟の請求の原因（P14④）に相当します。

ex. 保全命令の申立書に、債務者の他の不動産には他の債権者の抵当権が設定されており、債務者には申立ての対象となる不動産以外には換価可能な財産がない旨などを記載します。

4 審理

債権者の保全命令の申立てを受けて、裁判所は審理に入ります。

1. 疎明

債権者は、上記 3 の②の保全すべき権利または権利関係と上記 3 の③の保全の必要性を疎明しなければなりません（民保法13条2項）。

ex. 保全すべき権利または権利関係は、金銭消費貸借契約書を保全命令の申立書に添付して、債権者が債務者に対して貸金返還請求権を有していることを疎明したりします。保全の必要性は、不動産の登記事項証明書を添付して、債務者の他の不動産には他の債権者の抵当権が設定されていることを疎明したりします。

民事保全は、迅速に行う必要があり（P360①）、暫定的な措置なので（P360③）、証明ではなく疎明で足りるとされています。疎明は、即時に取り調べることができる証拠によってします（民保法7条、民訴法188条。P128の4.②）。

2. 口頭弁論・債務者が立ち会うことのできる審尋の期日
（1）原則

　民事保全は、原則として書面審理です（民保法3条。P360～361 4）。よって、口頭弁論や債務者が立ち会うことのできる審尋（P92）の期日を経る必要はありません。これらを行うと、債務者にバレてしまいます。そこで、書面審理が基本で、事情を聴くとしても、債権者のみ審尋する（実務では「債権者面接」といわれます）のが通常です。

P371

（2）例外

　仮の地位を定める仮処分命令は、原則として、口頭弁論または債務者が立ち会うことのできる審尋の期日を経る必要があります（民保法23条4項本文）。仮の地位を定める仮処分は、債務者からすると仮に負けたことになりますので、重大な効果があります。よって、債務者に文句を言う機会を与える必要があるんです。また、仮の地位を定める仮処分は、従業員としての地位保全の仮処分や原発運転差止めの仮処分など、債務者にバレないようにする必要がないものもあります。

（3）再例外

　ただし、仮の地位を定める仮処分命令も、口頭弁論または債務者が立ち会うことができる審尋の期日を経ることにより仮処分命令の申立ての目的を達することができない事情があるときは、これらの期日を経る必要はありません（民保法23条4項ただし書）。

　たとえば、週刊誌の出版差止めの仮処分であれば、これらの期日を経ていては週刊誌が発売されてしまいます。

5 裁判

　裁判所は、債権者の申立てを認めるときは、保全命令を発します。

1. 保全命令の担保
（1）担保提供の要否

　裁判所は、保全命令を発するにあたって、債権者に担保を立てさせるかどうか以下の①～③から選べます（民保法14条1項）。

①担保を立てさせる
②相当と認める一定の期間内に担保を立てることを保全執行の実施の条件とする
③担保を立てさせない

実務では、通常は担保を立てさせます（①）。債権者が本案で勝訴するとは限らないので、仮差押えなどによる債務者の損害を担保する必要があるからです。担保の額は、押さえる財産の2〜3割が相場です。

しかし、担保を立てさせないこと（③）も可能なのです。これがよく出題されます。仮の地位を定める仮処分命令であってもです。たとえば、従業員が申し立てた従業員としての地位保全の仮処分においては、債権者である従業員は生活に困窮していることもあるため、担保を立てさせないのが通常です。

（2）担保の提供場所

担保を立てることを命じられた債権者は、供託所に金銭または有価証券を原則として供託する方法で担保を立てます（民保法4条1項）。どこの供託所に供託するかは、以下のように決まります。

（a）原則

供託をすべき供託所は、原則として、以下の①または②の所在地を管轄する地方裁判所の管轄区域内の供託所です（民保法4条1項）。

P382＝
P386

①担保を立てるべきことを命じた裁判所
②保全執行裁判所（P389の2.、P390の2.など）

かつては、全国どこの供託所でも供託できました。しかし、それでは債務者が還付するときに大変だったので、民事保全の事件と関係のある上記①または②の裁判所の所在地を管轄する地方裁判所の管轄区域内の供託所に限定されました。

（b）例外

上記（a）の供託所に遅滞なく供託することが困難な事由がある場合、たとえば、緊急で遠方の供託所まで出向くことができない場合は、裁判所の許可を得れば、以下の①または②の所在地を管轄する地方裁判所の管轄区域内の供託所に供託できます（民保法14条2項）。

①債権者の住所地または事務所の所在地
②その他裁判所が相当と認める地

　週刊誌が間もなく発売されそうであり緊急で出版差止めの仮処分をする必要がある場合などもあるからです。よって、債権者の本拠地を管轄する地方裁判所の管轄区域内の供託所（①）で供託できたりするわけです。

2．裁判長の権限

　保全命令は、急迫の事情があるときに限り、裁判長が発することができます（民保法15条）。

　これは特に急迫の事情がある場合に決定手続を省けるという規定ですが、保全命令は原則として書面審理で迅速に発せられます。よって、この規定が適用されるのは、天災のときくらいではないかといわれています。

3．決定の理由

　決定に理由を付す必要があるか、それとも理由の要旨を示すだけでよいかは、以下のとおりです。

①口頭弁論を経た場合
　　→　理由を付す必要がある（民保法16条本文）
　民事保全においてわざわざ口頭弁論が開かれるということは、当事者への影響が大きく、内容が複雑な事件であると考えられるからです。たとえば、原発運転差止めの仮処分は、通常は口頭弁論が開かれますので、理由を付す必要があります。このような重大な事件で、下記②のような理由の要旨で済まされるわけはありません。
②口頭弁論を経ていない場合
　　→　理由の要旨を示せば足りる（民保法16条ただし書）
　理由の要旨とは、「債権者の申立てを相当と認め」といった文言でもよい場合があります。

6　保全命令の送達

　保全命令は、当事者（債権者と債務者）に送達しなければなりません（民保法17条）。

　保全命令は、重大な決定だからです。また、この送達は保全執行の執行期間などの起算点とされているので（民保法43条2項。P388の3.）、届いた日時を明確にする必要があるという理由もあります。

7　取下げ

　保全命令の申立てを債権者が取り下げるには、債務者が保全異議または保全取消し

（債務者がする保全命令に対する不服申立て）の申立てをした後でも、債務者の同意は不要です（民保法18条）。

テクニック

　民事保全の手続においては、基本的に相手方の同意は不要です。
　民事保全の手続で、既判力が生じることはないからです。上記の場合も、債務者の主張が保全異議または保全取消しで認められたからといって、既判力が生じるわけではありません。それであれば、債権者が保全命令の申立てを取り下げてくれたほうが債務者は楽なのです。

8 不服申立て

　保全命令に対する不服申立てを概観すると、以下のとおりです。

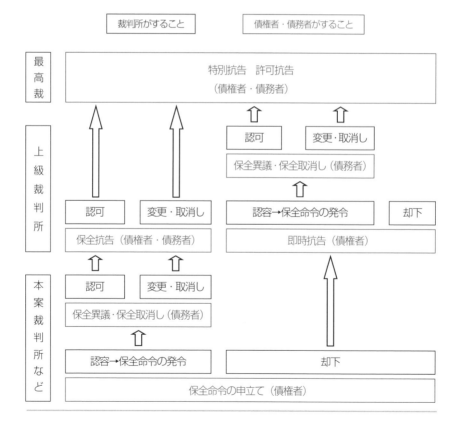

＊以下の説明をお読みになる際は、その都度このチャート図に戻って、今どこを学習しているのかを確認してください。

1．即時抗告

民事保全法 19 条（却下の裁判に対する即時抗告）

1　保全命令の申立てを却下する裁判に対しては、債権者は、告知を受けた日から 2 週間の不変期間内に、即時抗告をすることができる。

（1）意義

　保全命令の申立てを却下する裁判に対しては、債権者は告知を受けた日から 2 週間の不変期間内に抗告状（書面）を提出して即時抗告をすることができます（民保法 19 条 1 項、民保規 1 条 2 号）。即時"抗告"ですから、上級裁判所に不服を申し立てられるわけです（P248 の「『異議』と『抗告』の違い」）。前ページのチャート図をご覧ください。

　債権者は権利を保全するため一刻も早く保全命令を発してもらいたいと考えているので、通常抗告ではなく、即時抗告が認められています。ただ、即時抗告の期間制限は通常は 1 週間ですが（民訴法 332 条。P17）、原発運転差止めの仮処分など複雑な事件は準備に時間がかかるため期間制限は 2 週間とされています。

（2）更なる抗告の可否

　上記（1）の即時抗告が却下されると、さらに抗告をすることはできません（民保法 19 条 2 項）。前ページのチャート図の「即時抗告」の右上の「却下」は、そこで終わっていますよね。

民事保全は 2 審制

　これは、民事保全は原則として 2 審制だからです。本案ではないため、原則として 2 審制なんです。即時"抗告"の裁判に対して"抗告"ができると、3 審制になってしまいます（P248 の「『異議』と『抗告』の違い」）。

2．保全異議と保全取消し

保全異議と保全取消しは、保全命令の発令に対して債務者がする不服申立てです。保全異議と保全取消しは、以下の点は共通しています。

保全異議・保全取消しの特徴

保全異議事件・保全取消事件は、迅速性（緊急性。P360①）と密行性（P360②）はありません。じっくりとオープンに審理して構わないんです。すでに保全命令が発令されているので、債権者は急ぐ必要もコソコソとする必要もないからです。また、債務者が保全異議や保全取消しの申立てをしても、当然に保全執行（仮差押えの登記の執行など）が停止するわけではありません。民事執行の不服申立てと同じですね（P275の2.、P343の5.）。保全命令は民事訴訟のミニバージョン、保全執行は民事執行のミニバージョンでしたので、保全命令が出ていると、確定判決が出ている民事執行のように、債務者が不服申立てをしても債権者が正しいだろうということで進みます。債務者は、保全執行（仮差押えの登記の執行など）を停止したいのなら、保全執行の停止または執行処分の取消しの裁判を申し立てる必要があります（民保法27条）。

では、保全異議と保全取消しの違いは何かというと、文句を言っている内容です。

・保全異議　　：保全命令の発令自体がおかしい（保全の要件を充たさないのに保全命令が発せられた）と主張する債務者の不服申立て
・保全取消し：保全命令の発令は適法だが、その後、保全命令の効力を消滅させる事由が生じたと主張する債務者の不服申立て

（1）保全異議

民事保全法26条（保全異議の申立て）
保全命令に対しては、債務者は、その命令を発した裁判所に保全異議を申し立てることができる。

（a）意義

保全異議は、保全命令の発令自体がおかしいと主張する債務者の不服申立てです。
ex. 債務者は、保全すべき権利とされた債権者の貸金返還請求権が金銭消費貸借契約が無効であったと主張して保全異議を申し立てることができます。

書面を提出して申立てをします（民保規1条3号）。

（b）管轄裁判所

ⅰ　管轄

保全異議の事件は、保全命令の発令裁判所（P363の①または②）が管轄裁判所となります（民保法26条）。

保全命令の発令に文句を言うのが保全異議だからです。また、保全“異議”という言葉からもわかります（P248の「『異議』と『抗告』の違い」）。P368のチャート図でもご確認ください。

ⅱ　移送

裁判所は、以下の①または②のときには、申立てを受けてまたは職権で、当事者の住所などの事情を考慮して、保全異議事件を保全命令事件について管轄権を有する他の裁判所（P363の①または②）に移送することができます（民保法28条）。

①著しい遅滞を避けるために必要がある
②当事者間の衡平を図るために必要がある

民事保全法で規定されている移送の規定は、これだけです（保全取消しには準用されています。民保法40条1項）。上記ⅰの保全命令の発令裁判所は、債権者がP363の①②から選択した裁判所です。よって、債務者の家から遠かったりすることがあります。そのため、移送の規定が置かれているんです。

（c）申立期間

保全異議の申立てに特に期間制限はなく、保全命令が有効である限りいつでもすることができます。すでに保全命令が発令されているので、迅速性がないからです（P370の「保全異議・保全取消しの特徴」）。

（d）審理

P365」

保全異議は、口頭弁論または当事者双方が立ち会うことのできる審尋（P92）の期日を経ないと申立てについての決定をすることができません（民保法29条）。保全異議は迅速性（緊急性）と密行性がなく、じっくりとオープンに審理して構わないので（P370の「保全異議・保全取消しの特徴」）、きちんと当事者双方の言い分を聴く機会を設ける必要があるんです。

　保全異議事件の審理では、保全命令の発令の申立ての際に提出された資料も裁判資料になります。

　保全異議は、保全命令の発令自体がおかしいと主張することだからです。

（e）審理の終結
ⅰ　原則

　裁判所は、保全異議事件の審理を終結するには、相当の猶予期間を置いて審理を終結する日を決定する必要があります（民保法31条本文）。保全異議は、きちんと当事者双方の言い分を聴く必要があるので、いきなり「今日で終結！」とはできないんです。

ⅱ　例外

　ただし、口頭弁論または当事者双方が立ち会うことができる審尋の期日においては、直ちに審理を終結する旨を宣言することができます（民保法31条ただし書）。当事者双方に言い分を主張する機会が保証されている期日だからです。

（f）決定
ⅰ　決定の種類

　保全異議の決定には、以下の3つの種類があります（民保法32条1項）。

①認可決定

　裁判所は、保全命令の発令を問題ないと判断したときに、この決定をします。

②変更決定

　裁判所は、保全命令の内容を変更するときや新たに担保を立てるべきであると判断したときなどに、この決定をします。

③取消決定

　裁判所は、保全命令の発令をすべきでなかったと判断したときに、この決定をします。

ⅱ　決定の効力発生時期
（ⅰ）原則

　保全異議の決定は、決定書の当事者に対する送達によって効力が生じます（民保法32条4項、17条）。

（ⅱ）例外

　取消決定の場合、裁判所は、取消決定の送達を受けた日から2週間を超えない範囲内で相当と認める一定の期間を経過しなければ決定の効力が生じない旨を宣言することができます（民保法34条本文）。

　債権者は、取消決定に対して保全抗告（P379〜380（1））で争うことができます。しかし、保全抗告で覆っても、保全命令の取消しの効力が生じてしまい、すでにされた仮差押えの登記が抹消されたりすると、債務者が知人に不動産の名義を移したりして財産を逃がしてしまうかもしれません。そこで、一定の期間は取消しの効力が生じないとされることがあるんです。債権者は、この期間内に保全命令を取り消す決定の効力の停止の裁判の申立てを行い（民保法42条）、取り消す決定の効力の停止を求めます。

ⅲ　決定の理由

　保全異議の決定には、理由を付す必要があります（民保法32条4項、16条本文）。

　保全異議は迅速性（緊急性）がなく、じっくりと審理されるからです。また、保全異議の決定に対しては、原則として保全抗告ができるので（民保法41条1項。P379〜380（1））、保全抗告の資料となるようにという理由もあります。

（g）取下げ

　保全異議の申立てを取り下げるには、債権者の同意は不要です（民保法35条。P368の「テクニック」）。

　保全異議の決定で認可されたからといって、既判力が生じるわけではありません。それであれば、債務者が保全異議の申立てを取り下げてくれたほうが債権者は楽なのです。

（2）保全取消し

（a）意義

保全取消しは、保全命令の発令は適法だが、その後、保全命令の効力を消滅させる事由が生じたと主張する債務者の不服申立てです。書面を提出して申立てをします（民保規1条4号）。

保全取消しには、下記（b）～（d）の3種類があります。

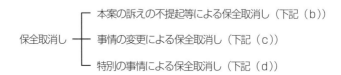

保全取消し ┬ 本案の訴えの不提起等による保全取消し（下記（b））
　　　　　　├ 事情の変更による保全取消し（下記（c））
　　　　　　└ 特別の事情による保全取消し（下記（d））

下記（b）～（d）では、この3種類で異なる規定を中心にみていきます。しかし、共通する規定もあります。それは、保全取消しの申立てについての決定には、理由を付す必要があるということです（民保法37条8項、38条3項、39条3項、16条本文）。保全異議と同じですね。理由も、P373のⅲと同じです。

保全異議の規定の準用

また、保全取消しには、基本的に保全異議の規定が準用されます（民保法40条1項）。
ex. 保全取消しの申立てを取り下げるには、債権者の同意は不要です（民保法40条1項本文、35条。P368の「テクニック」）。理由も、P373（g）と同じです。

（b）本案の訴えの不提起等による保全取消し

民事保全法37条（本案の訴えの不提起等による保全取消し）

1　保全命令を発した裁判所は、債務者の申立てにより、債権者に対し、相当と認める一定の期間内に、本案の訴えを提起するとともにその提起を証する書面を提出し、既に本案の訴えを提起しているときはその係属を証する書面を提出すべきことを命じなければならない。

ⅰ　意義

債務者は、保全命令の発令裁判所に、債権者に対し、相当と認める一定の期間（2週間以上）内に、本案の訴えを提起するとともにその提起を証する書面を提出するこ

と、もしすでに本案の訴えを提起しているのであれば本案の訴えの係属を証する書面を提出すべきことを命じるよう申し立てることができます（民保法37条1項、2項）。要は、民事保全だけしておきながら民事訴訟を提起しない債権者に対して、「早く訴えろ！」と裁判所に命じてもらうことができるわけです。

ii　趣旨

民事保全は、本案訴訟をする前提として行うもので、本案訴訟に付随するものです（P360④）。よって、債権者がいつまでも本案訴訟を提起しないのなら、民事保全手続は債務者に対する不当な拘束になるので、債務者を解放すべきです。本案訴訟がいつまで経っても始まらず、ずっと仮差押えの登記がされたままとか不当ですよね。

iii　管轄裁判所

本案の訴えの不提起等による保全取消しは、保全命令の発令裁判所（P363 の①または②）が管轄裁判所となります（民保法37条1項）。

※本案裁判所が含まれていません（保全命令の発令裁判所が本案裁判所であることはありますが〔P363①〕）。それは、本案の訴えの不提起が理由なので、まだ本案の裁判所に訴えが提起されておらず、本案の裁判所は事情を把握していないからです。

iv　保全命令の取消し

債権者が、上記iで定められた期間内に、本案の訴えを提起して訴えの提起を証する書面を提出するか本案の訴えの係属を証する書面を提出すれば、保全命令は取り消されません。この書面は、本案裁判所に受付証明書というものを持参して押印してもらったものが当たります。

このように、民事訴訟を提起すれば問題ありませんが、訴えの提起とみなされるか問題となるものがあります。

訴えの提起とみなされるもの（○）	訴えの提起とみなされないもの（×）
・本案に関し仲裁合意があるときの仲裁手続の開始（民保法37条5項）	・民事調停の申立て（民保法37条5項参照）
その手続によって、権利関係が確定する、つまり、必ず結論が出るのであれば訴えの提起とみなされます。仲裁手続は、当事者双方が仲裁人という人に判断を任せますので、仲裁人が結論を出します。それに対して、民事調停は、話合いですので、話合いがつかなければ結論が出ません。	

　それに対して、債権者が上記 i で定められた期間内に上記の書面を提出しないと、裁判所は債務者の申立てを受けて保全命令を取り消します（民保法 37 条 3 項）。ここでも、やはり職権ではなく、申立てが必要です（P362 の「当事者自らが動くべき」）。

　また、債権者が上記 i で定められた期間内に上記の書面を提出しても、その後に、本案の訴えが取り下げられまたは却下された場合には、上記の書面を提出しなかったものとみなされます（民保法 37 条 4 項）。本案訴訟がなくなってしまったからです。

∨　担保

　この保全取消しをするにあたって、債務者は担保を立てることを要求されません。本案の訴えの不提起は債権者の帰責性が強いからです。

（c）事情の変更による保全取消し

> **民事保全法 38 条（事情の変更による保全取消し）**
> 1　保全すべき権利若しくは権利関係又は保全の必要性の消滅その他の事情の変更があるときは、保全命令を発した裁判所又は本案の裁判所は、債務者の申立てにより、保全命令を取り消すことができる。

i　意義

　債務者は、被保全権利の消滅または保全の必要性の消滅その他の事情の変更がある場合には、保全命令の発令裁判所または本案裁判所に、保全命令を取り消してもらうよう申し立てることができます（民保法 38 条 1 項）。

ex1. 保全命令の発令後の被保全権利の弁済、相殺、免除、放棄

ex2. 保全命令の発令後の債務者の財産状態の好転、債権者への十分な担保の提供

ex3. 債権者敗訴の本案判決の確定（大判明 42.5.4）

　これらの事由があることは、債務者が疎明しなければなりません（民保法 38 条 2 項）。

ii　趣旨

　仮差押えの登記など、民事保全は債務者には負担となります。よって、保全命令を発した時と事情が変わり、保全命令を維持しておく必要がないのであれば、保全命令を取り消すべきです。

iii　管轄裁判所

事情の変更による保全取消しは、以下の①②の裁判所が管轄裁判所となります（民保法38条1項）。

①保全命令の発令裁判所
②本案裁判所

本案裁判所も含まれているのは、本案の訴えの不提起等による保全取消しと異なり、本案裁判所に訴えが提起されている場合もあるからです。その場合は、本案裁判所のほうが事情をよく把握していると考えられます。

iv　担保

この保全取消しをするにあたって、裁判所の裁量で、債務者が担保を立てることを条件とすることができます（民保法38条3項、32条3項）。

まず、本案の訴えの不提起と異なり、債権者に帰責性があるわけではありません。そして、上記iの事由は疎明すればよいだけですので、実は保全命令を取り消すべきではなかったかもしれません。よって、損害を被る可能性がある債権者のために、債務者は担保を立てることを要求されることがあるんです。

（d）特別の事情による保全取消し

> **民事保全法39条（特別の事情による保全取消し）**
> 1　仮処分命令により償うことができない損害を生ずるおそれがあるときその他の特別の事情があるときは、仮処分命令を発した裁判所又は本案の裁判所は、債務者の申立てにより、担保を立てることを条件として仮処分命令を取り消すことができる。

i　意義

債務者は、仮処分命令により償うことができない損害を生じるおそれがあるときその他の特別の事情があるときは、仮処分命令の発令裁判所または本案裁判所に、保全命令を取り消してもらうよう申し立てることができます（民保法39条1項）。

ex. 学校法人である債務者に新校舎の建設工事を禁止する仮処分命令が出されましたが、この学校法人は新校舎の建設を前提として募集生徒の数を増やしていたなどの事情があり、保全取消しが認められました（大阪地判昭33.2.15）。

※「仮処分命令により」とありますとおり、この保全取消しは、償うことができない
　損害が債務者に生じるおそれが高い仮処分命令のみが対象であり、仮差押命令は対
　象ではありません。仮処分命令は、上記 ex.のように後で金銭で賠償してもらって
　も償えない損害が生じるおそれが高いです。生徒を募集しておきながら「新校舎が
　できなかったので入学できません」では、学校の信用に関わります。

　特別の事情があることは、債務者が疎明しなければなりません（民保法39条2項）。

ⅱ　趣旨

　仮処分命令により上記 i の ex.のような償うことができない損害を生じるおそれが
あるのであれば、それは債務者にとってあまりに酷なので、保全命令を取り消すべき
です。

ⅲ　管轄裁判所

　特別の事情による保全取消しは、以下の①②の裁判所が管轄裁判所となります（民
保法39条1項）。

①仮処分命令の発令裁判所
②本案裁判所
　本案裁判所も含まれているのは、やはり本案の訴えの不提起等による保全取消しと
異なり、本案裁判所に訴えが提起されている場合もあり、本案裁判所のほうが事情を
よく把握している場合もあるからです。

ⅳ　担保

　この保全取消しをするには、債務者が担保を立てることが条件とされます（民保法
39条1項）。
　上記 i の ex.の新校舎の建設を前提として募集生徒の数を増やしていたなどの債務
者の特別の事情のために仮処分命令を取り消しますので、債務者に担保を出させるん
です。この担保で、債権者と債務者のバランスを取っています。

【保全取消しの3制度の比較】

	本案の訴えの不提起等による保全取消し	事情の変更による保全取消し	特別の事情による保全取消し
申立て・職権	債務者の申立て		
対象	保全命令		仮処分命令
取消事由	本案の訴えの不提起	被保全権利の消滅、保全の必要性の消滅など	償うことができない損害を生じるおそれなど
管轄裁判所	①保全命令の発令裁判所	①保全命令の発令裁判所 ②本案裁判所	①仮処分命令の発令裁判所 ②本案裁判所
債務者の担保	不要	裁判所の裁量	必要

3. 保全抗告

民事保全法41条（保全抗告）

1　保全異議又は保全取消しの申立てについての裁判（第33条（前条第1項において準用する場合を含む。）の規定による裁判を含む。）に対しては、その送達を受けた日から2週間の不変期間内に、保全抗告をすることができる。ただし、抗告裁判所が発した保全命令に対する保全異議の申立てについての裁判に対しては、この限りでない。

（1）意義

　　保全抗告：保全異議または保全取消しの申立てについての裁判に対する、債権者または債務者の不服申立て（民保法41条1項本文）

　　保全異議または保全取消しの申立てについての裁判に対して、債権者または債務者ができる不服申立てが保全抗告です。保全"抗告"ですので、上級裁判所に対する不服申立てです（P248の「『異議』と『抗告』の違い」）。P368のチャート図でご確認ください。

保全抗告のポイント

　　保全抗告は、保全異議または保全取消しでじっくりと審議したうえでの手続です。

　ただし、抗告裁判所が発した保全命令に対する保全異議（＊）の申立てについての裁判については、保全抗告をすることができません（民保法41条1項ただし書）。これは、P368のチャート図の右のルートのハナシです。P368のチャート図をご覧になりながら以下の説明をお読みください。債権者の保全命令の申立てが却下され、債権者が即時抗告をし、抗告裁判所が保全命令を発し、債務者が申立てをした保全異議についての裁判だと、保全抗告がダメなんです。即時"抗告"がされているので、さらに保全"抗告"ができると、3審制になってしまうからです（P369の「民事保全は2審制」）。

＊この場合でも、保全取消しの申立てについての裁判については、保全抗告ができると解されています。保全取消しは保全命令の存在を前提として別個の事由に基づいて不服を申し立てるので、2審制に反しないからです。

（2）抗告の方法

　保全抗告は、保全異議または保全取消しの申立てについての裁判の送達を受けた日から2週間の不変期間内に、抗告状を原裁判所に提出してします（民保法41条1項、民保規1条5号、民保法7条、民訴法331条、286条1項）。

　抗告は原則としていつでもできますが（P17）、保全抗告には2週間という期間制限があるのは、保全抗告は保全異議または保全取消しでじっくりと審議したうえでの手続であるため、控訴（民訴法285条本文。P220②）に準じるからです（上記の「保全抗告のポイント」）。提出先が原裁判所なのは、上級裁判所に対する不服申立書の提出先は原則として下の裁判所だからです（P221の「不服申立書の提出先」）。

P231
P275
└
P222＝

※再考の可否

　抗告状を受理した原裁判所が「やっぱり判断が間違っていた！」ということができるかですが、これはできません（民保法41条2項）。抗告ではありますが、保全抗告は保全異議または保全取消しでじっくりと審議したうえでの手続であるため、これも控訴に準じるんです（上記の「保全抗告のポイント」）。

（3）再抗告の可否

　保全抗告についての裁判に対しては、さらに抗告をすることはできません（民保法41条3項）。保全"抗告"がされているので、さらに"抗告"ができると、3審制になってしまうからです（P369の「民事保全は2審制」）。

＊上記（1）で保全抗告が認められない場合や上記（3）で更なる抗告が認められない場合でも、最高裁判所への特別抗告（P232④）または許可抗告（P232⑤）ができる場合はあります（民保法7条、民訴法336条、337条）。

第2節　仮差押命令

　前節では、保全命令のうち仮差押え、係争物に関する仮処分および仮の地位を定める仮処分の3つの民事保全に原則として共通する規定をみました。この第2節からは、「仮差押命令（第2節）」と「仮処分命令（係争物に関する仮処分と仮の地位を定める仮処分。第3節）」に分けてみていきます。

民事保全法20条（仮差押命令の必要性）

1　仮差押命令は、金銭の支払を目的とする債権について、強制執行をすることができなくなるおそれがあるとき、又は強制執行をするのに著しい困難を生ずるおそれがあるときに発することができる。

1　要件

　仮差押命令は、以下の①②の要件を充たす場合に発することができます（民保法20条1項）。

①金銭債権である

　金銭債権であれば、条件付債権または期限付債権でも構いません（民保法20条2項）。将来債権でも構わないわけです。将来債権でも本案訴訟の訴えの利益が認められることがあるからです（P71～72（2））。=P385

ex. 主債務者から委託を受けていない保証人は、弁済後に主債務者に対して取得する求償権を、弁済前に仮差押命令の被保全債権とすることができます。

②上記①の債権について強制執行をすることができなくなるおそれがある、または、強制執行をするのに著しい困難を生じるおそれがある

　ある土地と建物についてすでに仮差押命令を得ている債権者であっても、その土地と建物の価額が被保全債権の全額に満たないなど被保全債権の全額を保全するのに十分でない場合には、この②の要件を充たします。よって、同じ被保全債権に基づいて、異なる土地に対してさらに仮差押命令の申立てをすることができます（最決平15.1.31）。

2 仮差押命令の対象

仮差押命令の対象を特定する必要があるかは、以下のとおりです。

P287＝
P320
・不動産、債権
　→　特定することを要する（民保法21条本文）
・動産
P312＝
　→　特定することを要しない（民保法21条ただし書）

強制執行の申立てと同じです。動産だと、債務者の家にどんな動産があるのかは、債権者にはわからないことが多いからです。

3 仮差押解放金

1．意義

仮差押命令においては、仮差押えの執行の停止を得るため、または、すでにした仮差押えの執行の取消しを得るために債務者が供託すべき金銭の額を定めなければなりません（民保法22条1項）。この金銭を「仮差押解放金」といいます。債務者が仮差押解放金を供託すると、仮差押えの執行から解放されます。つまり、「仮差押（えの執行から）解放（されるための）金」ということです。

2．趣旨

債務者からすると、不動産に仮差押えの登記がされていたりすると、その不動産を売却できなかったりと不都合が生じます。そこで、金銭を供託してでも、仮差押えの登記を抹消してほしいなどと考えることがあります。債権者としても、仮差押えは金銭債権を保全するためにする民事保全なので、金銭を供託してもらえれば仮差押えの執行は停止または取り消されても問題ありません。よって、仮差押命令においては、「必ず」仮差押解放金の額が定められます（この点がよく出題されます）。

P386

3．供託所

仮差押解放金を供託すべき供託所は、以下の①または②の所在地を管轄する地方裁判所の管轄区域内の供託所です（民保法22条2項）。

P366＝
P386
①仮差押命令の発令裁判所
②保全執行裁判所（P389の2.、P390の2.など）

　債権者が保全命令の担保を供託する場合（P366（a））と同じく、民事保全の事件と関係のある裁判所の所在地を管轄する地方裁判所の管轄区域内の供託所とされています。

４．仮差押解放金が供託された場合の効果

　仮差押解放金が供託されると、仮差押えの執行の停止または執行の取消しとなります（民保法51条1項）。しかし、仮差押命令自体が取り消されるわけではありません。民事保全は、保全命令と保全執行の2Stepです（P361 7 ）。そのうちのStep2の保全執行のみが停止または取消しとなるということです。

ex. 仮差押命令が発せられ、債務者の不動産に仮差押えの登記がされた場合に、債務者が仮差押解放金を供託したときは、仮差押えの登記は抹消されますが、仮差押命令自体は取り消されません。

　そして、仮差押解放金の供託がされると、仮差押えの執行の効力は債務者の供託所に対する取戻請求権の上に移行します。債務者は本案で勝訴したりすれば供託した金銭を取り戻せるので、債務者から供託所に対して取戻請求権というものが生じるんです。この債務者の供託所に対する取戻請求権は、以下のようになります。

・債務者が本案で勝訴
　→　債務者が取り戻す
・債権者が本案で勝訴
　→　債権者が取り戻す

　なお、この取戻請求権を他の債権者が差し押さえることもできます。仮差押えの登記

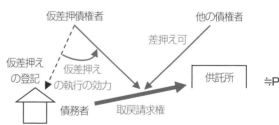

≒P390

がされていた不動産などは、仮差押えの申立てをした債権者が優先権を有する財産ではなく、総債権者が目的とする財産だからです。

第3節　仮処分命令

> **民事保全法23条（仮処分命令の必要性等）**
> 1　係争物に関する仮処分命令は、その現状の変更により、債権者が権利を実行することができなくなるおそれがあるとき、又は権利を実行するのに著しい困難を生ずるおそれがあるときに発することができる。
> 2　仮の地位を定める仮処分命令は、争いがある権利関係について債権者に生ずる著しい損害又は急迫の危険を避けるためこれを必要とするときに発することができる。

1　要件

1．係争物に関する仮処分命令

　係争物に関する仮処分命令は、以下の①または②の要件を充たす場合に発することができます（民保法23条1項）。

①その現状の変更により、債権者が権利を実行することができなくなるおそれがあるとき
②その現状の変更により、権利を実行するのに著しい困難を生じるおそれがあるとき

2．仮の地位を定める仮処分命令

　仮の地位を定める仮処分命令は、以下の要件を充たす場合に発することができます（民保法23条2項）。

・争いがある権利関係について債権者に生じる著しい損害または急迫の危険を避けるためこれを必要とするとき

　上記1.の係争物に関する仮処分命令と上記2.の仮の地位を定める仮処分命令の要件は、判別できるか問われることもあります。上記の条文の文言は、抽象的で単純記憶が難しいです。そこで、以下の点に着目して判断してください。

・係争物に関する仮処分命令　　→　　「おそれ」とあり
　係争物に関する仮処分命令は、まだ「おそれ」の段階なんです。
・仮の地位を定める仮処分命令　→　　「おそれ」となし
　仮の地位を定める仮処分命令は、現在の著しい損害または急迫の危険を避けたいので、「おそれ」の段階ではないんです。

　なお、上記1.の係争物に関する仮処分命令も、上記2.の仮の地位を定める仮処分命令も、保全すべき権利・権利関係が条件付または期限付のものでも構いません（民保法23条3項、20条2項）。仮差押命令（P381①）と同じです。理由も同じです。

=P381

2　仮処分の方法

　仮処分は、債務者に不動産の処分を禁じたり、週刊誌の出版を差し止めたり、原発の運転を差し止めたりと、様々なバリエーションがあります。そこで、仮処分の方法も、様々なバリエーションに対応できるよう、以下のような方法を認めています（民保法24条）。

	具体例
①債務者に一定の行為を命じる	ex. 工作物の撤去を命じる
②債務者に一定の行為を禁止する	ex. 建築を禁止する
③債務者に一定の給付を命じる	ex. 不動産の引渡しを命じる
④保管人に目的物を保管させる	ex. 不動産の占有移転を禁止し執行官に保管させる
⑤その他の必要な処分をする	ex. 不動産の譲渡、抵当権の設定など一切の処分を禁止する（所有権移転登記請求権を保全する仮処分）

3　仮処分解放金

1．意義

　仮処分命令においても、保全すべき権利が金銭の支払を受けることをもってその行使の目的を達することができるものであれば、債権者の意見を聴いて、仮処分の執行の停止を得るため、または、すでにした仮処分の執行の取消しを得るために債務者が供託すべき金銭の額を定めることができます（民保法25条1項）。この金銭を「仮処分解放金」といいます。債務者が仮処分解放金を供託すると、仮処分の執行から解放されます。つまり、「仮処分（の執行から）解放（されるための）金」ということです。

2．趣旨

　仮処分は、仮差押えのように金銭債権を保全するためにする民事保全ではないので、基本的には債務者に金銭を供託してもらっても済むハナシではありません。「その不動産の登記名義が欲しい」「週刊誌の出版を差し止めて名誉が毀損されることを防ぎ

たい」といったハナシだからです。よって、仮処分解放金を定める必要はありません。通常は定められません。

　しかし、金銭の支払で目的を達せられる仮処分もあります。たとえば、抵当権設定登記請求権を保全するための仮処分です。抵当権の設定の登記ができなくても、金銭で抵当権の被保全債権が保全されれば、債権者としては問題ないですよね。そこで、仮処分解放金の額を定めることが「できる」とされています（この点がよく出題されます）。

P382
└

※仮の地位を定める仮処分に仮処分解放金を定めることの可否

　仮の地位を定める仮処分に仮処分解放金を定めることはできません。仮の地位を定める仮処分は、金銭で済むハナシではないからです。「週刊誌の出版を差し止めて名誉が毀損されることを防ぎたい」「原発の運転を差し止めたい」といったハナシだからです。

３．供託所

　仮処分解放金を供託すべき供託所は、以下の①または②の所在地を管轄する地方裁判所の管轄区域内の供託所です（民保法25条2項、22条2項）。

P366＝
P382

①仮処分命令の発令裁判所
②保全執行裁判所（P389の2.、P390の2.など）

　仮差押解放金と同じです。

第3章

保全執行

第1節　総則

　ここからは、保全執行に入ります。民事保全は、保全命令と保全執行の2Stepでした（P361 7）。保全命令を前提に、保全執行をしていきます。

　この第1節の総則では、保全執行のうち仮差押え、係争物に関する仮処分および仮の地位を定める仮処分の3つの民事保全に原則として共通する規定をみていきます。

1　意義

> **民事保全法2条（民事保全の機関及び保全執行裁判所）**
> 2　民事保全の執行（以下「保全執行」という。）は、申立てにより、裁判所又は執行官が行う。

　保全執行は、債権者の申立てを受けて裁判所または執行官が行います（民保法2条2項）。　＝P270

　債権者の申立てが必要なのは、やはり民事保全に当事者自らが動く必要があるという考え方があるからです（P362の「当事者自らが動くべき」）。

　裁判所だけでなく執行官が行うこともあるのは、民事執行のミニバージョンだからです。

2　要件

　繰り返しになりますが、民事保全は右の2Stepです。

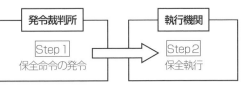

1. 保全命令

　保全執行は、保全命令の正本に基づいて実施します（民保法43条1項本文）。債権者は、保全執行の申立書（書面）に保全命令の正本を添付して保全執行の申立てをします（民保規1条6号、31条、民執規21条）。まず、保全命令を発してもらう必要があるわけです。保全命令の正本は、右のような書面です。

> **仮差押決定**
> …… （中略） ……
> 主文
> 1.……の建物を仮に差し押さえる。
> …… （中略） ……

2．執行文
（1）原則
　保全命令の正本に執行文の付与を受ける必要はありません（上記の図に「執行文の付与」という Step はありません）。民事保全は債権者が急いでいるので（P360①）、執行文の付与の手続を省略しているんです。

（2）例外
　ただし、保全命令に表示された当事者以外の者が債権者または債務者となる場合の承継執行文は必要です（民保法43条1項ただし書）。
　保全命令に表示された当事者でない者が債権者または債務者だと、さすがに承継執行文なしに保全執行をすることはできないからです。

3．執行期間
　保全執行は、債権者に対して保全命令が送達された日から2週間を経過したときはできなくなります（民保法43条2項）。
　保全命令は、緊急で保全を行う必要があるから発せられたものです（P360①）。債権者が2週間以内に保全執行の申立てをしないのであれば、「急いでいなかったんだね。なら不要でしょ。」とされてしまうわけです。

4．保全命令の送達前の保全執行
　保全執行は、保全命令が債務者に送達される前であっても、することができます（民保法43条3項）。
　保全命令が債務者に送達されると債務者が急いで不動産の名義を友人に移したりしてしまうため、債務者に送達される前でもできるとされているんです。

【民事執行と保全執行の比較】

	民事執行	保全執行
債務名義・保全命令の要否	要	
執行文の要否	要	不要
執行期間	なし	2週間
債務名義・保全命令の送達前の執行	×	○

第2節　仮差押えの執行

この第2節からは、「仮差押えの執行（第2節）」と「仮処分の執行（第3節）」に分けてみていきます。

仮差押えの執行は、仮差押えの対象ごとに分けて、「不動産（下記[1]）」「動産（下記[2]）」「債権（下記[3]）」とみていきます。

[1]　不動産

1．不動産に対する仮差押えの執行の方法

不動産に対する仮差押えの執行は、以下の①②の2種類があります（民保法47条1項前段）。

①仮差押えの登記：仮差押えの登記によって債務者の処分を禁止する方法
　民事執行と異なり、競売はしません。債権者が本案で勝訴するとは限らないからです。仮差押えの登記は嘱託によってされます（民保法47条3項）。

P285 」

②強制管理：管理人が収益を取り立てて供託する方法
　民事執行と異なり、配当、弁済金の交付はしません。これも債権者が本案で勝訴するとは限らないからです。仮差押えの登記は嘱託によってされます（民保法47条3項）。

P285 」

なお、この①②の方法は、併用することもできます（民保法47条1項後段）。

=P285

2．保全執行裁判所

不動産に対する仮差押えの執行は、以下の裁判所が管轄裁判所となります。

①仮差押えの登記
　→　仮差押命令の発令裁判所（民保法47条2項）
　民事執行と異なり、競売をしないため現地調査などがないので、不動産の所在地を管轄する地方裁判所とはなりません。

P285 」

②強制管理
　→　不動産の所在地を管轄する地方裁判所（民保法47条5項、民執法44条1項）
　強制管理は不動産の管理をするため、現地の不動産の所在地を管轄する地方裁判所が管轄裁判所となるんです。

=P285

2 動産

　動産に対する仮差押えの執行は、執行官が目的物を占有する方法により行います（民保法49条1項）。民事執行と異なり、原則として売却はしません。

　債権者が本案で勝訴するとは限らないからです。執行官が占有するのは、第三者が即時取得することを防ぐためです。

3 債権

1．債権に対する仮差押えの執行の方法

P320
⌊

　債権に対する仮差押えの執行は、第三債務者に対して、債務者への弁済を禁止する命令を発する方法で行われます（民保法50条1項）。

※債務者に対して、債権の取立てその他の処分（ex. 債権譲渡）を禁止するとは規定されていません。債務者がした処分は、差押え時に否定されると解されています。

P319
⌊

2．保全執行裁判所

　債権に対する仮差押えの執行は、仮差押命令の発令裁判所が管轄裁判所となります（民保法50条2項）。債権に対する仮差押えの執行は仮差押命令を送達するだけですので（民保法50条5項、民執法145条3項）、仮差押命令の発令裁判所が保全執行裁判所にもなるんです。

3．第三債務者の供託

　債権に対する仮差押えの執行を受けた第三債務者は、「巻き込まれてメンドーだな……」と思ったら供託することができます（民保法50条5項、民執法156条1項）。第三債務者が供託をしたときは、債務者が仮差押解放金を供託したものとみなされるという規定があります（民保法50条3項本文）。仮差押命令には必ず仮差押解放金が定められますが（P382の2.）、これは本来は債務者が供託すべきものです。しかし、第三債務者が供託すると、債務者から供託所に対して還付請求権というものが生じます。仮差押えがされた債権は、債務者の債権だからです。仮差押えの執行の効力は、この債務者の供託所に対する還付請求権の上に移行します。この形が、債務者が仮差押解放金を供託した場合（P383の4.）と非常に似ているので、第三債務者が供託をしたにもかかわらず、債務者が仮差押解放金を供託したものとみなされるんです。

P383≒

第3節　仮処分の執行

　仮処分は様々なバリエーションがあります。民事保全法には、実務で利用されることが多い以下の①～④の仮処分について、執行方法と効力の規定が設けられています。

①登記請求権を保全するための処分禁止の仮処分（民保法53条、54条、58～61条）
②占有移転禁止の仮処分（民保法54条の2、62条、63条。下記 1 ）
③建物収去土地明渡請求権を保全するための建物の処分禁止の仮処分（民保法55条、64条。下記 2 ）
④法人の代表者の職務執行停止の仮処分（民保法56条）

　　①は 不動産登記法Ⅱのテキスト第5編第5章 で、④は 会社法・商法・商業登記法Ⅰのテキスト第3編第3章第6節 7 で扱いましたので、このテキストでは②を下記 1 で、③を下記 2 でみていきます。

1　占有移転禁止の仮処分

1．意義・趣旨

> 占有移転禁止の仮処分：物の引渡請求または明渡請求の訴えが本案訴訟である場合
> 　　　　　　　　　　に、債務者の物の占有の移転を禁止する仮処分

ex. XがYを相手方として、建物の明渡請求訴訟を提起しても、Yが事実審の口頭弁論の終結前に建物の占有をZに移転してしまえば、Xが得た勝訴判決は執行できない判決になってしまいます。Xは、引受承継（P218（b））の手続を取ることはできますが、Zがさらに建物の占有を移転することもあります。占有を何度も移転して、執行を妨害しようとする者もいるんです。そこで、Xは占有移転禁止の仮処分をしておけば、Yを相手方とする勝訴判決で、Zなどに対して建物の明渡請求の強制執行ができるんです（民保法62条1項）。債務名義（確定判決）に表示されたYではない者に対しての強制執行だと、承継執行文は必要となります。

　占有移転禁止の仮処分は、建物に公示書を掲示するなどの方法でされます（民保規44条）。建物のシャッターに「公示書」という紙を貼ったりする方法です。

> **公示書**
> …… (中略) ……
> 1.債務者は、別紙物件目録記載の建物に対する占有を他人に移転し、又は占有名義を変更してはならない。
> …… (中略) ……

※債務者を特定しない占有移転禁止の仮処分

係争物が不動産であり、執行前に債務者を特定することを困難とする特別の事情があるときは、裁判所は債務者を特定しない占有移転禁止の仮処分を発することができます（民保法25条の2第1項）。

占有移転禁止の仮処分をしようとしたところ、占有屋が不動産の占有を転々とさせて債務者を特定できないような場合に、この仮処分を発してもらうことができます。この仮処分がされていると、本案訴訟で勝訴後に強制執行をする際、債務者を特定しないで執行文の付与を受けることができます（民執法27条3項。P281（4））。

2. 類型

占有移転禁止の仮処分には、以下の①～③の類型があります。

①債務者使用型

債務者の使用を許すパターンです。土地など、債務者が使用していても問題がない場合は、債務者の使用が許されることもあります。

②取り上げ型

③債権者使用型

②③は、債務者の使用を許さないパターンです。執行官が物を取り上げ、執行官が保管するか（②）、債権者に使用を許します（③）。動産だと、債務者が隠したりすることが容易ですので、一般的には取り上げます。また、建物だと、債務者が増改築をしたりするおそれがある場合は取り上げます。

上記①～③のいずれの場合も、仮処分命令の主文に、債務者に対して目的物の占有の移転を禁止する旨が記載されます。

ex. 仮処分命令の主文に「債務者は、別紙物件目録記載の建物に対する占有を他人に移転し、又は占有名義を変更してはならない」などと記載されます。

②③は、債務者が所持を奪われるので不要にも思えます。しかし、②③の場合も債務者は執行官または債権者を通じて間接占有をしているので、指図による占有移転による占有の移転を禁止する必要があります。よって、②③の場合も、仮処分命令の主文に、債務者に対して目的物の占有の移転を禁止する旨が記載されます。

3．対抗できる者

　占有移転禁止の仮処分がされていると、債権者は本案の物の引渡請求の訴えに勝訴すると、本案の債務名義に基づいて以下の①②の者に強制執行をすることができます。

①仮処分命令の執行がされたことを知ってその物を占有した者(民保法62条1項1号)
②仮処分命令の執行後に、執行がされたことを知らないで債務者の占有を承継した者
　　(民保法62条1項2号)

　建物のシャッターに貼られた公示書が債務者によって破り捨てられていた場合など、執行がされたことを知らない者もいます。しかし、それでも、債務者から占有を承継していると、強制執行をされてしまいます（②）。

　つまり、債権者に対抗でき、強制執行されないのは、善意かつ債務者からの承継によらずに占有した者だけです。
　ただし、仮処分命令の執行後に係争物を占有した者は、執行がされたことを知って占有したものと推定されるという規定があります（民保法62条2項）。よって、執行がされたことを知らなかった、たとえば、「私が不動産の占有を始めたときには公示書はなかった」といったことを占有者が立証しないといけません。
　執行妨害はよく起きるので、債権者ができる限り執行できるような規定になっているわけですね。

2 建物収去土地明渡請求権を保全するための建物の処分禁止の仮処分

建物収去土地明渡請求権を保全するための建物の処分禁止の仮処分

：建物収去土地明渡請求の訴えが本案訴訟である場合に、建物の処分を禁止する仮処分

ex. XがYを相手方として、建物収去土地明渡請求訴訟を提起しても、Yが事実審の口頭弁論の終結前に建物をZに譲渡してしまえば、Xが得た勝訴判決は執行できない判決になってしまいます。Zがさらに建物を譲渡することもあります。そこで、Xは建物収去土地明渡請求権を保全するための建物の処分禁止の仮処分をしておけば、Yを相手方とする勝訴判決で、Zなどに対して建物収去土地明渡請求の強制執行ができるんです（民保法64条）。債務名義（確定判決）に表示されたYではない者に対しての強制執行だと、承継執行文は必要となります。

①建物の処分禁止の仮処分
②X勝訴
③強制執行可

この仮処分は、建物の登記記録に以下のように登記されます。

権利部 （甲区） （所有権に関する事項）			
順位番号	登記の目的	受付年月日・受付番号	権利者その他の事項
1	所有権保存	令和6年6月28日 第12456号	所有者　Y
2	処分禁止仮処分（建物収去請求権保全）	令和6年11月28日 第19023号	原因　令和6年11月26日東京地方裁判所仮処分命令 債権者　X

事 項 索 引

条 文 索 引

判 例 索 引

― 著者 ― 松本 雅典（まつもと まさのり）

司法書士試験講師。All About 司法書士試験ガイド。法律学習未経験ながら、5ヶ月で平成22年度司法書士試験に合格。それまでの司法書士受験界の常識であった方法論と異なる独自の方法論を採ったことにより合格した。

現在は、その独自の方法論を指導するため、辰已法律研究所にて、講師として後進の指導にあたる（1年合格コース「リアリスティック一発合格松本基礎講座」を担当）。合格まで平均4年かかる現状を超短期（4〜7か月）で合格することを当たり前に変えるため、指導にあたっている。

なお、司法書士試験に合格したのと同年に、宅建試験・行政書士試験も受験し、ともに一発合格。その翌年に、簡裁訴訟代理等能力認定。

【著書】

『【第4版】司法書士5ヶ月合格法』（自由国民社）

『予備校講師が独学者のために書いた司法書士5ヶ月合格法』（すばる舎）

『試験勉強の「壁」を超える50の言葉』（自由国民社）

『【第4版】司法書士試験リアリスティック1 民法Ⅰ［総則］』（辰已法律研究所）

『【第4版】司法書士試験リアリスティック2 民法Ⅱ［物権］』（辰已法律研究所）

『【第4版】司法書士試験リアリスティック3 民法Ⅲ［債権・親族・相続］』（辰已法律研究所）

『【第4版】司法書士試験リアリスティック4 不動産登記法Ⅰ』（辰已法律研究所）

『【第4版】司法書士試験リアリスティック5 不動産登記法Ⅱ』（辰已法律研究所）

『【第3版】司法書士試験リアリスティック6 会社法・商法・商業登記法Ⅰ』（辰已法律研究所）

『【第3版】司法書士試験リアリスティック7 会社法・商法・商業登記法Ⅱ』（辰已法律研究所）

『【第2版】司法書士試験リアリスティック8 民事訴訟法・民事執行法・民事保全法』（辰已法律研究所）

『【第2版】司法書士試験リアリスティック9 供託法・司法書士法』（辰已法律研究所）

『司法書士試験リアリスティック10 刑法』（辰已法律研究所）

『司法書士試験リアリスティック11 憲法』（辰已法律研究所）

『【第2版】司法書士リアリスティック不動産登記法記述式』（日本実業出版社）

『【第2版】司法書士リアリスティック商業登記法記述式』（日本実業出版社）

【監修書】
　『司法書士<時間節約>問題集　電車で書式〈不動産登記 90 問〉』（日本実業出版社）
　『司法書士<時間節約>問題集　電車で書式〈商業登記 90 問〉』（日本実業出版社）
【運営サイト】
　司法書士試験リアリスティック
　https://sihousyosisikenn.jp/
【Twitter】
　松本 雅典（司法書士試験講師）@matumoto_masa
　https://twitter.com/matumoto_masa
【ネットメディア】
　All About で連載中
　https://allabout.co.jp/gm/gt/2754/
【YouTube チャンネル】
　松本雅典・司法書士試験講師
　https://www.youtube.com/channel/UC5VzGCorztw_bIl3xnySI2A

辰已法律研究所（たつみほうりつけんきゅうじょ）

https://www.tatsumi.co.jp

　司法書士試験対策をはじめとする各種法律資格を目指す方のための本格的な総合予備校。実務家というだけではなく講師経験豊かな司法書士、弁護士を講師として招聘する一方、入門講座ではWebを利用した復習システムを取り入れる等、常に「FOR THE 受験生」を念頭に講座を展開している。

司法書士試験　リアリスティック⑧
民事訴訟法・民事執行法・民事保全法　第2版

| 令和2年11月30日 | 初　版　第1刷発行 |
| 令和5年 4月 1日 | 第2版　第1刷発行 |

著　者　松本　雅典
発行者　後藤　守男
発行所　辰已法律研究所
〒169-0075
東京都新宿区高田馬場4-3-6
　TEL.　03-3360-3371　（代表）

印刷・製本　壮光舎印刷　（株）

従来の勉強法 ／ 松本式 5ヶ月合格勉強法 ／ ここが違う。

従来型 松本式	
合格まで4年は覚悟する。	絶対に合格できるという自信をもつ。合理的な勉強法で真剣に学習すれば1年で必ず合格できる試験である。

従来型 松本式	
本試験「直前」に使えるように情報を一元化する。	本試験「当日」に問題を解くときに、頭の中で思い出す検索先を一つに特定する＝情報の一元化ではなく検索先の一元化

従来型 松本式	
自分にあった勉強法を探す。	最短で合格できる勉強法に、ただひたすら自分をあわせる。

従来型 松本式	
過去問は何回も何回も繰り返し解く。	過去問の元になっている条文・判例自体を思い出せるようにすれば過去問は何回も解く必要がない。

従来型 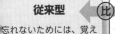 松本式	
忘れないためには、覚えられるまで何度でも繰り返し復習するしかない。	一度頭に入ったことは頭からなくなることはない。思い出すプロセスを決めて、そのプロセスを本試験で再現できるよう訓練するのが勉強である。

従来型 松本式	
過去問を「知識が身についているかの確認」に使う。	過去問を「問題の答えを出すために必要な知識」を判別するために使う。知識の確認ツールとしては、過去問は不十分である。

従来型 松本式	
テキスト・過去問にない問題に対処するためにもっと知識を増やすように努力する。	テキスト・過去問に載っていない知識の肢を、テキスト・過去問に載っている知識から推理で判断する訓練をする。知識を増やすことに労力をかけない。

従来型 松本式	
テキストに、関連する他の科目の内容や定義などをどんどん書き込んでいく。	基本テキストに関連する他の科目の内容や定義などは、「言葉」としては書かない。本試験で思い出すための記号しか書かない（リレイティング・リコレクト法）。

従来型 松本式	
インプット＝テキスト、アウトプット＝問題演習	インプットもアウトプットもテキストで行う。

従来型 松本式	
記述は書いて書いて書きまくる。	記述式を書いて勉強するのは時間がかかり過ぎる。申請書はシャドウイング＋音読で。

【 講 座 案 内 】

リアリスティック一発合格 松本基礎講座

■2023年4月 Start（7月スタート設定あり）

リアリスティック一発合格 松本基礎講座

| リアリスティック導入講義 4回 | オリエンテーション講義 1回 | 民法 ※根抵当権については不動産登記法で取り扱います。 28回 | 不動産登記法 21回 | 会社法（商業登 31 |

無料体験可

※民法開講後にお申込みになった方も左記「導入講義」「オリエンテーション講義」（全5回）をご受講ください（通学部はWEB受講。通信部DVDは一括発送）。

①超短期合格法の要諦『検索先の一元化
②インプットと同時にアウトプットの仕方（松本
③記憶を活かすための工夫満載

通学部（定員制）

LIVE は木曜（18:45～）・
日曜（14:00～）の週2日。
社会人の方も無理なく
受講できる！

通信部

 DVD 講義

 WEB スクール

スケジュール・受講料等の詳細は
右記より資料をご請求ください。https://r-tatsumi.com/pamphlet/

― 講座の体系 ―

2024年 7月

司法書士試験　筆記試験

全129回）

オプション講座

民事訴訟法 民事執行法 民事保全法 **12回**	供託法 司法書士法 **5回**	刑法 **7回**	憲法 **6回**

不動産登記法 （記述式） **7回**	商業登記法 （記述式） **7回**

司法書士オープン総合編　8回

全国総合模試　2回

実現する講義
ウトプット法）を指導

各自で検索先の一元化を進めながら、松本式アウトプットを繰り返す。

便利な「通学＆通信 相互乗り入れ制度」

受講方法 ＼ 申込内容	通学部を申込	通信部を申込	
		DVDを申込	WEBを申込
LIVE講義への出席	可	可 ※1	可 ※1
WEB講義視聴	可 ※2	DVDのみの申込みなら不可。WEB＋DVDをお申込みなら可	可
教材のお渡し方法	手渡し	発送 ※3	発送 ※3

↑詳細はこちら

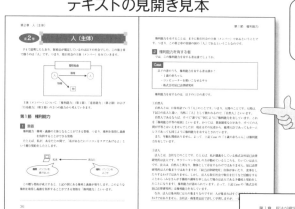

— TEXT —

特に重要な条文は、ボックスにして原文を掲載しています。

このような理由から、「意思能力」「行為能力」という問題が生じます。つまり、第2節と第3節で扱う意思能力と行為能力は、「権利能力はある（取引社会の主体〔メンバー〕ではある）が、物の分別がつかない者で、保護する必要がある者をどう扱うか？」という問題なのです。
意思能力はこの第2節で、行為能力は次の第3節で説明します。

民法3条の2
法律行為の当事者が意思表示をした時に意思能力を有しなかったときは、その法律行為は、無効とする。

1 意義

意思能力：自分の法律行為の結果を弁識するに足るだけの精神能力

かつては、意思能力については明文規定がありませんでした。しかし、今後は高齢化社会になり、意思能力が問題となる事件は増えると考えられ、意思無能力者を保護する必要性が高まります。そこで、平成29年の改正で明文化されました。

用語解説 —— 「明文規定」

「明文規定」とは、条文があるということで、学説〔見解〕の中で「明文規定があ〔明文規定がない」という文言はよく出てきますので、意味がわかるようにしておいてください。

59

第10章 時効

4. 援用権者

Case
Aは、Bから100万円を借りており、あなたはAの保証人となっている。AのBに対する債務が、弁済されないまま弁済期から5年が経過した場合、あなたはAのBに対する債権の消滅時効を援用できるか？

取得時効の占有者や消滅時効の債務者が時効を援用できることは、問題ありません。上記Caseでいえば、Aは問題なく消滅時効を援用できます。では、保証人であるあなたは援用できるでしょうか。こういったことが問題となります。

援用権者として認められるかの判断基準

援用権者として認められるかは、援用をしなければ自身の財産を失ってしまう者です。

＊以下の表には、この後に学習する用語が多数出てきます。よって、いったん飛ばし、財産法の学習がひととおり終わった後（量のテキスト第8編までの読みになった後）に読んでください。

援用権者として認められる者	援用権者として認められない者
①保証人〔民法145条かっこ書〕 ②連帯保証人〔民法145条かっこ書〕 援用をしなければ債務の履行の責任を負いますので〔民法446条1項〕、自身の財産を失ってしまます。 よって、上記Caseの保証人であるあなたは、AのBに対する債権の消滅時効を援用できます。 （①以上、平成29年の改正で判例（大判大4.7.13、大判大4.12.11、大判昭7.6.21）が明文化されました。	①連帯債務者 連帯債務者は、かつては援用権者と解されていました。しかし、平成29年の改正で連帯債務における時効の効果が相対的になりました。他の連帯債務者の債務が時効により消滅しても、連帯債務者の債務に変化が生じなくなったので〔民法441条本文〕、連帯債務者は援用しなければ自身の財産を失ってしまう者とはいえなくなったのです。 ②一般債権者（大判大8.7.4） 一般債権者は債務者の特定財産を目的としていませんので、援用をしなければ自身の財産を失ってしまう者とはいえません。また、P115の「一般債権者が該当するかどうかの記憶のテクニック」もご確認ください。

担保物権である、⑦の留置権、⑧の先取特権、⑨の質権、⑩の抵当権は、物の利用価値と交換価値のうち、「交換価値」を把握する物権です。つまり、原則として物を使うことはできませんが、他人の物を売っ払ったりすることはできます。たとえば、銀行が建物を目的として抵当権の設定を受けた場合は、銀行からみると、その建物は右の図のように見えているのです。銀行にとってはその建物にシステムキッチンが付いていて使いやすいなどはどうでもよく、銀行は「金に替えるといくらになるのか」と考えているのです。

「所有権」「用益物権」「担保物権」のイメージ

物の所有者に対して持つオールマイティーな権利が「所有権」です。所有権は「利用価値」と「交換価値」を把握しています。その「利用価値」と「交換価値」を他人に切り売りすることができます。利用価値を切り売りしてできた他人の物権が「用益物権」であり、交換価値を切り売りしてできた他人の物権が「担保物権」です。

〔所有権〕	〔他人〕
所有権 利用価値 交換価値	用益物権 利用価値 担保物権 交換価値

重要ポイントについては、図を記載。

この講座のテキストは、「できる」「当たる」「認められる」などその事項に該当するものは左に、「できない」「当たらない」「認められない」など該当しないものは右に配置するという一貫した方針で作成されています。これは、本番の試験でテキストを思い出す時に、「この知識はテキストの表の左に書いてあったな。だから、『できる』だ」といったことができるようにするためです。

会社法309条3項の特別決議による決議が必要ある決議（会社法309条3項1～3号）
1 発行する全部の株式の内容として譲渡制限規定を設ける定款変更 公開会社から非公開会社にする定款変更である。 2 吸収分割承継株式会社または株式交換完全子会社が公開会社であり、かつ、それらの株式会社の株主に対して交付する株式の対価の全部または一部が譲渡制限株式である場合 3 新設分割設立株式会社または株式移転設立完全親会社が非公開会社であり、かつ、それらの株式会社の株主に対して交付する対価の全部または一部が譲渡制限株式である場合の新設分割または株式移転の承認

株主から見ると

この3項の決議を必要とするのは、自身の株式が公開株から非公開株になってしまうような（上記1～3は、すべてこれです）、株主にとってかなり大変なことだからです。非公開になると株式の譲渡が大変になります。上場廃止をイメージしてください。

決議の成立要件

	〔人別〕	〔議決権〕
議決権を行使することができる株主の（以上 人数ベース）、かつ、議決権を行使することができる株主の議決権の（3以上（議決権数ベース）の賛成で決議成立〔会社法309条3項柱書〕。		過半数

この309条3項を「頭数かつ議決権数の過半数」という言葉で表すことがあります。

・発行済株式の総数が1000株（すべて議決権がある株式）である場合
・株主が667株以上の賛成〔議決権数ベース〕、人数要件がありますので、株主のうち1人が900～1000株保有している場合でも、その1人の賛成では足りません。「公開株から非公開にすることは、少数の大株主で決めるな！」という趣旨で、人数要件があるわけです。

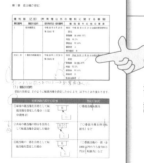

お得な辰巳の**受験生割引制度**　　本気のあなたを全力で支援します。

1

松本式なら一挙に司法書士も狙える！
他資格からのトライアル割引　**15**％割引

行政書士、宅建士、社労士、など法律系国家資格をお持ちの
方や、これらの資格を目指されている方を応援！

2

松本式勉強法なら在学中合格を狙える！
在学生キャッシュバック　**15**％ キャッシュ バック

やる気のある学生の皆さんを応援いたします。お申込の際
にキャッシュバック申込書を添付してください。定価での
お申込後にキャッシュバックをいたします。

3

独学者支援・受験経験者支援・基礎再受講者支援
Re-Try 割引　**15**％割引

4

友人と一緒に申し込めば二人ともお得
スタディメイト支援　**15**％割引

友人と一緒に申し込めば、お二人ともに、割引が適用され
ます。

5

合格って嬉しいご祝儀！！
合格者・研修費用贈呈　お申込額の **50**％

2024年度の司法書士試験に見事最終合格された暁には、お祝いといたし
 LUて「リアリスティック一発合格松本基礎講座」へのお支払金額（オープ
ン・模試の部分は含ます）の半額を司法書士会の研修費用などに活用してい
ただくために贈呈いたします。短期合格を目指して頑張ってください。

詳細は→
こちら

リアリスティックフルパックのご案内

パックで申し込めば、合格に必要なカリキュラム（講義＆演習）が全て揃います。受講料もお得です。

 ＋ ＋ 全国総合模試　詳細は→こちら

3講座合計価格
通学部 ¥532,900
通信部 ¥571,500
（DVD）
通信部 ¥532,900
（WEB）
通信部 ¥596,200
（WEB+DVD）

➡

コース価格
通学部 ¥502,100　　¥30,800 のお得
通信部 ¥531,500　　¥40,000 のお得
（DVD）
通信部 ¥502,100　　¥30,800のお得
（WEB）
通信部 ¥554,500　　¥41,700 のお得
（WEB+DVD）

※通信部についてはオプション講座も通信部で計算

リアリスティック一発合格松本基礎講座
すぐに試せる！すぐに始められる！2024年受験向け

すぐに試してみたい方は

辰已法律研究所ホームページより、2023年向けコースの主要科目初回講義（民法／不動産登記法／会社法・商業登記法）をご視聴いただけます。
辰已法律研究所ホームページトップ → 司法書士 → リアリスティック一発合格松本基礎講座 → 初回お試し をクリック。

詳細は→こちら

すぐに始めたい方は

2024年向け「リアリスティック一発合格松本基礎講座 全科目一括」または「リアリスティック・フルパック」をお申込みください。
司法書士試験の最重要科目である「民法」全28回を、12/25（日）より先取りで受講することができます。5月の本編開講を待つことなく、すぐに始められますので本編開講前の時間を有効に使えます。

先行学習対象者：2024年向け「リアリスティック一発合格松本基礎講座 全科目一括」または「リアリスティック・フルパック」をお申込みになられた方

詳細は→こちら

スケジュール・受講料等の詳細は
右記より資料をご請求ください。 https://r-tatsumi.com/pamphlet/

ガイダンス＆
リアリスティック導入講義　全8弾

通学部も通信部も すべて無料

松本講師の5ヶ月合格法のノウハウの一部を公開します。
聴くだけでもためになるお得な無料公開講義です。

詳細は→ こちら

無料公開講義の流れ

1月　3月　　4月　　　　　5月　　　7月　　　9月

ガイダンス → リアリスティック導入講義 民法 → オリエンテーション講義 → 本編開講 → 導入講義 不動産登記法 → 導入講義 会社法・商業登記法

ガイダンス

| 第1弾 | 辰巳 YouTube チャンネル **配信中** | 司法書士の"リアルな"仕事・就職・収入 |

| 第2弾 | 辰巳 YouTube チャンネル **配信中** | これが司法書士試験だ！—データで徹底解剖 |

| 第3弾 | 東京本校ＬＩＶＥ **3/11**(土) 13:30-14:30 | 合格者を多数輩出するリアリスティック勉強法とは？ |

リアリスティック導入講義

| 第4弾 | 東京本校ＬＩＶＥ **4/8**(土) 14:00-15:30 | リアリスティック導入講義　民法の全体像① |

| 第5弾 | 東京本校ＬＩＶＥ **4/16**(日) 14:00-15:30 | リアリスティック導入講義　民法の全体像② |

大阪

| 第4+5弾 | 大阪本校ＬＩＶＥ **4/9**(日) 14:00-17:10 | リアリスティック導入講義　民法の全体像①
リアリスティック導入講義　民法の全体像② |

オリエンテーション

| 第6弾 | 東京本校ＬＩＶＥ **4/23**(日) 14:00-15:30 | 開講直前ガイダンス
「オリエンテーション講義〜効果的な授業の受け方〜」 |

リアリスティック導入講義

| 第7弾 | 東京本校ＬＩＶＥ **7/23**(日) 12:00-15:15 | リアリスティック導入講義　不動産登記法の全体像 |

| 第8弾 | 東京本校ＬＩＶＥ **9/17**(日) 16:15-19:30 | リアリスティック導入講義　会社法・商業登記法の全体像 |